本书获湘潭大学精品教材立项出版资助

法学专业必修课、选修课系列教材

社会信用法

主　编　刘宗胜
撰稿人（以撰写章节先后为序）
　　　　刘宗胜　刘晓瑛　张才金

高等教育出版社·北京

图书在版编目（CIP）数据

社会信用法 / 刘宗胜主编. -- 北京：高等教育出版社，2021.9（2025.1 重印）

ISBN 978-7-04-056599-7

Ⅰ.①社… Ⅱ.①刘… Ⅲ.①信用制度 – 法律 – 中国 – 高等学校 – 教材 Ⅳ.①D922.282

中国版本图书馆 CIP 数据核字（2021）第 153988 号

Shehui Xinyong Fa

策划编辑 程传省	责任编辑 姜 洁 杨丽云	封面设计 杨立新	版式设计 徐艳妮
责任校对 张 薇	责任印制 刁 毅		

出版发行	高等教育出版社	网 址	http://www.hep.edu.cn
社 址	北京市西城区德外大街 4 号		http://www.hep.com.cn
邮政编码	100120	网上订购	http://www.hepmall.com.cn
印 刷	中农印务有限公司		http://www.hepmall.com
开 本	787mm×1092mm 1/16		http://www.hepmall.cn
印 张	12.75		
字 数	250 千字	版 次	2021 年 9 月第 1 版
购书热线	010-58581118	印 次	2025 年 1 月第 2 次印刷
咨询电话	400-810-0598	定 价	35.00 元

本书如有缺页、倒页、脱页等质量问题，请到所购图书销售部门联系调换

版权所有 侵权必究

物 料 号 56599-00

前　言

法治社会是构筑法治国家的基础，法治社会建设是实现国家治理体系和治理能力现代化的重要组成部分。建设信仰法治、公平正义、保障权利、守法诚信、充满活力、和谐有序的社会主义法治社会，是增强人民群众获得感、幸福感、安全感的重要举措。党的十九大把法治社会基本建成确立为到2035年基本实现社会主义现代化的重要目标之一。为加快推进法治社会建设，党的十九届四中全会通过的《中共中央关于坚持和完善中国特色社会主义制度推进国家治理体系和治理能力现代化若干重大问题的决定》强调："完善诚信建设长效机制，健全覆盖全社会的征信体系，加强失信惩戒。"2020年12月，中共中央颁发了《法治社会建设实施纲要（2020—2025年）》，强调："完善诚信建设长效机制，健全覆盖全社会的征信体系，建立完善失信惩戒制度。结合实际建立信用修复机制和异议制度，鼓励和引导失信主体主动纠正违法失信行为。加强行业协会商会诚信建设，完善诚信管理和诚信自律机制。完善全国信用信息共享平台和国家企业信用信息公示系统，进一步强化和规范信用信息归集共享。"

2014年以来，党中央、国务院密集出台社会信用体系建设相关政策，加快推进社会信用体系建设，社会信用立法与实践在各地蓬勃开展。为培养社会信用体系建设的专门法治人才，2017年5月，湘潭大学成立了全国首家信用风险管理学院。经教育部批准，湘潭大学于2018年在全国首次招收"信用风险管理与法律防控"专业本科生。本书主编刘宗胜教授于2019年开始为全国首届信用风险管理与法律防控专业的学生讲授"社会信用法概论"这门专业课程，在没有基础教材、极少专著作参考情况下，只能自己动手撰写教案。课后，将备课时收集的资料、上课时的教案、思想观点，以及国家最新出台的有关政策文件，结合地方相关立法进行再次整理重构，经多次修改，于2020年12月底形成本书书稿。

目前，关于社会信用法的著作可以查知的只有两本：一本是上海财经大学出版社2015年出版，秦宝燕和江雄合著的《信用法概论》，另一本是北京大学出版社2017年出版，罗培新撰写的《社会信用法：原理·规则·案例》。作为信用风险管理与法律防控专业的教材，本书的出版将填补该专业领域的空白。

本书在习近平法治思想的指引下，以中国社会信用体系法治建设的历史、现实与

未来为经，以经验、制度与理论为纬，系统阐明了社会信用法的基本原理、基本知识和基本制度。

本书分为六章，第一章主要阐述信用的概念、特征、分类，社会信用体系与社会信用法的基本理论。第二章主要梳理了我国社会信用法的发展历史，分析了我国社会信用法制建设的不足，并厘清了如何从宏观上进行社会信用立法。第三章主要介绍了美国的市场主导型模式、欧洲的政府主导型模式和日本的会员制征信模式。第四章主要以公共信用信息、市场信用信息的征集和管理，以及企业信用信息公示制度为视角展开。第五章主要对守信联合激励与失信联合惩戒基本政策制度进行了介绍和阐述。第六章在明确信用修复制度基本内涵的基础上，对信用修复的条件、程序和效果进行了阐述。

刘宗胜为本书拟定了整体框架。刘晓瑛为本书第四章第一节提供了初稿。张才金为第四章第三节提供了初稿，并对书稿的分章布局、内容类项等提出了建议，对全书的定稿进行了校对。全书由刘宗胜完成统稿和修缮工作。

本书是国家社科基金重大项目"完善诚信建设长效机制的立法研究"（20ZDA056）的阶段性成果。本书旨在为学习社会信用法的同学提供入门指引，同时提供作者对于社会信用立法层面的争议问题的分析以供参考。希望能够启发读者们积极思辨，而不是"只愿君心似我心"。

本书得以出版，要感谢湘潭大学把本书列入"湘潭大学精品教材立项出版资助计划"，感谢高等教育出版社领导及团队的鼎力支持，更感谢湘潭大学信用风险管理学院顾敏康院长、肖伟志副院长的指导与支持，以及信用风险管理学院其他同人的帮助。

由于作者能力水平有限，书中不足之处在所难免，希望读者和专家对本书提出宝贵的批评意见。

刘宗胜
2021 年 6 月

目 录

第一章　社会信用法概述　/ 1

　第一节　信用　/ 1

　　一、信用概念的一般理解　/ 1

　　二、信用的特征　/ 7

　　三、信用的分类　/ 8

　第二节　社会信用体系　/ 10

　　一、社会信用　/ 11

　　二、社会信用体系的一般分析　/ 16

　　三、社会信用体系的分类　/ 22

　第三节　社会信用法　/ 30

　　一、社会信用法的功能　/ 31

　　二、社会信用法的特征　/ 33

第二章　我国社会信用法发展的回顾与展望　/ 37

　第一节　我国社会信用法的历史发展　/ 37

　　一、起步阶段（1999—2006 年）　/ 37

　　二、快速发展阶段（2007—2012 年）　/ 41

　　三、全面推进阶段（2013 年至今）　/ 43

　第二节　我国社会信用法治建设的不足　/ 47

　　一、社会信用法立法模式不清 / 47

　　二、信用主体权益保护不够充分 / 49

　　三、联合奖惩机制有待完善 / 50

第三节　我国社会信用立法的展望 / 51

　　一、厘清社会信用立法模式 / 51

　　二、保护信用信息主体的合法权益 / 54

　　三、健全失信联合惩戒机制 / 55

第三章　国外社会信用体系建设的基本法治模式　/ 63

第一节　美国的市场主导型模式 / 63

　　一、美国社会信用体系的基本框架 / 64

　　二、美国社会信用体系的特点 / 67

　　三、美国《公平信用报告法》/ 70

第二节　欧洲的公共征信模式 / 74

　　一、欧洲公共征信模式及相关立法 / 74

　　二、欧洲公共征信体系的法律框架 / 77

　　三、欧洲公共征信的监管体系 / 79

第三节　日本的会员制征信模式 / 80

　　一、日本征信业的历史沿革 / 81

　　二、日本征信业主要法律规范 / 83

　　三、日本会员制征信模式 / 83

第四章　信用信息的征集与管理　/ 87

第一节　公共信用信息的归集与管理 / 87

　　一、公共信用信息归集的原则 / 87

　　二、公共信用信息的归集　/ 89

　　三、公共信用信息的管理　/ 97

 第二节　市场信用信息的采集与管理　/ 102

　　一、我国征信业的产生和发展　/ 102

　　二、市场信用信息的采集规则　/ 108

　　三、征信的基本流程　/ 114

　　四、市场信用信息异议　/ 117

 第三节　企业信用信息公示制度　/ 118

　　一、企业信用信息公示制度的内容　/ 118

　　二、政府部门涉企信息归集的特点　/ 120

　　三、政府部门涉企信息归集的路径和方法　/ 121

　　四、政府部门涉企信息归集内容　/ 122

第五章　守信联合激励与失信联合惩戒机制　/ 125

 第一节　守信联合激励与失信联合惩戒基本政策制度　/ 125

　　一、国家总体规划及顶层设计　/ 125

　　二、信用奖惩机制的六大要素　/ 131

　　三、守信联合激励措施　/ 133

　　四、失信惩戒措施　/ 134

 第二节　失信联合惩戒行政"黑名单"制度　/ 143

　　一、"黑名单"的概念界定　/ 143

　　二、行政"黑名单"的法律性质　/ 148

　　三、加强和规范行政"黑名单"制度　/ 152

 第三节　失信被执行人惩戒制度　/ 154

　　一、失信被执行人名单制度的形成与发展　/ 154

　　二、失信被执行人名单制度的具体程序设计 /157

　　三、失信被执行人的信用惩戒 /159

　　四、限制高消费与失信被执行人惩戒制度的区别 /163

第六章　信用修复法律制度 /167

第一节　信用修复制度的基本内涵 /167

　　一、我国信用修复制度的历史发展 /167

　　二、信用修复的概念界定 /170

　　三、信用修复的类型 /175

第二节　信用修复法律制度的主要内容 /177

　　一、信用修复的条件 /177

　　二、信用修复中的信用行为 /181

　　三、信用修复的程序 /183

　　四、信用修复机构 /185

第三节　信用修复的效果 /189

　　一、现行信用修复效果的规定 /189

　　二、关于信用修复效果的探讨 /191

　　三、信用修复的应然效果 /193

第一章
社会信用法概述

社会信用体系也称国家信用管理体系或国家信用体系。社会信用体系的建立和完善是我国社会主义市场经济不断走向成熟的重要标志之一。社会信用体系是以相对完善的法律、法规体系为基础,以建立和完善信用信息共享机制为核心,以培育和形成信用服务市场为动力,以不断提高信用服务行业的主体竞争力为支撑,以政府强有力的信用监管体系作保障的国家社会治理机制。社会信用法就是以法律法规为基础建立起来的社会信用体系规范。

第一节 信用

自古以来,信用概念的界定就是异常混乱的。约翰·穆勒(Mill, J. S.)早在19世纪就对此评论说:"信用的作用问题所引起的误解和思想混乱不亚于政治经济学的任何专题。"[①] 约瑟夫·熊彼特(Joseph A. Schumpeter)在评析之前的信用思想时也曾指出:"当时的著作家在给'信用'下定义时遇到了困难。因此,这个名词自始至终使用得很不严格。"[②]

一、信用概念的一般理解

信用作为一种社会历史现象,是伴随着交换和商品的产生而产生的,也有一个产生、发展的过程。对信用的理解,一般都是从道德、经济、法律几个维度来展开。

(一)我国对信用概念的理解

在我国古代汉语中,信用一词的本意是遵守诺言,实践成约,从而取得别人信任。

---

① [英]约翰·穆勒.政治经济学原理及其在社会哲学上的若干应用(下卷)[M].赵荣潜,等,译.北京:商务印书馆,1991:40.
② [美]约瑟夫·熊彼特.经济分析史(第2卷)[M].北京:商务印书馆,2001:528 页注 2.

崇尚信用的风尚在我国有几千年的传统。《论语》中"信"字出现了38次，频次虽然低于仁（109次）、礼（74次），但是高于描述道德规范的多数词汇，如善（36次）、义（24次）、敬（21次）、勇（16次）、耻（16次）。比如，"自古皆有死，民无信而不立"[①]；"大德不官，大道不器，大信不约"[②]；"言必信，行必果"[③]，"与朋友交，言而有信"[④]等。在我国一些古典文献和辞书中，常以"诚""实""专一不移""不欺"等来解释"信"的含义。古汉语"诚"的本义是真实，"信"的含义是真实无欺。故"诚""信"二字的含义在古汉语中可以互通。[⑤] 在古汉语中，"信用"二字合用常作动词。如《左传·宣公十二年》中曾说"王曰：'其君能下人，必能信用其民矣，庸可几乎？'"，此处的"信用"即有信任、使用之意。

中国传统文化对信用的理解，除了经济学概念，更多地侧重于社会学层面上的概念，并经常把两者混淆起来。其实，信用的两重含义之间存在着明显的区别：在经济学含义中，社会成员或组织的信用关系要受到契约的约束；在社会学含义中，社会成员或组织的信用关系则不受契约的约束，而通过道德约束来纠正和规范。用制度经济学术语讲，经济学含义的信用主要受正式制度的约束，社会学含义的信用则受到非正式制度约束。然而，这两重含义的信用之间也存在着内在的联系，即社会学含义的信用是信用体系建设的终极目标，而经济学含义的信用是信用体系建设的制度选择。[⑥]

我国1999年《辞海》（缩印本）中，"信用"有三种解释：其一为"信任使用"；其二为"遵守诺言，实践成约，从而取得别人对他的信任"；其三为"以偿还为条件的价值运动的特殊形式，多产生于货币借贷和商品交易的赊销和预付之中，其主要形式包括国家信用、银行信用、商业信用和消费信用"。[⑦] 根据中文信用的定义，我们可以把信用划分为经济信用和社会信用两个方面。经济学意义的信用是指以信任为基础，以按期偿还为条件的交易关系和价值转移方式，它形成交易主体间的债权债务关系。经济信用的形式有商业信用、银行信用和消费信用等。所有交易主体的经济信用关系构成了市场的交易秩序。而社会学意义的信用是指人们在为人处世及各种社会交往中必须遵守的道德规范和行为准则，是一种基于伦理的信任关系，可以理解为我们平常所说的诚信。具体表现为各主体在社会活动中遵守法规和道德规范、履行合约、兑现承诺的行为能力及信任

---

① 《论语·颜渊》。
② 《礼记·学记》。
③ 《论语·子路》。
④ 《论语·学而》。
⑤ 李新庚. 信用理论与制度建设研究［M］. 北京：中国书籍出版社，2019：19.
⑥ 郭清马. 社会信用体系建设：概念、框架与路径选择［J］. 征信，2009，27（57）.
⑦ 辞海编辑委员会. 辞海（1999年版缩印本）［K］. 上海：上海辞书出版社，2002：1898.

度。所有主体的社会信用关系构成了整个社会的信用环境和社会秩序。①

我国民法学界对信用的理解大多是从狭义角度,即经济角度入手的。我国台湾地区的史尚宽教授认为,信用是民事主体经济方面的综合能力的社会评价,实质相当于民事主体的商誉。②江平教授对信用的理解从四方面着手,将信用看成是资格、财产、权利和信息的统一体。③王利明教授对信用的理解与史尚宽教授相似,认为信用是经济能力的社会评价。④杨立新教授认为,信用是指民事主体所具有的经济能力在社会上获得的别人的信赖与社会评价。⑤从上述理论可见,民法层面关于信用的理解主要有两个方面:一是民事主体的客观经济能力,主要是财产等客观情况的综合考虑;二是社会对民事主体经济能力的主观评价。民事主体的经济能力是社会主观评价的基础,是社会评价的存在根据。这里的评价必须是社会对民事主体的评价。民事主体对自身的评价有失公正性,与信用的中立性不符,自我评价产生的信用很难为社会接受。只有在民事主体的客观经济能力和社会的主观评价紧密结合的情况下才能产生信用交易所需的信用。

《信用基本术语》(中华人民共和国国家标准 GB/T 22117—2018)把信用定义为,个人或组织履行承诺的意愿和能力。在经济领域,信用的含义等同于交易信用,是指交易各方在信任的基础上,不用立即付款或担保就可获得资金、物资或服务的能力。这种能力以在约定期限内偿还的承诺为条件。这种能力受到一个条件的约束,即受益方在其应允的时间期限内为所获资金、物资、服务而付款或还款。

信用的产生有以下三个要素:第一,权利和义务。信用作为特定的经济交易行为,要有行为的主客体。主体即行为双方当事人,其中转移资产、服务的一方为授信方,接受的一方为受信方。客体为授信人通过授信取得一定的权利,即在一定时间内向受信人收回一定量的货币和其他资产与服务的权利,而受信人有偿还的义务。第二,交易的对象。信用作为一种交易行为,应当有交易的对象,即授信方的资产、服务,它可能以货币的形式存在,也可能以商品或服务的形式存在。第三,时间间隔。信用行为与其他交易行为的最大不同就是,它是在一定时间间隔下进行的,没有时间间隔,信用就不存在。⑥因此,信用是指在商品交换或其他经济活动中,授信人在充分信任受信人能够实现其承诺的基础上,用契约关系向受信人放贷并保障自己所贷本金能够回流和增值的价值

---

① 韩家平.我国社会信用体系建设的内涵与外延[N].中国改革报,2014-07-28(2).
② 史尚宽.债法总论[M].北京:中国政法大学出版社,2000:153.
③ 江平.四面八方说诚信(中)——江平教授"律师与诚信"专题讲座摘要[J].中国律师,2003(9).
④ 王利明.民法·侵权行为法[M].北京:中国人民大学出版社,1993:299.
⑤ 杨立新.人身权法论(修订版)[M].北京:人民法院出版社,2002:695.
⑥ 刘肖原.我国社会信用体系建设问题研究[M].北京:知识产权出版社,2016:3.

运动。简单地说，它是一种建立在信任基础上的能力，不用立即付款就可获得资金、物资和服务的能力。

（二）西方对信用概念的理解

在西方社会，守信同样也是人们奉行的道德准则。《圣经》中关于信用、信任的词汇出现了几十次之多。在西方古代，与汉语"信用"一词相对应的词汇是 credit，它来自拉丁语动词 credo，意思是我相信（I believe）。而 credo 又来源于 crad 和 do，梵文 crad 的解释为信任（trust），而 do 是拉丁语动词，意思是我给予（I place）。信用（credit）的原始意思即为：我给予信任（I place trust）。① 在古代罗马法中，信用对应的拉丁文是 *fides*，意思是指一个人具有受托人品格中所包含或要求的关于信任、信赖和谨慎善意、坦诚的品格。罗马法的信用表示"相信他人会给自己以保护或某种保障，它既可以涉及从属关系，也可以涉及平等关系"。② 罗马法中的信用，一方面是指自身是否具有值得他人对其履行义务能力给以信任的因素，另一方面是指来自社会和第三方的评价。在古代德国，信用则用在交易活动的契约中。在日本，1947年《日本民法典》确立的"信义则"（即信义诚实原则）中的"信义"，与我国法学著作所称的"信用"最相类似。③

西方发达国家市场经济的历史较长，法制相对健全，社会诚信缺失问题已基本解决，或者已不是其社会信用的主要矛盾。同时，西方国家信用经济高度发达、金融创新异常活跃，市场交易的80%以上都是信用交易，④ 信用交易风险是其社会信用问题的主要矛盾。在西方国家，信用更多地与经济联系在一起，对信用的理解和解释多从经济的角度出发。从历史上看，在西方人的观念中，契约是神圣不可侵犯的，因为契约是上帝同人类签订的，具有神圣性、强制性和义务性。⑤ 西方国家对信用的定义是从纯经济学角度进行的。约翰·穆勒认为信用的基础是信任，他说："一个人所能运用的购买力的数量，是由他拥有的或应当付给他的货币以及他具有的全部信用构成的。"⑥ 可见，在他看来，个人拥有的商品购买力由其自身的货币拥有量和信用支持额度两部分构成。麦克劳德（Henry Dunning Macleod）认为"信用"具有双重意义，"一种是要求债务人偿付债务的权利；一

---

① 林钧跃. 企业赊销与信用管理（上）[M]. 北京：中国经济出版社，1999：1.
② [意]朱塞佩·格罗素. 罗马法史[M]. 黄风，译. 北京：中国政法大学出版社，1994：234.
③ 刘洋. 信用法律制度研究[J]. 法制与社会，2009（15）.
④ 韩家平. 我国社会信用体系建设的内涵与外延[J]. 中国改革报，2014-7-28（2）.
⑤ 李建平，石淑华. 信用本质上是一个经济问题——兼论经济信用、法律信用和道德信用的关系[J]. 当代经济研究，2003（5）.
⑥ [英]约翰·穆勒. 政治经济学原理及其在社会哲学上的若干应用（下卷）[M]. 赵荣潜，等，译. 北京：商务印书馆，1991：56.

种是要求买方偿付商品代价的权利"。① 该理论的优缺点都是将信用完全权利义务化,虽有法学价值,但缺乏合理性。

《牛津法律大辞典》将信用解释为:"得到或提供货物或服务后并不立即而是允诺在将来付给报酬的做法。""一方是否通过信贷与另一方做交易,取决于他对债务人的特点、偿还能力和提供的担保的估计。"② 美国《布莱克法律词典》阐述了信用的基本含义,主要有两种:一是指商家或个人贷款或者取得货物的"能力";二是指债权人赋予债务人延期支付或承担债务且缓期偿还的"权利"。《布列颠百科全书》(1988)对 credit 的解释是"一方(债权人或贷款人)供应货币、商品、服务或有价证券,而另一方(债务人或借款人)在承诺的将来时间里偿还的交易行为"。③《新帕尔格雷夫经济大辞典》对信用的解释是:"提供信贷(Credit)意味着把对某物(如一笔钱)的财产权给以让渡,以交换在将来的某一特定时刻对另外的物(如一笔钱)的财产权。"④ 从上述定义可见,我国的文献资料侧重对信用的含义进行全面概括,并侧重信用的道德层面,而在英美法中,信用与信贷等交易活动有关,既是当事人特殊经济能力的表现,也是一种经济上的信赖,来源于债权人对对方当事人的评价。⑤ 西方对信用的解释更偏向于现代信用的内涵,更多地将其解释为经济交易范畴。

(三)马克思主义政治经济学对信用概念的理解

马克思信用思想经历了从无到有、从萌芽到成熟的发展历程,并日益成熟。⑥ 马克思在研究资本主义经济制度时,科学地阐明了资本主义信用经济运动的规律,对于信用的起源、信用制度的形成以及与信用密切相关的货币资本等范畴进行了科学分析,奠定了马克思主义信用理论的基础。从马克思的信用理论来看,马克思对信用的理解更多地侧重于经济角度。他认为,作为本质的、发达的信用关系,"只有在以资本或以雇佣劳动为基础的流通中才会历史地出现"⑦,真正的信用制度是与资本主义生产方式相联系的,是资本主义生产方式运行的必然结果。

马克思是在资本主义运动中来考察信用的,他认为,在资本主义生产过程中,保持生产过程的连续性是其基本条件;假如失去这个条件,生产过程就会中断。然而,生产

---

① [美]康芒斯. 制度经济学(下)[M]. 于树生,译. 北京:商务印书馆,1997:42.
② [英]朱塞佩·格罗素主编. 牛津法律大辞典[M]. 北京:光明日报出版社,1989:235.
③ 转引自孙智英. 信用问题的经济学分析[M]. 北京:中国城市出版社,2002:8.
④ 新帕尔格雷夫经济大辞典[M]. 北京:经济管理出版社,1992:387.
⑤ 吴汉东. 论信用权[J]. 法学,2001(1).
⑥ 王茜. 马克思信用理论视角下的民间信用法律规制研究[D]. 洛阳:河南科技大学,2011.
⑦ 马克思、恩格斯. 马克思恩格斯全集(第30卷)[M]. 北京:人民出版社,1995:533.

各个阶段在时间和空间上的特殊性以及不相关性，导致在以资本为基础的生产中，保持生产过程的连续性成为一种偶然。信用就是消除这种偶然性、保持生产连续性的方法。马克思指出："流通表现为资本的本质过程。在商品转化为货币以前，生产过程不可能重新开始。过程的稳定连续性，即价值毫无阻碍地和顺畅地由一种形式转变为另一种形式，或者说，由过程的一个阶段转变为另一个阶段，对于以资本为基础的生产来说，同以往一切生产形式下的情形相比，是在完全不同的程度上表现为基本条件。"①

信用是以偿还和付息为条件的价值运动的一种特殊形式，是经济活动中的借贷行为。"这个运动——以偿还为条件的付出——一般地说就是贷和借的运动，即货币或商品只是有条件的让渡的这种独特形式的运动。"② 在借贷活动中，信用会让渡于基于观念意义的财富使用价值，并对财富使用权进行借贷。马克思认为："信用，在它最简单的表现上，是一种适当或不适当的信任，它使一个人把一定的资本额，以货币形式或以估计为一定货币价值的商品形式，委托给另一个人，这个资本额到期一定要偿还。"③ 在这里，马克思强调了三点：第一，信用是建立在双方互相信任的基础上；第二，信用是以偿还为条件的；第三，归还贷款要有报酬。在构成信用的三个要件中，有两个是与经济相联系的。"在商品经济条件下，信用表现为货币借贷或商品买卖中的延期支付，债权人贷出货币或赊销商品，债务人则按照约定的期限归还贷款或清偿贷款，并支付利息。"④ 这样，信用就是建立在货币的借贷与偿还能力上的经济关系。

假如资本是通过商品的形式贷放的，商品货币价值则早已在当事人间明确，商品转移出售之后，所需偿付的资金额势必涵盖资本金额，以当作对于使用资本以及偿还资本借贷风险的酬劳。由此可知，信用作为一种适当抑或者不适当的信任，使得一方将具有一定价值的资本额的产品或者资本委托给他人，期限到达后必须偿还资金，所偿还的总资金额除了原有资本数量，还要额外增加一定比例的资金当作回报。

马克思信用理论当中，一大重点内容就是信用的作用，即信用对资本主义经济发展的作用。马克思指出，在资本主义经济的发展过程中，信用是一把双刃剑，它既有益处也有弊端。一方面，信用伴随商品经济的逐步发展而产生，信用的出现有效地促进了资本主义生产的发展与进步；另一方面，信用也使得资本主义经济的发展深受各种负面影响，如导致或加剧了资本主义经济危机。⑤

---

① 马克思、恩格斯.马克思恩格斯全集（第30卷）[M].北京：人民出版社，1995：533.
② 马克思、恩格斯.马克思恩格斯选集（第2卷）[M].北京：人民出版社，1995：497.
③ 马克思.资本论（第3卷）[M].北京：人民出版社，1975：102.
④ 张亦春.中国社会信用问题研究[M].北京：中国金融出版社，2004：4-5.
⑤ 李珊珊.马克思主义信用理论及其对我国政府信用体系建设的启示[D].西安：中共陕西省委党校，2019.

二、信用的特征

上述关于信用概念的共同点在于：信用伴随着良好的社会评价和他人的信任，权利主体由于被信任而具有了延期付款的权利和优惠。任何信用的基本内容首先是信任。没有信任，就不会有信用行为。但是，信任并不是信用的全部。信用是"信"与"用"的统一，"信用"即"信任"之"效用"。这里的"效用"取其"功效、作用"之义，实指信任主体的信任行为和状态所产生的社会影响。如果仅有信任，而没有信任所产生的社会影响，就产生不了"功效、作用"，也就仅仅是信任，构成不了信用。反过来说，如果有信用，必然会有在信任基础上的功效和作用。① 由此，我们可以导出信用的法律特征。

（一）信用的人格性②

在罗马法中，"信用"是人格的一部分，具有法律和社会身份、地位方面的人格性。通过考察古代信用到现代信用的发展过程可知：信用从最初具有的伦理道德上的人格性，逐步发展到具有法律上的人格性；其后，该种法律上的人格性逐步加强；再后，该种法律上的人格性从民事人格权的范畴向商事人格权的范畴转化，并最终完成了该种转化。信用作为伦理道德意义上的人格利益，具有脱离财产制约的相对独立性，其核心在于信任，而非在任何情况下都必须以财产为基础。信用无实物形态，必须以个人或组织为载体，其无法独自存在，而是以信号显示的方式存在，显示的是个人或者组织被认可的一种形象。信用可以像实物资本一样，进行所有权与使用权的剥离，比如担保公司进行担保业务时，使用的就是自身的信用。拥有好的信用，即使没有抵押物，企业也能获得银行的贷款，赢得各方利益相关人的信任。信用的损失通常也是无形的，俗话说"好事不出门，坏事传千里"，比起建立守信的形象，信用消失得更快。

信用具有人格性，所以不难理解"信用是一个人的立足之本""信用是从事经济活动的一种资格和通行证"的论断。

---

① 王建红. 信用起源的基本理论——信用的基本问题研究系列之二［J］. 征信，2014，32（4）.
② 刘鸿. 信用的含义和属性与中国信用制度建设［J］. 福建金融，2003（10）.

(二)信用的财产性[1]

信用可以为拥有者提供价值和使用价值的满足。在以信用为链条构筑的债权债务关系中,首先作为支付手段的货币只因为涵盖了大众对国家的信任,或者说涵盖了信用才具有了财富的符号意义,而债权人承诺的延期还款的优惠被形象化地解释为授信,债务人接受这种优惠的行为被解释为受信,由此我们可以得到的结论是:信用通过保证货币的价值以及通过交换具有的价格充分展示了信用所具有的价值特性。信用的使用价值在于它本身是最具安全性的流通手段,所以信用一方面保证了作为流通手段的货币所具有的购买力,另一方面在延期交易中,信用是交易实现的必要条件。因为对于非即期交易而言,人们不可能在相对方不具有任何信用的情况下还与对方发生交易往来。当然对于信用这类无形资产而言,法律对权利的保障是至关重要的,否则信用会因其公有性而失去财产价值。

(三)信用的文化性和社会性

信用的文化性和社会性可以从两方面来理解。[2]一方面,信用在很大程度上受到社会的经济发展水平、意识形态、历史、文化、风俗习惯等因素的影响,这些因素会综合起来影响社会群体的偏好,并且成为社会信用体系的有机组成部分。另外一方面,信用本身也是一个社会的文化表征,展示着该社会的文明程度和文化风貌。社会的文明进步需要信用来维系。在任何一个社会,良好的信用意识无疑会促进社会的协调发展,减少利益冲突,维护社会稳定;而信用意识淡薄或缺失的代价必然都是惨重的,也不可能建立起完善的市场经济环境。众多守信的交易主体会创造一个良好的信用环境,普遍的失信行为则会形成恶劣的信用环境。改善恶劣的信用环境很难指望依靠个体的努力就能见效,但不守信的个体行为很有可能会严重损害社会信用环境。

三、信用的分类

信用作为现代文明的重要组成部分,是社会主义市场经济赖以生存和发展的前提;没有信用,就不会有规范的市场秩序,经济活动就难以健康运转,社会主义和谐社会的目标就无法实现。根据不同的标准,可以对信用进行不同的分类。

---

[1] 王丽,田虹.信用的法律特征及信用报告法律研究[J].黑龙江政法管理干部学院学报,2001(2).
[2] 严海波.交易、制度与信用——兼论我国转型期信用缺失的原因和治理[D].成都:西南财经大学,2006.

(一)道德信用、经济信用和法律信用

根据约束信用的准则不同,可将其分为道德信用、经济信用和法律信用。

道德信用是在人们的交往中由一定的约定、承诺、誓言等引发的一种伦理关系、原则及其相应的品行。道德信用是行为主体出于义务之心对合同、约定或许诺的自觉践履,表现为行为主体在约定前、履约中的责任感。由于道德在制约方式上的柔性以及作用路径上的内在强制性,决定了道德信用发挥作用的最终关节点不是社会机制,而是个人是否形成了具有社会正义性的价值观、荣辱感和道德良知。因此,真正的道德信用,不是停留在市场体系的规制、社会奖罚机制等外部力量制约的他律阶段,而是通过价值认知、荣辱感、信念、良心等内部力量达到了自我立法和自我要求的主动约束的自律阶段。①

经济信用就是在经济活动中,以某种预先约定为基础、以偿还或增值为特征的价值运动的特殊形式,是指参与经济活动的当事人之间建立起来的以诚实守信为基础的践约行为,即人们通常所说的"讲信用""守信誉"。②经济信用涉及交易双方的经济关系及秩序,它具有回报性、风险性、信任性及客观性等特点。在成熟的现代市场经济中,大部分交易都表现为信用交易,信用成为现代市场交易的一个必备因素。

法律信用是法律对社会关系所做的具有必行性和普遍约束性的规则安排以及法律运行时对社会关系按规则安排之要求所做的调整,如果法律所肯定的社会关系和秩序受到冲击和破坏,则按法定的必然状态强制恢复。这三个方面,分别表述了在立法环节、法律运行环节和法律矫正环节上的法律信用,分别称为立法信用、法律运行信用和法律保障信用。法律信用是法律作为制度规范,整体所具有的信用,它涉及从法律创制到法律执行过程中的许多重要环节,如立法、行政执法、司法、法律监督等,其中每一个环节都要讲求信用,各个环节的信用共同构成整体的法律信用。相反,如果其中任何一个环节信用不高或者缺失,影响的不仅是这个环节局部的信用,而是会导致整个法律制度失去信用。法律信用由如下四个要素构成③:观念要素——法律神圣性;法律要素——立法合理性;运行要素——行为合法性;目的要素——社会正义性。

(二)个人信用、企业信用和政府信用

根据信用主体不同,信用分为个人信用、企业信用和政府信用。

个人信用可从广义、狭义两个层次来加以定义。狭义的个人信用通常表现为消费信用,是指消费者个人在尚不具备资金能力的情况下,向银行等金融机构获取资金支持来完成当前消费的经济行为中,对于未来还款的一种承诺。广义的个人信用是指在经济活

---

① 王淑芹.论法律信用与道德信用的特性[J].道德与文明,2003(5).
② 张力化.论经济信用体系的建构[J].学术交流,2010(12).
③ 谢晖,丁放.论法律信用[J].学习与探索,1998(4).

动中，用来代替货币行使支付功能的一种特殊经济形态。

企业信用可分为两个层次：广义的企业信用是指企业间在从事商品的生产、流通和买卖的过程中所进行的信用活动，是一个企业价值取向、责任承担的外在表现，包括商业信用和金融信用；狭义的企业信用是发生在企业的赊销过程中的卖方企业允许买方将来付款、买方承诺未来还款的一种信用行为，实质是发生在经济活动中的企业双方间的一种短期的融资行为。

政府信用是社会公众对一个政府遵守承诺的意愿、能力和行为的评价，是在政治委托—代理关系中产生的代理人信用，反映的是社会公众对政府的信任度。在市场经济中，由于政府身份的双重性（身兼市场管理者和市场主体两个身份），政府信用也因而具有两层含义：一是因政府作为市场的管理者为确保市场经济的稳定而制定的政策、条例不肆意变更而获得的公众对政府的信任；二是作为市场主体的政府向公众提供公共服务时，为筹集经费所发行或出售各种信用工具（如公债、国库券），这些信用工具是政府承诺将来偿还债款的一种实物载体，因承诺主体是政府，被称为政府信用。

（三）长期信用、中期信用和短期信用

根据信用作用时间的长短，信用分为长期信用、中期信用和短期信用。

这种分类适用于其他信用，但以银行信用体现最为直接。银行贷款按照贷款期限的长短可以分为长期信用、中期信用和短期信用三种。其具体划分方法在不同国家（地区）和同一国家（地区）的不同时期是不相同的。银行贷款期限的长短是决定利息率高低的一个重要因素，一般来讲，贷款期限越长，其利息率越高。长期信用一般是贷款期限在5年以上的信用。按照我国现行贷款办法的规定，一般作如下划分：贷款期限在5年以上的为长期信用，长期信用通常是被用于基本建设投资或购置机器设备等固定资产的贷款，诸如投资银行、开发银行、不动产抵押银行、实业银行等发放的贷款；1年至5年为中期信用；1年以下为短期信用。在国外，其划分方法各不相同，但大体上可以认为：银行贷款期限在6个月以上的为长期信用，不足6个月的则视为短期信用。

第二节　社会信用体系

加快社会信用体系建设是构建社会主义和谐社会的重要基础，是完善社会主义市场经济体制、加强和创新社会治理的重要手段。要建立一个完善、高效的社会信用体系，必须将其看作一个包括法律法规、道德规范、信用服务、政府监管和信息系统建设在内的综合性系统工程。①

---

① 郭清马.社会信用体系建设：概念、框架与路径选择［J］.征信，2009，27（5）.

一、社会信用

社会信用是个人信用集结的体现,个人信用行为结合在一起形成社会信用行为;而社会信用的整体状况也会约束个人的决策,影响个人信用。另外,社会信用是在企业信用、政府信用等作用下形成的一种社会整体意识,是人们对信用链的各个环节建设的最终目标。个人、企业和政府作为经济活动的参与者,其信用的好坏直接影响着社会经济的发展。

(一)社会信用的含义

关于社会信用的概念界定,目前学术界众说纷纭,主要有如下观点:其一,仅就社会事业领域界定,认为"社会信用是指在社会管理和公共服务中所产生的信用"。[①] 其二,社会信用即各种信用形式的总和,是指全社会的信用状况,是用以维持社会秩序、沟通贸易往来的基础。[②] 其三,社会信用是一国社会各种信用的总和,是社会主体在参与社会经济活动中获取预期资本或支付能力的信用活动的总称,是一种基于信任而产生的依赖与被依赖关系,反映了诚实守信品行应得到推崇的一种社会状态。[③]

与学术界对社会信用的定义存在争议相比,地方性立法对社会信用的定义则较为统一。《上海市社会信用条例》《厦门经济特区社会信用条例》《宿迁市社会信用条例》第2条都规定:本条例所称社会信用,是指具有完全民事行为能力的自然人、法人和非法人组织,在社会和经济活动中遵守法定义务或者履行约定义务的状态。这种"在社会和经济活动中遵守法定义务或者履行约定义务的状态",就是所谓的信用状况,这种"信用状况"是通过信用信息来反映或描述的。《信用基本术语》(GB/T 22117—2018)中的2.22部分对信用信息作了如下定义:信用信息是指个人或组织在社会与经济活动中产生的与信用有关的记录,以及与评价其信用价值相关的各类信用。《湖北省社会信用信息管理条例》第3条第1款规定:社会信用信息,是指可用于识别自然人、法人和其他组织信用状况的数据和资料,包括公共信用信息和市场信用信息。

本书认为,上述地方立法中有关社会信用的定义是值得肯定的。社会信用包括公共信用和商业(市场)信用。

公共信用之所以产生,是因为监管部门要实施信用分类分级监管,根据监管对象的公共信用水平采取差异化的监管措施,包括限制监管对象获得政府补贴、扶持以及限制

---

① 谢行宽. 信用与理性关系研究[D]. 北京:中共中央党校,2005.
② 秦凤鸣. 城市形象塑造的根基——社会信用体系[J]. 东岳论坛,2009(6).
③ 宋珊. 社会信用法律制度研究[D]. 哈尔滨:黑龙江大学,2014.

参与政府采购等。因此，从公共信用存在的"目的"来看，其定义是，"公共管理对象因其信用状况，获取公共资源或减轻监管强度的能力"。

商业信用是指在未支付对价情况下，一方先行获取交易方资金、货物、服务的能力。这种定义方式是功能性的，或者说是目的导向的，也更接近于词源上的意义，"信用"即"信之效用"。以这种方式来定义，"信用"即为"一方不支付对价的情况下，获取相对方交易资源的能力"。

（二）社会信用的主体

从上述社会信用的定义可以看出，社会信用的主体是具有完全民事行为能力的自然人、法人和非法人组织。

《民法典》[①]第17条规定：18周岁以上的自然人为成年人。不满18周岁的自然人为未成年人。第18条规定：成年人为完全民事行为能力人，可以独立实施民事法律行为。16周岁以上的未成年人，以自己的劳动收入为主要生活来源的，视为完全民事行为能力人。

《民法典》第57条规定：法人是具有民事权利能力和民事行为能力，依法独立享有民事权利和承担民事义务的组织。第58条规定：法人应当依法成立。法人应当有自己的名称、组织机构、住所、财产或者经费。法人成立的具体条件和程序，依照法律、行政法规的规定。此外，《民法典》还规定，法人分为营利法人、非营利法人和特别法人。以取得利润并分配给股东等出资人为目的成立的法人，为营利法人。营利法人包括有限责任公司、股份有限公司和其他企业法人等。为公益目的或者其他非营利目的成立，不向出资人、设立人或者会员分配所取得利润的法人，为非营利法人。非营利法人包括事业单位、社会团体、基金会、社会服务机构等。具备法人条件，为公益目的以捐助财产设立的基金会、社会服务机构等，经依法登记成立，取得捐助法人资格。依法设立的宗教活动场所，具备法人条件的，可以申请法人登记，取得捐助法人资格。法律、行政法规对宗教活动场所有规定的，依照其规定。机关法人、农村集体经济组织法人、城镇农村的合作经济组织法人、基层群众性自治组织法人，为特别法人。

《民法典》第102条规定：非法人组织是不具有法人资格，但是能够依法以自己的名义从事民事活动的组织。非法人组织包括个人独资企业、合伙企业、不具有法人资格的专业服务机构等。

---

① 为行文简洁，本书在引用我国法律法规时一律使用简称，如《中华人民共和国民法典》简称为《民法典》。特殊注明的除外。

(三)社会信用的客体

社会信用的客体就是社会信用信息。健全社会成员信用记录是社会信用体系建设的基本要求。发挥行业、地方、市场的力量和作用,加快推进信用信息系统建设,完善信用信息的记录、整合和应用,是形成守信联合激励和失信联合惩戒机制的基础和前提。根据归集或采集主体的不同,社会信用信息又可分为公共信用信息和市场信用信息。

1. 公共信用信息

科学界定公共信用信息边界的关键是确定信息的"公共"和"信用"属性,做到"法规有依据、社会普遍接受、主体权益保护"。①《政府信息公开条例》第2条:本条例所称政府信息,是指行政机关在履行职责过程中制作或者获取的,以一定形式记录、保存的信息。第54条:法律、法规授权的具有管理公共事务职能的组织公开政府信息的活动,适用本条例。第55条第1款:教育、卫生健康、供水、供电、供气、供热、环境保护、公共交通等与人民群众利益密切相关的公共企事业单位,公开提供社会公共服务过程中制作、获取的信息,依照相关法律、法规和国务院有关主管部门或者机构的规定执行。全国政府信息公开工作主管部门根据实际需要可以制定专门的规定。《征信业管理条例》没有具体定义公共信用信息,在第2条第4款提出:国家机关以及法律、法规授权的具有管理公共事务职能的组织依照法律、行政法规和国务院的规定,为履行职责进行的企业和个人信息的采集、整理、保存、加工和公布,不适用本条例。正是这款规定,为公共信用信息归集和应用等预留了立法空间。该条例第44条第(3)项罗列了具体的不良信息,包括信息主体在借贷、赊购、担保、租赁、保险、使用信用卡等活动中未按照合同履行义务的信息,对信息主体的行政处罚信息,人民法院判决或者裁定信息主体履行义务以及强制执行的信息,以及国务院征信业监督管理部门规定的其他不良信息。

基于上述依据,有学者认为,公共信用信息,主要包括以下四类:②一是行政机关和授权具有管理公共事务职能的组织在履行职责过程中产生的反映主体信用状况的信息;二是教育、卫生健康、供水、供电、供气、供热、环境保护、公共交通、物业等公共企事业单位在提供社会公共服务过程中产生的反映主体信用状况的信息;三是法院判决或裁定的主体应当履行义务以及强制执行的信息、检察机关有罪不诉的信息;四是主体基本信息。把主体基本信息列为公共信用信息,主要有两方面考虑:一是完整性,公共信用信息归集的目的主要是解决信息不对称、信息共享和信息应用问题,把基本信息纳入公共信用信息范围,有利于不同行业领域信用数据基于基本信息进行叠加;二是主体基本信息的变更数据可能影响信用评判,如企业注册资金、法定代表人的变更等信息,对于主体信用判断肯定是重要因素。

---

①② 王宁江.公共信用信息的边界[J].浙江经济,2017(1).

近年,《上海市社会信用条例》《河南省社会信用条例》《南京市社会信用条例》《山东省社会信用条例》《天津市社会信用条例》《广东省社会信用条例》《大连市社会信用条例》《重庆市社会信用条例》相继颁布。《上海市社会信用条例》第8条第1款规定:公共信用信息是指行政机关、司法机关、公共企业事业单位等公共信用信息提供单位,在履行职责、提供服务过程中产生或者获取的社会信用信息。《南京市社会信用条例》第2条第3款规定:本条例所称公共信用信息,是指行政机关、司法机关、法律法规授权具有管理公共事务职能的组织等公共信用信息提供单位,在依法履行职责和提供服务过程中生成的社会信用信息。

结合学者观点和国家层面及地方性立法,本书认为:公共信用信息是指行政机关以及法律法规授权的具有管理公共事务和服务职能的组织等公共信用信息提供单位(以下简称信息提供单位),在其依法履行职责过程中产生或者获取的,可用于识别信用主体信用状况的数据和资料。

关于公共信用信息的分类,根据不同的标准可以进行不同的划分,主要有以下几种分类[①]:

第一,根据公共信用信息主体进行的分类。

根据公共信用信息主体进行分类,可以将公共信用信息分为自然人公共信用信息和法人及非法人组织公共信用信息。自然人公共信用信息,是指能反映自然人公共信用状况的信息,包括自然人的姓名、身份证号等基本信息,以及取得的资格、资质等行政许可信息等。法人及非法人组织公共信用信息,是指能反映法人和非法人组织公共信用状况的信息,包括名称、法定代表人等登记注册信息,以及税款、社会保险费欠缴信息等。

由于自然人信息和法人及非法人组织信息的受保护程度不同,为了保证法人及非法人组织相关利益人的合法权益,对于法人及非法人组织的信息透明度要求较高;将自然人和法人及非法人组织的信息分开做出不同要求,有助于更好地保护当事人以及平衡各方信息相关人对信息保护的要求。

第二,根据公共信用信息内容进行的分类。

根据公共信用信息的内容进行分类,可以将公共信用信息分为基础信息(或基本信息)和信用信息。基础信息,是指用来辨识公共信用信息主体的信息。基础信息实质上并不能反映公共信用信息主体的信用状况,严格来说并不能作为公共信用信息,但是其具有辨识公共信用信息主体身份的功能,并且与公共信用信息主体的信用状况具有一定的联系,如行政许可类、资质资格类等信息。因此,将其纳入公共信用信息。信用信息,是指能反映公共信用信息主体公共信用状况的信息,主要包括良好信息(或者正面信息、守信信息)和不良信息(或者负面信息、失信信息)。

---

① 索艳辉.公共信用信息制度立法研究[D].内蒙古:内蒙古大学,2020.

良好信息，是指公共信用信息主体遵守约定或者履行法定义务的信息，包括公共信用信息主体向行政机关、履行法定公共职能组织做出信用承诺的信息等。慈善捐赠、志愿服务和表彰奖励等也可以纳入此类信息。不良信息，是指公共信用信息主体不履行法定或者约定义务的信息。包括欠缴税款、社会保险费，适用一般程序作出的行政处罚信息等。但是基于价值判断与市场容错的考量，并非所有违法和违约的信息都会被归为失信信息。如部分地方政府在新冠肺炎疫情期间作出通知，对于某些企业因新冠肺炎疫情造成的失信行为不纳入信用记录，并对符合条件的企业和领域作出了详细规定。

第三，根据应用公共信用信息时的披露程度进行的分类。

根据应用公共信用信息时的披露程度进行分类，可以将公共信用信息分为社会公开信息、授权查询信息和政务共享信息。社会公开信息，是指根据国家相关法律规定、通过多种公开方式、主动向全社会公开发布的相关公共信用信息，或者行政机关基于行政管理需要公开的公共信用信息。授权查询信息，是指某些组织或个人经公共信用信息主体授权后才可以查询的公共信用信息。政务共享信息，是指仅供政府部门和履行法定公共职能组织在履行自身职责需要时查询和应用，未经批准不能向外界披露的公共信用信息。

2. 市场信用信息

除社会信用条例外，一些地方陆续制定信用信息管理的法规和规章，包括《湖北省社会信用信息管理条例》《河北省社会信用信息条例》《浙江省公共信用信息管理条例》《深圳市公共信用信息管理办法》等。

《湖北省社会信用信息管理条例》第3条第3款规定：市场信用信息是指信用服务机构、行业协会、其他企业事业单位和组织，在生产经营和提供服务过程中产生或者获取的，可用于识别信用主体信用状况的数据和资料。《河北省社会信用信息管理条例》第3条第3款规定：市场信用信息是指信用服务机构及其他类型企业事业单位等市场信用信息提供单位，在生产经营和社会服务活动中产生的反映信用主体信用状况的数据和资料。

从上述地方性立法可以概括出：市场信用信息是指信用服务机构及其他企事业单位等市场信用信息提供单位，在生产经营活动和社会服务活动中产生、采集或者获取的，可用于识别自然人、法人和非法人组织信用状况的数据和资料。

3. 公共信用信息与市场信用信息的区别

公共信用信息与市场信用信息作为信用信息最为主要的两个子类，在信息提供主体、信息的归集与共享、信息的运用三个方面均有较大的区别。

（1）信息提供主体不同。公共信用信息是行使公共管理职能的组织履职过程中产生的信用信息。也就是说，公共信用信息的提供主体包括行政机关、法律法规授权的具有管理公共事务职能的组织，即一切具有公共管理或公共服务职能的主体均可成为公共信用信息的提供主体。而市场信用信息，是信用服务机构及其他企事业单位等市场信用信息提供单位在生产经营活动和社会服务活动中产生、采集或者获取的反映信息主体信用状况的信息。

（2）信息的归集与共享方式不同。公共信用信息的归集与共享由法律、法规或规章进行规定与授权，其归集具有强制性，不需要得到信息主体的授权。公共信用信息以公开为原则、以不公开为例外。但是，市场信用的采集、共享等原则上需要得到信息主体的授权，信息共享程度较低、不具有公开性。

（3）信息的运用不同。公共信用信息是行使公共职能的机关对信息主体进行信用评价、实施守信联合激励或失信联合惩戒措施的依据，因此，公共信用信息的运用具有法定性、强制性等特点。而市场信用信息除了受到有关个人信息、隐私权保护的法律规定等制约外，受到的制约较少，运用亦较为自由，不具有强制性。

二、社会信用体系的一般分析

社会信用源自人类社会的生存和发展的需要，人们对利益的追求促使人们不得不进行合作，而要合作就必须相互信任，这种相互信任的不断发展，产生了社会信用。体系是由若干相互联系、相互影响、相互制约的要素组成的统一体。社会信用体系涉及道德、文化、经济、政治、法律等诸多领域，是一个诸多因素相互影响的有机整体。

（一）社会信用体系的历史演变

社会信用体系是受到经济、政治、文化和其他社会因素制约的，这些因素的变化必然引起社会信用体系的演变。按照人类历史发展的不同阶段，大体可以将信用体系概括为以下几种基本的历史形态。

1. 原始社会分工合作中的社会信用体系的萌芽

纵观人类社会的发展史，可以看出，人们从事各种各样生产活动的目的都是为了获取某种利益。正如马克思所说，"人们奋斗所争取的一切，都同他们的利益相关"[1]。而人们想要获得利益，就不得不与他人进行合作，人类构建自己文明的一个重要的契机就是劳动中的分工和合作。正如哈特（Hart）所认为，任何发展水平的群体得以存在的必要条件之一，都是群体成员之间的最低限度的合作。[2] 如果群体的最低限度的合作与容忍是任何人类群体得以生存的必要，那么，诚实信用的概念从这一必然性中产生便似乎不可置疑了。

---

[1] 中共中央马克思恩格斯列宁斯大林著作编译局编.马克思恩格斯全集（第1卷）[M].北京：人民出版社，1956：82.
[2] 刘全德主编.西方法律思想史[M].北京：中国政法大学出版社，1996：243.

在人类早期社会中,人类的生存能力很低,个体只有通过群体劳动才能获得生活资料并延续生命,使自己得到最基本的安全保障。正如马克思所说:"我们越往前追溯历史,个人,从而也是进行生产的个人,就越表现为不独立,从属于一个较大的整体"。[①]为了共同的生存,原始部落内的人们就需要有简单的分工。在分工合作的过程中,每个人都需要对别人的行为有合理的预期,只有群体内的人们互相信任,才能共同完成一件事情。这种最原始的人类生活,虽然表明人类有了聚合意识,但单个的人的自我意识还未出现,个体存在的价值,只能完全融合于群体生活之中。这是人类诚实守信的信用行为产生的客观条件。综上,可以得到社会信用产生的根源:利益→合作与分工→信用→社会信用。

在人类社会发展的早期,信用主要是作为传统习惯存在并发挥作用的。信用传统习惯是人们对信用传统的了解、扬弃和继承,是使一个社会组织的信用具有稳定性的重要原因。一个民族的信用意识在社会群体中经过长期的沉淀,表现为社会的一些信用传统、风尚、习俗、禁忌等。该社会群体内的人们自然而然地要遵循它们,并自然而然将它们作为评价人与事的标准。可以认为,习俗与禁忌相结合,是原始社会最基本的调节信用关系的工具,这时期信用行为已经产生,但社会信用体系尚处于萌芽阶段。

2. 奴隶社会和封建社会以身份为核心的社会信用体系

人类社会进入奴隶社会和封建社会后,随着社会交往行为的增加和逐渐扩展,社会关系的原始血缘性质逐渐淡化,地域观念逐渐替代了部落观念,身份等级关系取代了原始血缘关系。这时的社会基本上处于农业社会时期,这一时期的信用主要以身份为标志,信用行为与社会身份相关联。不同的阶级,有着不同的信用规范和评价体系。[②]在这种封闭、内向、自给自足的自然经济中,受狭隘的时空限制,信用体系依赖于人与人之间的家族亲情纽带和"熟人社会"进行生产和消费。在农业经济社会中,人们的社会身份是其等级差别的基础,形成了以社会身份为标识的信用规范。在这种社会生活中,人们的生活方式和行为准则取决于他在社会身份中的等级,一个具有确定身份的人在社会交往中获取利益的权利以及为此承担的义务,也受相应的等级来规范。人们的身份等级不同,在社会交往中获取的权益和所要承担的义务也不同,信用调节的内容、方式、强度也就不一样。不同身份的人,受不同信用规范的约束。

在我国封建社会,一般来说,由身份不同所决定的人际关系等级可以分成三类,相应地形成三种信用规范[③]:第一类是低身份对高身份的等级关系,主要包括君臣、父子、夫妻、兄弟。臣民对君主的道德规范是"忠",讲究无条件地忠于君主。子女对父母的道

[①] 马克思恩格斯全集(第46卷上册)[M].北京:人民出版社,1979:21.
[②] 刘肖原.我国社会信用体系建设问题研究[M].北京:知识产权出版社,2016:41.
[③] 李新庚.信用理论与制度建设研究[M].北京:中国书籍出版社,2019:58.

德规范是"孝",讲究无条件地孝敬父母。妻子对丈夫的道德规范是"节",讲究无条件地遵守"妇道"。弟对兄的道德规范是"恭",讲究无条件地尊重和顺从。第二类是高身份对低身份的等级关系,是对第一类关系的反向理解,主要包括君对臣"恕",父对子要"慈",夫对妻要"恭",兄对弟要"友"。第三类是身份地位平等的人际关系,主要是地位平等、彼此之间没有法定或血缘的权利和义务的人际关系,处理这类关系的最主要的行为准则就是作为诚信的实践理性的形态:信用和信誉。这类人的交往也要求信守与身份等级相应的道德准则,是农本社会里调节人们利益关系的最低层次的信用规范,被赋予了伦理、舆论的形态。

此外,身份等级夹在信用对社会交往关系进行调节的范围之中。不同身份的人,受不同信用规则的约束。同样是违反规定,所受到的惩戒会因身份等级的不同而有轻重的不同。

3. 现代社会以契约为核心的社会信用体系

现代社会以市场经济为基础,契约理念与信用文化是市场经济的本质属性。与身份社会不同,"所有进步社会的运动,到此为止,是一个'从身份到契约'的运动"。[①] 契约文明作为一种历史性存在的文明形态,主要表现为契约精神的存在与发展。单纯作为一种文明形态,契约文明与法治文明一样,没有自己直接的表现方式,它必须借助于其他物质性、精神性或制度性的文明形态来予以表达。在文明形态上,契约文明主要体现为一种精神性的价值追求,这种价值形态就是契约精神。因而对高度抽象的契约文明的分析和研究,很大程度上可以转化为对相对直观具体的契约精神的分析和研究。在法治文明建设中,契约文明本身不仅是法治文明的重要内容,还是判断一个国家是否达到法治文明的重要标准之一。从这个意义上讲,契约文明应是法治文明的灵魂。契约文明作为法治文明建设的核心环节,具有十分丰富的法律内涵;如果从内容构成上加以分析,它主要由信用意识、敬业意识、公民意识三个互相联系的方面构成。

信用意识源于"契约必须遵守"的法谚。它要求契约订立者必须诚实不欺,遵守契约,而不能擅自违背自己的诺言。信用是契约精神的基础,也是市场经济的基础,没有信用,就不可能建立起统一规范、竞争有序的市场。市场经济从本质上讲就是信用经济,建立在信用基础上的市场秩序是充分发挥市场作用的前提条件,也是契约精神所要努力达到的结果。因此,契约精神客观上要求市场主体必须具备信用意识。

诚实信用不仅是现代社会的必然要求,也是世界各国民事立法的基本原则。在民法基本原则中,被奉为"帝王条款"的诚信原则已经成为各国民事立法的重要内容而被赋予了极大的法律效力。我国《民法典》第7条也明确规定:民事主体从事民事活动,应

---

① [英]梅因. 古代法[M]. 沈景一, 译. 北京: 商务印书馆, 1996: 97.

当遵循诚信原则，秉持诚实，恪守承诺。事实上，信用已成为法律的一个基本要素。法律从本质上讲，是一种行为预期，主体通过这种预期来调整自己的行为并使之适应法律的要求。如果法律失去信用而变得虚伪善变或司法者的主观擅断就可成为法律的权威依据，那对主体而言，这种法律已失去了意义。因为他无法根据法律的规定而对自己的行为产生一种预期，长而久之，守法便是一种多余，而法治必然是一种奢望。因此，法律信用作为法律权威的根据和保障，必须为广大主体所深深信仰。[1] 只有这样，才能使信用意识成为契约精神的核心，为法治建设奠定厚实的基础。在市场经济条件下，信用已经成为每个人立足社会不可或缺的无形资本，恪守信用也成为市场主体必须遵守的生存准则。在一个健康有序的市场里，所有的交易都以信用为纽带连结起来，即使交易主体面对的是互不相识的陌生人也能够凭借完善的信用体系放心地同对方交易。因为在那种环境下，丧失信用不仅在经济上会受到市场和法律的制裁，甚至还可能成为主体信誉沦丧的标志而被永远地逐出市场。这种预期迫使每个主体都必须恪守信用来维护自己的信用资本。

（二）社会信用体系的内涵

目前，理论界对社会信用体系的内涵还存在很多不同的看法。

狭义上看，社会信用体系就是信用交易体系。组成上，包括一系列法律、法规、方法、机构；[2] 本质上，是信用交易的辅助性社会系统，是信用主体信用行为和信用状况的"簿记"，是记录信用行为，载入信用信息数据库以及信用评级等的技术系统；[3] 目标上，打造适合信用交易的市场环境，促进市场经济的信用化走向，让市场交易方式的主流从原始支付手段转向信用支付；[4] 功能上，是降低市场交易信息不对称、有效配置社会资源、规范信用数据的收集和使用、辅助和保护信用交易得以顺利完成的社会系统。[5]

广义的社会信用体系不局限于信用交易领域，而是广泛涉及一国范围内与信用和诚信相关的社会生活的方方面面，强调作为人际交往原则的诚信文化的建设。不仅包括商务诚信，还包括政务诚信、社会诚信、司法公信。本质上，它是由各种社会主体基于契约精神而组成的社会整体信用，既是一种道德规范，也是一种生产要素和市场资源；[6] 组

---

① 谢晖.法律信仰的理念与基础[M].济南：山东人民出版社，1997：7.
② 周炜，刘向东.社会信用体系——分层结构及体系构建中的政府职能定位[J].中国软科学，2004（6）.
③ 程民选，唐雪漫，孙磊.社会信用体系：需要深入思考的几个理论问题[J].当代经济研究，2009（12）.
④ 林钧跃.社会信用体系原理[M].北京：中国方正出版社，2003：88.
⑤ 吴晶妹.社会信用体系建设是时代所需[J].征信，2015（2）.
⑥ 林凤萍.政府推进社会信用体系建设的对策取向[J].中央财经大学学报，2006（9）.

成上，是一国范围内，一系列与信用相关、相互影响的道德文化、法律法规、制度规范、组织程序、技术手段和运作方式构成的综合系统；功能上，以道德和法律为基础，惩戒失信行为，褒扬诚信行为，维护正常的经济社会秩序，促进经济社会健康发展；[1]目标上，立足于统一全民的信用认识，共建全社会诚信秩序，构筑和谐稳定的社会诚信自律环境，培育和推进信用产品和信用市场发展，提高全社会的诚信意识和信用水平。[2]

改革开放后，最先提出的我国社会信用体系内涵是狭义的。1993 年国务院因为"三角债"的问题第一次以文件形式提出社会信用问题，到市场经营主体根据需要自发开展信用活动，成立首批信用服务机构，再到 2002 年 11 月党的十六大提出"整顿和规范市场经济秩序，健全现代市场经济的社会信用体系"。2003 年，党的十六届三中全会通过的《中共中央关于完善社会主义市场经济体制若干问题的决定》进一步指出，"建立健全社会信用体系，形成以道德为支撑、产权为基础、法律为保障的社会信用制度，是建设现代市场体系的必要条件，也是规范市场经济秩序的治本之策"。2005 年，《中共中央关于制定国民经济和社会发展第十一个五年规划的建议》提出，"以完善信贷、纳税、合同履约、产品质量的信用记录为重点，加快建设社会信用体系，健全失信惩戒制度"。[3]可见，这一时期信用问题集中于经济领域，是因其形成对经济发展的掣肘而被重视。

当我国发展进入经济转轨、社会转型的"双转"时期之后，社会生活领域的人际信任问题越发突出，社会信用问题从经济领域扩展到整个社会生活领域。为解决信用问题而生的社会信用体系的含义也相应扩展。2014 年 6 月，国务院印发《社会信用体系建设规划纲要（2014—2020 年）》，对社会信用体系做出了一个较为全面的定义：以法律、法规、标准和契约为依据，以健全覆盖社会成员的信用记录和信用基础设施网络为基础，以信用信息合规应用和信用服务体系为支撑，以树立诚信文化理念、弘扬诚信传统美德为内在要求，以守信激励和失信约束为奖惩机制，目的是提高全社会的诚信意识和信用水平。

（三）社会信用体系的内容

对于构成社会信用体系的信用要素，可从不同角度进行分类；对于社会信用体系的构成及其内容，亦可从不同层面来加以分析。[4]其一，从信用形式来看，社会信用体系是由政府信用、企业信用和个人信用构成的有机整体。其二，从信用运行层次来看，社会

---

[1] 操江山.构建社会信用体系提升社会主义市场经济效率［J］.管理纵横，2014（12）.
[2] 《国务院关于印发社会信用体系建设规划纲要（2014-2020年）的通知》（国发〔2014〕21号）.
[3] 李乘琼.中国社会信用体系建设研究［D］.北京：中共中央党校，2016.
[4] 刘建洲.社会体系建设：内涵、模式与路径选择［J］.中共中央党校学报，2011（3）.

信用体系是由宏观调控体系、中观服务体系和微观运行体系构成的有机整体。其中，宏观调控体系是指国家宏观管理部门对信用的监管体系，包括政府信用和国家信用管理等内容；中观服务体系，指介于宏观调控体系和微观运行体系之间的征信系统，包括个人征信系统、企业征信系统和政府征信系统三大组成部分；微观运行体系包括信用奖惩、信用服务市场、信用主体权益、信用安全等运行机制，其中，守信激励和失信惩戒机制直接作用于各个社会主体的信用行为，是社会信用体系的核心机制。其三，从与市场体系之间的对应关系来看，社会信用体系是指包括信用记录、信用征集、信用调查、信用保证以及信用制度、信用管理在内的以社会为主体的信用系统。从信用体系与市场体系之间的对应关系来看，针对市场主体的信用活动是信用认证和信用管理；针对市场主体的信用状况是信用记录；针对市场规划的信用活动是信用制度；针对市场中介的信用活动是信用征集、信用调查、信用评价、信用担保等。其四，从信用功能与建设内容来看，社会信用体系是一种社会机制，是由社会信用制度、信用管理和服务系统、社会信用活动、监管与惩戒机制组成的社会系统工程。

可见，要建立一个完善、高效的信用体系，必须将其看作一个包括法律法规、信用服务、政府监管和信息系统建设在内的综合性系统工程。①

1. 法律法规体系

社会信用体系建设需要有相关法律法规体系作为支撑和保障。信用法律法规主要涉及政府信息公开、信息主体权利保护以及信用服务机构的规制等基本内容。在立法宗旨和基本原则上需要考虑政府信息公开与信息主体权利保护之间的协调，征信行业的市场化运营与征信机构政府监管的协调，信用信息的合理使用和保护与市场公平竞争之间的协调等。② 一个完整的信用法律制度体系，至少应包括：关于征信活动的法律制度、关于征信机构的法律制度、关于征信业监管的法律制度、关于政府部门信用信息公开的法律制度、关于信用信息资源共享的法律制度、关于被征信人权益保护的法律制度、关于征信业标准化建设的法律制度。

2. 信用服务体系

信用服务体系是由各类信用服务机构提供的信用相关服务的总称，包含信用调查、信用评估、信用增级、信用保险、信用咨询、信用培训、信用担保和再担保等多方面内容。信用服务机构是提供信用服务的主体，是一个国家社会信用体系的重要组成部分，是信用体系整体发展水平的最重要标志。随着信用服务体系发展，种类繁多的信用服务机构不断涌现，服务产品也从初期为客户提供黑名单，发展为由低端到高端的系列产品

---

① 郭清马.社会信用体系建设：概念、框架与路径选择［J］.征信，2009，27（5）.
② 徐志军.我国信用体系建设中征信立法的基本问题分析［J］.国家行政学院学报,2008（4）.

组合。根据投资主体和信用服务机构经营目的不同，可以将其划分为公共信用服务机构和商业信用服务机构两类。从业务侧重点划分，又可以分为以收集、整理、销售信用信息为主营业务的信用服务机构和以信用评级、信用增级、信用担保为主营业务的信用服务机构。

3. 政府监管体系

政府监管体系是由政府或政府授权部门，依法对信用服务体系和信用市场秩序进行监督管理活动的总称。其目的是实施信用法律法规，规范信用服务行为，促进道德规范建设，保护征信对象（个人或组织）的信用权益，并以此维护信用市场的正常秩序。政府监管的主要范围包括以下几个方面：一是监管信用服务机构的准入与退出，制定信用服务机构最低资本、高级管理人员、外资比例的标准，实行市场准入限制，明确信用服务机构的权利和义务，避免因无序竞争而影响整个信用服务行业的公信力；完善市场退出机制，妥善处理破产信用服务机构的信息资料。二是监管有关各方的守法合规情况，包括信用服务机构收集和使用数据的合法性，信息提供程序和方式的合规性，数据库和信用信息传输的安全性等；依法处罚各种违法违规行为，对于由信用服务产生的纠纷，进行行政裁决。三是鼓励信用服务机构建立行业自律组织，加强行业自律，建立从业人员资格认证制度，保持行业的有序竞争。四是守信激励与失信惩戒机制。

4. 信用信息系统

完善的社会信用体系需要全国统一、高效的管理信息系统作为技术支持。建立信用管理信息系统，关键在于统一信用信息处理的行业标准，并建立覆盖全国的信用信息数据库。信用信息行业标准，涉及信息采集、传输、识别和信用产品等方面格式和标识的统一，一般由监管部门或行业自律组织制定，是信用信息数据库建设和信用产品生产的基础。信用信息数据库是指按照一定的数据标准，采集、存储和提供信用信息的数据仓库。其从功能上可以分为企业信息数据库、个人信息数据库，并实现企业和个人信息的相互连接。

三、社会信用体系的分类

社会信用体系是社会主义市场经济体制和社会治理体制的重要组成部分。我国社会信用体系的基本框架，按信用主体划分，可以分为政府信用体系、企业信用体系和个人信用体系。

（一）政府信用体系

政府是行使国家权力、履行国家职能、管理国家事务的实体或组织。广义的政府包括立法部门、行政部门和司法部门,包括代表国家行使国家权力的所有机构。狭义的政府仅指国家权力的执行机关,是国家政权机构中的行政机关,即一个国家政权体系中依法享有行政权力的组织体系。本书涉及的政府均指狭义的政府,所探讨的政府信用也仅限于国家行政机关的信用。

1. 政府信用的内涵

政府信用,是指社会公众和政府系统内部对政府及其部门履行法定职责、守约重诺的能力、意愿及行为的评价。具体来说,我们可将政府信用界定为:公民、法人或其他组织以及政府系统内部对政府及其部门在制定规范性文件、行政决策、行政执法、作出其他与行使行政职权相关的行为以及从事民事活动时,对其信誉状态的一种客观评价。① 政府信用是社会信用的核心。

政府信用的基本内涵应界定为,政府履行向公众作出的实现与维护公共性承诺的意愿、能力与水平。② 据此,"政府信用"的内涵包括以下几个方面:一是政府对公众所作出的承诺;二是政府履行承诺的意愿、能力以及行为效果;三是公众对政府履行承诺情况的认知与评价。在这三个方面的内容中,政府履行承诺的意愿、能力以及行为效果和公众对政府履行承诺情况的认知与评价都是围绕着政府对公众所作出的承诺这一问题展开的,因此,对政府承诺内容的分析就成了界定政府信用的关键问题。政府向公众作出承诺是一种理论上的假设,在现实状态下,这种承诺具体地表现为政府所应履行的职能。③

2. 政府信用的形式

政府信用形式是指政府信用的表征形式,即通过什么方式表现政府信用。政府信用的表现形式分为总体表现形式和具体表现形式两个方面。总体表现形式是指通过宪法、法律等规则以及人们对政府的总体评价等综合表征的政府的合法性,可称为合法性信用。④

政治合法性指的是一种政治统治或政治权力能够让被统治的客体认为是正当的、合乎道义的,从而自愿服从或认可的能力与属性。⑤ 合法性与政治秩序有关,是指政治统治被社会认可和尊重。哈贝马斯(Jurgen Habermas)指出:"合法性的意思是说,同一种政治制度联系在一起的、被认为是正确的和合理的要求对自身有很好的论证。合法的制度

---

① 刘琳,胡慧玲. 我国政府信用问题思想理论根源的解析与应对[J]. 中共太原市委党校学报,2014(1).
② 李鹏,吴阳. 公共性视阈下政府信用的弱化与重塑[J]. 长春市委党校学报,2018(6).
③ 李鹏,王维翊. 公共性视角下的政府信用问题研究[J]. 长春工程学院学报,2017(1).
④ 王新红. 论政府信用的构成要素[J]. 中共南京市委党校学报,2012(1).
⑤ 欧阳向旭. 发达民主国家的信任危机[J]. 国外理论动态,2000(3).

应该得到承认。合法性就意味着某种政治制度的尊严性。"① 任何一种政治统治都要尽力设法将自己标榜为"合法的",都要唤起人们对其统治的"合法性"的信仰。"在某种情况下,失去合法性对一个政权来说,具有产生生存危机的结果。"② 合法性有两层含义:其一,它用于评判政府对人民的统治是否能获得人民同意,是否能得到人民的拥护;其二,它包含人民从内心深处或情感上对政府在执政理念和方式上的承认、迎合与支持。所以,合法性在本质上是被授予权力的一方是否能获得授予其权力一方的赞成和支持,以及乐于接受其所施行的大政方针和采取的管理方式。政治合法性中暗含着民众对政府的信任。因此可以说,所谓合法性信用,是指政府基于其存在和活动的正当性、合法性所取得的信用。其具体表现形式有两种:一是规则,二是承诺,分别称为规则信用与承诺信用。

规则是政府制定的各种法律、法规、规章和规范性文件。规则必须被信任,即相对人相信规则是会被实施的,才会自觉接受规则的指引。规则被信任后,政府就取得了规则信用,可以通过制定规则来指引相对人的行为,达到政府的目标。相反,规则如果不被信任,通常难以实施,政府制定规则的目标也就难以实现。规则信用是指人们相信政府制定的规则是正当的,并且会被执行,从而自觉遵守规则。在法治社会中,政府制定的规则主要是法律。规则信用受两个方面因素的制约。一是规则的正当性与合法性。阿蒂亚(P.S.Ativah)说:"除非广大公众认为有某种道义上的义务遵守制定的法律,否则,法律就有可能得不到执行。"③ 二是规则将被执行的可信性。规则往往涉及利益的调整,人们选择是否遵守规则,除了考虑规则的合法性外,更多的是从自身的利益角度考虑并做出抉择。如果政府严格执行规则,则主动遵守规则通常是最优的选择。规则被信任,规则的实施就更容易,政府投入到规则执行中的成本也就越少。

承诺是政府通过契约所负担的义务或单方面加于自身的义务负担,前者如发行国债,后者如政府承诺维护货币稳定。政府的承诺取得相对人的信任后,政府就可以利用这种信任,即取得承诺信用。④ 马克思主义从唯物史观出发,在强调国家是阶级矛盾不可调和的产物与国家是阶级统治的工具的同时,也强调国家履行公共权力与维护公共利益的职能。如马克思指出:"只有为了社会的普遍权利,个别阶级才能要求普遍统治。"⑤ 恩格斯也指出:"在每个这样的公社中,一开始就存在着一定的共同利益,维护这种利益的工作,

---

①② [德]尤尔根·哈贝马斯.重建历史唯物主义[M].郭官义,译.北京:社会科学文献出版社,2000:262.
③ [英]P.S.阿蒂亚.法律与现代社会[M].范悦,等,译.沈阳:辽宁教育出版社,香港:牛津大学出版社,1998:155.
④ 王新红.论政府信用的构成要素[J].中共南京市委党校学报,2012(1).
⑤ 马克思恩格斯选集(第1卷)[M].北京:人民出版社,1972:12.

虽然是在全社会的监督之下，却不能不由个别成员来担当：如解决争端；制止个别人越权；监督用水，特别是在炎热的地方；最后，在非常原始的状态下执行宗教职能……这些职位被赋予了某种全权，这是国家权力的萌芽。"① 此外，自然法学派的政府理论认为，生活在社会中的所有人都具有自然所赋予的权利，在社会生活的发展中，人们通过订立契约、让渡权利而进行各种往来，并通过与政府订立契约将管理公共事务的权力让渡于政府，政府之所以能够获取公共权力，是依靠其在与人们订立契约过程中对于公共利益实现与维护所做的承诺。因此，在社会契约论的语境下，政府的核心职能就是对公共利益的实现与维护。

3. 政府信用体系

政府信用体系是指以完善的信用管理法律、法规为基础，以政府的信用服务体系为核心，以统一的社会信用评估体系和对政府行为的信用监督系统为保障所形成的有机统一体。可见，一个健全的政府信用管理体系起码应该包括三个方面：政府实施管理的信用，政府进行服务的信用以及对政府信用的监督和测评机构的建立完善。②

《国务院关于加强政务诚信建设的指导意见》（国发〔2016〕76号）中第四部分提出从以下四个方面建立健全政务信用管理体系：

（1）加强公务员诚信教育。以社会主义核心价值观为引领，深入开展公务员诚信、守法和道德教育，编制公务员诚信手册，将信用建设纳入公务员培训和领导干部进修课程，加强公务员信用知识学习，提升公务员信用意识。

（2）建立健全政务失信记录。将各级人民政府和公务员在履职过程中，因违法违规、失信违约被司法判决、行政处罚、纪律处分、问责处理等信息纳入政务失信记录。由各级社会信用体系建设牵头部门负责政务失信记录的采集和公开，将有关记录逐级归集至全国信用信息共享平台和各地方信用信息共享平台。同时，依托"信用中国"网站等依法依规逐步公开各级人民政府和公务员政务失信记录。

（3）健全守信激励与失信惩戒机制。各级人民政府存在政务失信记录的，要根据失信行为对经济社会发展造成的损失情况和社会影响程度，对具体失信情况书面说明原因并限期加以整改，依规取消相关政府部门参加各类荣誉评选资格，予以公开通报批评，对造成政务失信行为的主要负责人依法依规追究责任。社会信用体系建设部际联席会议有关成员单位联合开展区域政务诚信状况评价，在改革试点、项目投资、社会管理等政策领域和绩效考核中应用政务诚信评价结果。对存在政务失信记录的公务员，按照相关规定采取限制评优评先等处理措施。

---

① 恩格斯. 反杜林论[M]. 北京：人民出版社，1999：89.
② 胡燕青. 论政府信用体系的建立[D]. 合肥：合肥工业大学，2005.

（4）健全信用权益保护和信用修复机制。完善政务信用信息保护机制，按照法律法规规定采集各级人民政府和公务员政务失信记录。建立健全信用信息异议、投诉制度，探索扩展公务员失信记录信用修复渠道和方式。建立自我纠错、主动自新的关爱机制，公务员在政务失信行为发生后主动挽回损失、消除不良影响或者有效阻止危害结果发生的，可从轻或免于实施失信惩戒措施。

此外，《国务院关于加强政务诚信建设的指导意见》还提出，从以下几个方面探索构建广泛有效的政务诚信监督体系：

（1）建立政务诚信专项督导机制。上级人民政府要定期对下级人民政府进行政务诚信监督检查，实施政务诚信考核评价，考评结果作为对下级人民政府绩效考核的重要参考。

（2）建立横向政务诚信监督机制。各级人民政府要依法接受同级人大及其常委会的监督，接受人民政协的民主监督，将办理和落实人大代表建议、政协委员提案的情况作为政务诚信建设的重要考量因素。

（3）建立社会监督和第三方机构评估机制。发挥社会舆论监督作用，畅通民意诉求渠道，对政务失信行为进行投诉举报。实施区域政务诚信大数据监测预警。支持信用服务机构、高校及科研院所等第三方机构对各地区各部门开展政务诚信评价评级并及时公布结果，加强社会监督。

（二）企业信用体系

企业信用体系建设是整个社会信用体系建设的重中之重。

1. 企业信用的内涵

企业信用泛指一个企业法人对另一个企业法人授予的信用，实质为卖方企业对买方企业的货币借贷，还涉及企业在财务公司、商业银行及其他金融机构中的信贷，以及在除预付货款与即期汇款付款之外的贸易方式中形成的信用。从广义信用的角度研究，企业信用是指企业在较为成熟的市场经济活动中，依照有关的法律法规和既定的社会行为规范，与其他交易主体信守相互达成的各种形式的交易契约。从这个角度来看，企业信用涉及不同企业之间的商业信用、企业与消费者之间的商品信用、企业与银行之间的资金信用、企业与员工之间的雇佣信用以及企业与政府之间的守法信用关系，不仅指企业在经济往来中债务的履行，还包括遵守国家法律法规、遵守行业规则和履行社会责任等情况。[①]

2. 企业信用体系的构成

企业信用体系指的是基于政府的推动作用，通过信用中介机构的市场化运作以及社

---

① 王小飞.企业信用体系建设中的政府责任研究——以南京市为例［D］.南京：东南大学，2017.

会各方的密切配合，逐渐建立并完善符合中国国情及国际标准的、与市场经济发展要求一致的、和企业信用相关的一系列组织形式、评价技术、法律法规以及相应的管理制度等。① 作为社会信用体系的一部分，企业信用体系建设的基本内容应该包括企业信用立法、企业信用信息采集、企业信用评价标准、企业信用市场监管等。要让企业信用体系正常运作，至少应包括以下要素：一是企业信用管理体系相关的法律、法规、规章的建立和执行，包括信用信息采集使用的法律规范和企业失信惩罚机制等；二是企业信用信息的采集和开放；三是信用服务机构依据权威统一的规则依法进行市场化运作；四是政府或其他机构对信用交易以及信用服务机构的管理。

3. 企业信用体系法治建设

近年来，在企业信用体系的建设上，我国已沿着法治化的轨道进行了有益探索。在企业信用立法方面，与企业信用诸环节相关的法律规范相继制定，为企业信用体系的构建奠定了必要的规则基础。② 主要包括：

（1）2013年，国务院颁布了《征信业管理条例》，对以下问题做出了系统规范：征信机构设立、终止的条件及其运营的要求，征信机构征集企业信用信息的渠道，信息主体对错误、遗漏信息的异议及投诉，金融信用信息基础数据库建设，监管机构对征信机构的监督与管理，征信违法行为的法律责任。从而为企业信用信息的征集、披露及使用提供了必要的规则依据。此后，国务院又于2014年8月颁布了《企业信息公示暂行条例》，较为详尽地规定了以下内容：企业信息的内涵及公示原则，信息公示的领导与组织，企业信息的公示主体及具体范围，不实公示信息的更正与处理，企业公示信息的抽查与核查，经营异常名录的列入、移除及约束机制，企业信息公示法律责任等。从而使得企业信用信息的公示有了更为明确、具体的操作依据。

（2）2014年，国务院发布了《社会信用体系建设规划纲要（2014—2020年）》，勾画了这一时期我国社会信用体系的建设思路，并从推进重点领域诚信建设、加强诚信教育和诚信文化建设、加快推进信用信息系统建设和应用、完善以奖惩制度为重点的社会信用运行机制、建立实施支撑体系五个方面明确了我国社会信用信息体系建设的方向和任务。这一纲领性文件无疑为作为社会信用体系主要分支之一的企业信用体系的建设提供了基本依据和具体指导。

（3）2018年，为贯彻落实《社会信用体系规划纲要（2014—2020年）》等文件精神，商务部发布了《关于深入推进商务信用建设的指导意见》（商秩函〔2018〕762号），提出对商务领域，包括企业实施全过程信用监管：第一，事前信用审查。推动将审核信用

---

① 吴晶妹.现代信用学［M］.北京：中国人民大学出版社，2009：160.
② 李东侠，郝磊.企业信用体系建设的法治化思考［J］.国家行政学院学报，2015（3）.

记录、信用报告等列为商务领域行政审核、行政许可、政府采购、政策支持等工作的一般程序。探索对诚实守信主体实行优先办理、简化程序、容缺受理等便利服务措施，对违法失信主体实施市场禁入或服务受限等预防和惩戒措施。完善信用审查程序，调整优化标准，推进信用审查合理化、规范化。第二，信用承诺制度。鼓励和引导商务领域市场主体开展综合信用承诺或产品服务专项承诺，并对违约责任作出书面承诺。加强对承诺事项的随机抽查，将虚假承诺或违背承诺的行为纳入信用记录。充分运用商务系统各级门户网站、新闻媒体等各种渠道，加强市场主体信用承诺的宣传和公示。在商务领域积极探索应用"告知承诺制"。第三，信用公示制度。利用各类商务系统网站、"信用中国"网站、国家企业信用信息公示系统等渠道，依法依规向社会公开行政许可、资质认定、行政处罚、执法检查、联合奖惩对象名单等信用信息。加强公示内容审核、明确公示期限、规范公示内容，对涉及企业商业秘密和个人隐私的信息，公示前应进行必要的技术处理。建立公示内容异议处理机制。第四，信用分类监管。结合"双随机、一公开"监管方式改革，探索在日常监管中根据市场主体信用状况采取相应的监管举措，实现精准监管。对守信的市场主体，在日常检查、专项检查中优化检查频次，降低企业合规成本。加强对违法失信主体的行政性约束，将严重失信主体列为重点监管对象，加大抽查比例和频次，从严进行资质审核、后续审批。第五，信用联合奖惩。加快建立商务领域联合奖惩对象认定、退出、修复的标准和程序，完善发起、响应、反馈等联动机制。积极参与各类联合奖惩备忘录签署工作，不断丰富商务领域联合奖惩措施，提升奖惩措施有效性。根据已签署的联合奖惩备忘录，配合有关部门及时实施联合奖惩措施；依法认定商务领域联合奖惩对象，推送至有关部门实施联合奖惩。加强联合奖惩典型案例的宣传力度，扩大奖惩效果和社会影响。

（三）个人信用体系

个人信用是社会信用体系建设的基础，无论是政务诚信、商务诚信、社会诚信还是司法公信建设，人始终是最根本和最活跃的因素。一方面，需要由人来承担信用建设的责任和使命；另一方面，人也是被建设对象，信用建设成果需要通过人的行为来展现。[1]

1. 个人信用体系的含义

个人信用体系是相对于企业信用体系而言的，是运用健全的法律制度和先进的信用管理技术对个人信用进行管理、监督，保障个人信用活动正常运行的综合体制，主要侧重于个人信用信息的采集、加工、评估、报告等行为及其准则，是整个社会信用体系的一个分支。具体而言，个人信用体系是根据个人的收入与资产、已发生的借贷与偿还、

---

[1] 王宁江. 个人信用建设的大逻辑[J]. 浙江经济，2016（23）.

信用透支、发生不良信用时所受处罚与诉讼等情况,对个人的信用等级进行评估并随时记录、存档,以便信用的供给方决定是否对个人提供信用和提供多少信用的制度。

个人信用体系可划分为三个层次:一是基于金融活动的个人信用体系;二是基于经济活动的个人信用体系;三是基于社会活动的个人信用体系。不同层次的个人信用体系在所对应的金融、经济和社会活动中发挥着不同的功能。这里所说的个人信用体系的功能首先是建立基于金融活动的信用体系,在此基础上逐步扩展到其他领域;也就是主要为借贷市场服务,同时服务于商品和劳动力市场。建立个人信用体系应采取循序渐进的做法,逐步实现不同层次的个人信用体系。

有人认为,个人信用体系包括个人信用主体、个人信用征信机构、个人信用评价系统、个人信用惩戒和规范四个方面。①

2. 个人信用体系建设的基本原则

个人信用体系建设应遵循以下几个基本原则:

一是政府推动,社会共建。充分发挥政府在个人诚信体系建设中的组织、引导、推动和示范作用。规范发展征信市场,鼓励调动社会力量广泛参与,共同推进,形成个人诚信体系建设合力。

二是健全法制,规范发展。健全个人信息法律法规、规章制度和标准规范,严格保护个人隐私和信息安全。要严格按照规定建立健全并严格执行保障信息安全的规章制度,明确个人信息查询使用权限和程序,做好数据库安全防护工作,建立完善个人信息查询使用登记和审查制度,防止信息泄露。严格按照相关法律法规,加大对金融信用信息基础数据库、征信机构的监管力度,确保个人征信业务合规开展,保障信息主体合法权益,确保国家信息安全。建立征信机构及相关人员信用档案和违规经营"黑名单"制度。加大对泄露、篡改、毁损、出售或者非法向他人提供个人信息等行为的查处力度。对金融机构、征信机构、互联网企业、大数据公司、移动应用程序开发企业实施重点监控,规范其个人信息采集、提供和使用行为。

三是全面推进,重点突破。以重点领域、重点人群为突破口,推动建立各地区各行业个人诚信记录机制。依托全国信用信息共享平台与各地方信用信息共享平台、金融信用信息基础数据库与个人征信机构,分别实现个人公共信用信息与个人征信信息的记录、归集、处理和应用。

四是强化应用,奖惩联动。积极培育个人公共信用信息产品应用市场,推广个人公共信用信息社会化应用,拓宽应用范围。建立健全个人诚信奖惩联动机制,加大个人守信激励与失信惩戒力度。

---

① 吴可. 中国个人信用体系建设——基于信用卡的案例研究 [D]. 成都:西南财经大学,2009.

3. 推进个人信用体系建设的重点

《国务院办公厅关于加强个人诚信体系建设的指导意见》(国办发〔2016〕98号)指出,要从以下几个方面推进个人信用体系建设。

(1)推动完善个人实名登记制度。以公民身份号码制度为基础,推进公民统一社会信用代码制度建设。推动居民身份证登记指纹信息工作,实现公民统一社会信用代码全覆盖。运用信息化技术手段,不断加强个人身份信息的查核工作,确保个人身份识别信息的唯一性。以互联网、邮寄递送、电信、金融账户等领域为重点,推进建立实名登记制度,为准确采集个人诚信记录奠定基础。

(2)建立重点领域个人诚信记录。以食品药品、安全生产、消防安全、交通安全、环境保护、生物安全、产品质量、税收缴纳、医疗卫生、劳动保障、工程建设、金融服务、知识产权、司法诉讼、电子商务、志愿服务等领域为重点,以公务员、企业法定代表人及相关责任人、律师、教师、医师、执业药师、评估师、税务师、注册消防工程师、会计审计人员、房地产中介从业人员、认证人员、金融从业人员、导游等职业人群为主要对象,加快建立和完善个人信用记录形成机制,及时归集有关人员在相关活动中形成的诚信信息,确保信息真实准确,实现及时动态更新。金融信用信息基础数据库和个人征信机构要大力开展重点领域个人征信信息的归集与服务工作。鼓励行业协会、商会等行业组织建立健全会员信用档案。

(3)规范推进个人信用信息共享使用。一是推动个人公共信用信息共享。制定全国统一的个人公共信用信息目录、分类标准和共享交换规范。依托各地方信用信息共享平台建立个人公共信用信息数据库。依托全国信用信息共享平台,逐步建立跨区域、跨部门、跨行业个人公共信用信息的互联、互通、互查机制。二是积极开展个人公共信用信息服务。各级人民政府要依法依规及时向社会提供个人公共信用信息授权查询服务。探索依据个人公共信用信息构建分类管理和诚信积分管理机制。有条件的地区和行业应建立个人公共信用信息与金融信用信息基础数据库的共享关系,并向个人征信机构提供服务。

第三节 社会信用法

信用制度是对信用行为和信用关系的制度规范,是信用行为得以实现的制度保障,是人们在从事信用活动时的行为准则。信用制度可分为正式信用制度(如法律、管理规范制度等)和非正式信用制度(如信用观念、习惯等)。社会信用法作为正式信用制度的一种,是约束信用主体行为的一系列法律规范与政策制度。

一、社会信用法的功能

社会信用法的功能广泛，主要表现为：规范市场主体间相互关系以减少经济活动中的不确定性；约束经济主体交易行为以保证信息的有效传递；稳定市场经济秩序以实现信用环境优化；节约流通费用、加速资本周转以促进利润率的平均化，奠定经济交往的信任基础。在所有的信用制度中，信用法律制度最具有约束力。

（一）保障社会信用体系建设

社会信用法律制度是社会信用体系建设的基石。习近平总书记在党的十九大报告中指出，推进诚信建设和志愿服务制度化，强化社会责任意识、规则意识、奉献意识。推进诚信建设，要不断采取各类措施推进社会信用体系建设。而加快推进信用立法、完善信用法律法规体系作为社会信用体系建设的基础工程，具有重大而深远的意义。在任何制度体系的构建中，法律制度永远是制度体系建设的基础性保障，在社会信用制度的建设中亦是如此。社会信用制度的建设必须依靠法制的强制力向社会推行并保证人们的遵守，法律是保障社会信用制度得以顺利建设的根本。当市场经济发展到了一定阶段，建立良好的社会信用法律制度，就成为社会发展的必然需求。它实现了从道德诚信向契约诚信、从人格诚信向制度诚信的全面过渡，使得社会信用在法制的轨道中平稳运行，建立起社会信用体系的有机整体。

信用法律法规体系规范和引领社会信用体系的建设。推进信用立法有助于完善信用法治体系，构建社会信用体系建设领域的基本规则，助推国家治理体系和治理能力现代化。社会信任是创造经济繁荣的基本前提，市场经济是以信用为基础的经济。经济领域商业欺诈、制假售假、偷逃骗税等失信行为，严重影响市场经济有序发展，也不利于国际商事交往。简政放权、放管结合、优化服务等新型治理方式的有效运行，迫切需要建立以信用为核心的新型市场监管体制。这一体制能够有效化解市场交易中信用信息不对称、"劣币驱逐良币"等问题，规范市场秩序，降低交易成本，减少交易纠纷，激发市场活力。推进社会信用立法就是要通过立法形式确保以信用为核心的监管体制顺利建成和有效实施，发挥信用体系推动经济发展转型升级的作用。

（二）规范社会主体行为

信用法律制度直接影响到经济主体行为的规范性、有序性、有效性，涉及经济主体经济活动的具体法律问题以及其社会效益、经济效益的实现。社会信用法律制度对社会主体的行为具有规范和引导作用。在社会信用制度建立的过程中，道德力量和社会公义压力对个人和企业信用行为的约束力有限，想要使个人和企业守信，必须依靠法律制度的硬性约束；也只有法律制度可以明确社会主体之间在诚实守信方面的法律关系，明确社会信用主体的权利、义务和责任，将社会主体的信用行为约束在法律之下，保障各类社会主体诚信行为的统一和规范，确保社会信用成为人们强制遵守的行为准则。

信用行为的过程也是法律规范重要作用的发展和延伸。法律对行为主体既有静态的行为规范要求，也有动态的行为规范约束，在动和静的状态中维系着法的运转、规范着人们的行为，为人们的信用行为提供适当的行为模式与准则，促进行为主体的信用行为产生良好的个人和社会效果。法律之所以能够帮助人们通过自己的行为或活动获得最佳效果，原因之一就是靠其权威性、强制性、明确性和肯定性的特征对行为主体的行为进行规定，指引人的行为，同时行为主体可以采取合法或不违法的行为方式作出相应的法律行为和非法律行为，保证信用的有意性，这为信用行为获得效益创造了前提性的法律条件和保障措施。法律通过一般或具体的法律规定对行为主体的行为进行指引，运用"授权性法律规范、禁止性法律规范和义务性法律规范"告诉人们可以、禁止、必须做什么或者告诉人们无权、不得做什么，这既是法律规范的首要目的，也是对行为主体在活动中如何做到行为信用的规范性要求。从法律的角度讲，信用是对行为主体在其活动中不得进行任何欺诈而要恪守信用的要求。把信用纳入法律规范的轨道，也就是赋予信用强制性的特征，这意味着行为主体在活动中应该知道"什么该做、什么不该做和应该怎么做"，以及违背信用会得到相应的处罚和付出一定的代价。法律的强制性内容在于保障法律权利的充分享有和法律义务的正确履行，反映在信用问题上就是对守信者的保障和对失信者的强制约束。同时，法律通过其规定和实施来影响行为主体的思想，培养和提高人们的他律意识，引导行为主体向着法的方向发展，一方面保护他人免受失信行为的侵害，另一方面通过法律强制性的惩戒，使那些尚未具备自律力、不能自觉遵守信用准则的人放弃、改变其失信的行为，并在活动中受到教育，逐步在法的环境中形成良好的守信习惯。这种"外在—内构"的实践过程成为行为主体活动的外在动力。

（三）维护市场经济有序运转

市场经济是以信用为基础的经济。一方面，完整的信用道德理念是在市场经济运行过程中形成的，包括以契约为基础的信用、信息不对称条件下的信用和完全考虑其他经济主体利益的信用。另一方面，市场经济要充分发挥市场配置资源的作用，依赖于公平、公正和平等的市场交易，依赖于交易双方所提供和掌握的信息相对充分，而这都以信用为基础。从这种意义上说，信用是市场经济条件下的一种资源，这种资源利用得充分与否，影响着市场经济的运行效率。从历史上看，商品交换是以社会分工为基础的劳动产品交换，其基本原则为等价交换，交换双方都以信用作为守约条件，从而构成互惠互利的经济关系。假如有一方不守信用,等价交换、互惠互利的经济关系就会遭到破坏。随着交换关系的复杂化,日益扩展的市场关系便逐步构成彼此相连、互相制约的信用链条,维系着错综复杂的流通过程和正常的市场秩序。可见,从最初的交换到扩大了的市场关系,都是以信用为基本制度和道德准则的。没有信用,就没有交换;没有秩序,就没有市场。

信用在全部经济运行环节中的作用,归纳起来主要是:第一,信用可以使全部复杂的经济活动主体和社会关系联系起来,使市场经济、流通过程各个环节上的经济主体都以信用为媒介而存在和活动。第二,信用制度和银行体制加速了商品流通,减少了流通中占用的货币资本,节约了交易成本,同时加速了资本运动和资本形态变化的速度,促进了社会再生产规模的迅速扩大。第三,信用加速了资本积累和资本集中,促成资本所有者的联合,使私人资本逐渐走向联合的股份资本。

社会信用法律制度有利于良好社会经济秩序的建立。通过法律制度对社会主体的违法失信行为进行惩罚和制裁,以保障良好的社会经济秩序的实现,是建设社会信用法律制度的重要目标。缺乏法律制约的市场,各市场主体都以自身利益为出发点,欺诈、不诚信等问题将会使市场处于无序和混乱的状态;只有建立严格的社会信用法律制度,才能有效地制止和打击信用违法、信用欺诈等行为,保护大多数信用主体的合法权益,维护市场经济的平稳有序运行。

二、社会信用法的特征

我国法律体系划分是以部门法为基础的。传统部门法以宪法为统领,由行政法、民商法、刑法、经济法、社会法、诉讼与非诉讼程序法等组成。一般认为,部门法是根据单一法律调整对象和调整方法划分的。社会信用法不能划归任何部门法,它有自己独特的特点。

(一)领域性

领域法学是以问题为导向,以特定经济社会领域全部与法律有关的现象为研究对象,融经济学、政治学和社会学等多种研究范式于一体的整合性、交叉性、开放性、应用性和协同性的新型法学理论体系、学科体系和话语体系,具有研究目标的综合性、研究对象的特定性以及研究领域的复杂性等特征。[①]

领域法以一定经济社会领域为划分标准,以该领域内的各种法律问题、各类法律关

---

① 刘剑文.论领域法学:一种立足新兴交叉领域的法学研究范式[J].政法论坛,2016(5).

系为研究对象，具有综合性、交融性的特点。它既可以解决同类法律问题，也避免了新兴交叉学科为争独立部门法地位而绞尽脑汁，所以领域法的提出是对部门法的突破。领域法不但有助于解决领域问题，还有助于新学科的培育和健康成长，避免机械划归部门法而导致的知识结构的僵化和碎片化。传统部门法有其存在的特定时代背景和法律实践基础，但对于包括经济法、社会法等在内的新兴法领域，迫切需要理论创新。领域法由不同层面的有效理论架构组成完整的理论解释体系，以回应由于学科壁垒无法独立应对领域问题的部门法解释困境。它的存在正好可以突破部门法边界，整体性回应这些问题，进而解决好领域问题，是对部门法的有益补充。[1]

当今中国，重大领域的社会经济问题越来越呈现出交叉性、整合性和动态性的特征，法学学科系统分工精细化与法律现象复杂化之间的矛盾愈加凸显，以问题为中心的整合性、多维度和一体化的研究范式愈加获得重视。为此，"坚持问题导向，不求体系完整和逻辑自洽，完全服务于社会的现实需要"[2]的领域法学应运而生，回应了社会现实诉求，被称为一场"掀起法学学术革命的理论创新"[3]。在我国，"领域法学"的概念最早由财税法学界提出，源于对近二十年来财税法研究成果的总结、提炼和推广。如中国法学会财税法学研究会会长刘剑文教授在2002年指出，"税法在现行法律体系中是一个特殊的领域，它不是按传统的调整对象的标准而划分出的单独部门法，而是一个综合领域"。[4] 2005年，其进一步认为，财税法"是一个涉及众多法律部门的综合法律领域"，"是一个相对独立的法律领域，不属于现有的部门法，而是一个采用另外一种划分方法，在某种意义上与现有部门法相并列的相对独立的法律领域"[5]。2013年，刘剑文教授第一次明确提出财税法学是"领域法学"这一概念，认为财税法学是一个以财税为领域，法学为基本元素，融经济学、政治学和社会学于一体的应用性"领域法学学科"。[6] 2014年，党的十八届四中全会通过的《中共中央关于全面推进依法治国若干重大问题的决定》提出，要"加强重点领域立法"，"领域"一词的使用与"领域法学"的提法不谋而合，体现了一种更加成熟、融通且开放的立法思路。

社会信用法从其调整对象、调整手段、调整方法来看，不能划归任何部门法，其和财税法一样，有明显的领域性。

---

[1] 杨文德.领域法学崛起因应新兴学科挑战[N].中国社会科学报，2018-11-21（005）.
[2] 熊伟.法学现代化背景下领域法学之契机[N].中国社会科学报，2017-1-4（005）.
[3] 梁文永.一场静悄悄的革命：从部门法学到领域法学[J].政法论丛,2017（1）.
[4] 刘剑文.税法学（第2版）[M].北京：人民出版社，2003：45.
[5] 刘剑文.中国大陆财税法学研究视野之拓展[J].月旦财经法杂志，2005（1）.
[6] 中国财税法学研究会.关于"强化财税法基础理论研究，建设现代财税法学"的倡议[J].财税法学动态.2013（4）.

（二）综合性

失信联合惩戒主体具有综合性。由于信用责任类型多元复杂、失信者的触角延伸到多个社会角落，任何部门都无法单打独斗地承担起失信制裁的重责大任。因此，有效的信用制裁必然采取跨部门、跨地区的联合惩戒形式。国家发展改革委和人民银行于2014年12月16日印发的《社会信用体系建设规划纲要（2014—2020年）任务分工》要求建立多部门、跨地区信用联合奖惩机制。从截至2018年12月已经颁布的51个守信激励与失信联合惩戒备忘录来看，失信联合惩戒实施主体呈现出多部门、多行业共同联动的强烈色彩。如《关于对家政服务领域相关失信责任主体实施联合惩戒的合作备忘录》（发改财金〔2018〕277号）由28个部门颁发，其中既有国家发展改革委、公安部等国家行政机关，又有中央组织部、中央宣传部等党的部门，还有共青团中央、全国妇联等群团组织，更有最高人民法院等司法机关和中国铁路总公司等国有企业。

信用责任具有惩戒手段综合性。[①] 传统三大责任各有其法定限定类型。《民法典》第179条规定了11类民事责任：停止侵害；排除妨碍；消除危险；返还财产；恢复原状；修理、重作、更换；继续履行；赔偿损失；支付违约金；消除影响、恢复名誉；赔礼道歉。《行政处罚法》第9条规定了13类行政处罚：警告；通报批评；罚款；没收违法所得；没收非法财物；暂扣许可证件；降低资质等级；吊销许可证件；限制开展生产经营活动；责令停产停业；责令关闭；限制从业；行政拘留及法律法规规定的其他行政处罚。《刑法》第33条规定了管制、拘役、有期徒刑、无期徒刑与死刑5类主刑；第34条规定了罚金、剥夺政治权利、没收财产3类附加刑。相比之下，信用责任的类型多元复杂、动态开放，包括拒绝行政许可或行政给付、加大监管力度、从严追究刑责、禁止获取国有资源、禁止申请荣誉奖励、禁止获得金融市场融资、禁止出境等诸多类型，横跨全国乃至全球各地，覆盖多个产业，涉及资本市场、消费品市场与经理人市场等多个要素市场，涉及多个制裁部门和机构。因此，信用责任的外延要比传统三大责任更广，内涵也更丰富。

（三）责任性

在现代市场经济中，信用成为社会经济活动的重要基础。相应地，社会责任本位也应成为现代信用立法的基本原则。社会责任本位强调，在社会信用法中追求社会利益并平衡协调各种利益关系，在对社会负责的基础上，促进各类市场主体之间及其与社会、国家之间的合作，处理好权利（力）、义务和责任之间的关系。把社会责任本位作为我国社会信用法的基本特征，具有重要的现实意义。

《民法典》第187条重申了法律责任的三分法："民事主体因同一行为应当承担民事责

[①] 刘俊海. 信用责任：正在成长中的第四大法律责任 [J]. 法学论坛，2019（6）.

任、行政责任和刑事责任的,承担行政责任或者刑事责任不影响承担民事责任。"法律责任制度的本质是给违法"定价"的制度。传统三大责任的规范与理论体系虽已相对成熟,但仍存在着失信收益高、失信成本低、失信收益高于失信成本,守信成本高、守信收益低、守信成本高于守信收益,维权成本高、维权收益低、维权成本高于维权收益的短板。这"三高三低"恰恰是我国市场中失信违约、侵权欺诈乃至犯罪的根源。虽然三分法是法学界的传统共识,但随着诚信中国与法治中国建设步伐的加快,尤其是如火如荼的守信联合激励、失信联合惩戒机制的全面运行,我国法律已经长出了第四颗牙齿:信用责任。

信用责任主要是一种制度责任,是通过一系列制度建构施加给失信行为人的责任。一个完善的信用制度体系,至少包括以下三部分:信用记录、收集制度,信用评分或评级制度,信用奖惩制度。信用责任的核心特征是贬损失信者的人格信用。无论是将失信者纳入信息共享的失信黑名单,还是褫夺失信者已经取得的荣誉或将来申请国家与社会荣誉称号的资格,抑或剥夺或者限制其开展民商事活动的权利能力与行为能力,都围绕贬损、否定、责难、谴责、批评失信者的人格信用而展开,因而具有强烈的人格羞辱性和社会报复性。只不过,人格羞辱存在正当性与合法性,且以失信行为为因。社会报复亦是公众与受害者对失信行为的适度理性回应、惩罚与回击。① 信用责任的导入有利于强化传统三大法律责任制度,消除我国法律责任体系的短板与盲区。

---

① 刘俊海.信用责任:正在成长中的第四大法律责任[J].法学论坛,2019(6).

第二章
我国社会信用法发展的回顾与展望

改革开放 40 多年来，我们党积极进行中国特色社会主义伟大实践，为政府、市场和社会的良性互动奠定坚实基础，努力探索出一条适应国家治理能力与治理体系现代化的社会信用法治建设之路。

第一节 我国社会信用法的历史发展

1978 年以前，我国实行的是传统的计划经济体制，没有信用制度与信用体系，经济单位以及个人之间的经济联系依靠国家指令性计划体现的政府信用加以维系。这一阶段社会信用环境的特征是：政企不分，企业是政府的附属物，没有经营自主权，没有商品的交易，只有产品的调拨。改革开放 40 多年来，加快社会信用体系建设，成为国家完善社会主义市场经济体制、提升和创新国家治理体系和治理能力现代化的重要手段。[1]国家治理能力与治理体系现代化首先是国家治理法治化，而社会信用法治化是实现国家治理法治化的重要内容。我国社会信用法建设的历程大致分为起步、快速发展和全面推进三个阶段。随着社会信用体系建设步步推进，有关保障社会信用体系建设的政策、制度以及法律法规、规章等社会信用法也从无到有地发展起来。

一、起步阶段（1999—2006 年）

1996 年下半年，国内市场全面转入买方市场，一些企业开始赊销，市场需要为各类"授信人"创造适应信用交易活动的环境，即市场的"游戏规则"应当清晰。在这种大环境下，一场社会信用体系建设大戏开始上演，时间是 1999 年 8 月。

---
[1] 张英杰，等.中国社会信用体系建设与改革 40 年[J].中国信用，2018（10）.

（一）社会信用体系概念的提出

社会信用体系的概念是在1999年提出的。1999年10月，中国社会科学院世界经济与政治研究所承担了我国第一个社会信用体系研究课题——"建立国家信用管理体系"，首次提出社会信用体系的概念，将"社会信用体系"称为"国家信用管理体系"，并在名为《国家信用管理体系》的报告中构建起社会信用体系的框架。课题组专家给社会信用体系下了一个定义："这是一种新的社会机制，作用于一国的市场规范，旨在建立一个适应信用交易发展的市场环境，保证该国的市场交易形式向信用交易方向转变，即实现从以现金支付手段为主导的市场交易方式向以信用交易为主导的市场交易方式的健康转变。因此，社会信用体系将在中国市场上建立一种新的游戏规则，即要保证市场上各类商业和金融信用的大规模且公平地投放，又要保证授信人取得高的授信成功率。"①

在2000年3月召开的全国政协九届三次会议上，由童石军委员牵头提出了《关于建立国家信用管理体系的建议》的提案。这是中国第一个要求中央政府推动社会信用体系建设的提案，并成为当年两会的"优秀提案"。

（二）国家层面政策文件出台

以2000年8月24日《国务院办公厅转发国家经贸委关于鼓励和促进中小企业发展若干政策意见的通知》（国办发〔2000〕59号）为标志，社会信用体系建设进入初步发展阶段。该文件明确提出"建立和完善担保机构的准入制度、资金资助制度、信用评估和风险控制制度、行业协调与自律制度"。

2001年3月，《国民经济和社会发展第十个五年计划纲要》之第六章"加速发展信息产业，大力推进信息化"中提出，"加快电子认证体系、现代支付系统和信用制度建设，大力发展电子商务"。2001年4月，原国家经贸委、原国家工商行政管理总局等十部委联合下发的《关于加强中小企业信用管理工作的若干意见》（国经贸中小企〔2001〕368号）提出，"信用是市场经济的重要基础，规范有序的市场经济活动需要建立一个能够有效调动社会资源和规范市场交易的信用制度"。这是国家部委级机关首次对信用和信用制度的地位做出表述。

在2002年2月召开的"全国金融工作会议"相关文件中，党中央提出"大力加强社会信用制度建设"。2002年11月，党的十六大提出了"整顿和规范市场经济秩序，健全现代市场经济的社会信用体系"的目标。这是党中央第一次提出"社会信用体系"这一概念。

---

① 林钧跃.中国社会信用体系十年建设历程和取得的成就[J].信用经济与信用体系国际高峰论坛，2009-4-25.

2003年10月，党的十六届三中全会通过的《中共中央关于完善社会主义市场经济体制若干问题的决定》权威地解读了这一概念，提出："建立健全社会信用体系。形成以道德为支撑、产权为基础、法律为保障的社会信用制度，是建设现代化市场体制的必要条件，也是规范市场经济秩序的治本之策。"2006年10月，《国民经济和社会发展第十一个五年规划纲要》提出：要以完善信贷、纳税、合同履约、产品质量的信用记录为重点，加快建设社会信用体系，健全失信惩戒制度。

（三）信用法治建设开始破冰

1. 信用立法方面

一方面，国家有关部门开始信用方面的制度建设。中国人民银行于1999年3月颁布《关于开展个人消费信贷的指导意见》，明确提出"逐步建立个人消费贷款信用中介制度"。2000年4月1日，我国正式施行《个人存款账户实名制规定》，该制度的推行成为建立我国个人基本账户和个人信用资料库的基础。

我国政府开始了规范征信业的立法工作。2002年3月，国务院成立"国务院建立企业和个人征信体系专题工作小组"。该专题工作小组由中国人民银行总行牵头，有十几个部委局办参加，后来工、农、中、建、交五家商业银行也参加了该工作小组。同年，专题工作小组就起草了征信相关法规——《征信管理条例（草案）》，广泛征求成员单位、专家学者和征信机构负责人等群组的意见。

2003年，中国人民银行成立征信管理局，专事征信行业的监管和公共征信系统的建立。中国人民银行于2004年开始建设并于2006年1月正式运行公共的个人征信系统，还配套制定了相关的部门规章。与此同时，于1999年开始试运行的"贷款登记咨询系统"也得到加快建设。2005年8月18日，中国人民银行出台《个人信用信息基础数据库管理暂行办法》（中国人民银行令〔2005〕第3号），并于同年10月1日起实施。该办法第2条规定，中国人民银行负责组织商业银行建立个人信用信息基础数据库，并负责设立征信服务中心，承担个人信用数据库的日常运行和管理。第4条明确："本办法所称个人信用信息包括个人基本信息、个人信贷交易信息以及反映个人信用状况的其他信息。"

另一方面，各地方也在积极探索信用立法，取得了有益经验。这一阶段地方信用法制建设主要集中在企业信用信息的归集和管理上。征信地方立法有：2002年，深圳市先后出台了《深圳市个人信用征信及信用评级管理办法》《深圳市企业信用征信和评估管理办法》；从2002年起，汕头市先后制定了《汕头市企业信用信息披露管理办法（试行）》《汕头市企业信用信息采集管理办法》和《汕头市社会信用信息网络管理暂行规定》等规章；北京市自2002年10月1日起实施了《北京市行政机关归集和公布企业信用信息管理办法》；2004年，《上海市个人信用征信管理试行办法》施行；2005年，《上海市企业信用征信管理试行办法》《四川省行政机关征集与披露企业信用信息管理办法》《浙江省企业信用信息征集和发布管理办法》《天津市行政机关归集和使用企业信用信息管理办法》施行；2006年，《山西省行政机关归集和公布企业信用信息管理办法》《湖北省行政机关归集和披露企业信用信息试行办法》《安徽省企业信用信息征集和使用管理暂行办法》《海南省征信和信用评估管理暂行规定》开始实施。有些地方还对信用信息的综合管理进行了尝试，出台了地方政府规章，如2006年，《内蒙古自治区信用信息管理办法》《湖南省信用信息管理办法》开始实施。

虽然上述地方信用立法层级较低，都是以政府规章形式出现，且大多处于试行或暂行阶段，但这些地方法规规章的出台，一定程度上推动了地方信用立法的发展。

2. 行业信用建设方面

2003年4月，在新一届全国整顿和规范市场经济秩序领导小组第一次全体会议上，吴仪副总理就"治本工作"提出四个方面的要求，其中第3条就是"加快社会信用体系的建设，抓紧制定诚信标准，努力构筑良好的社会信用基础"。国务院决定，从2003年起，用5年左右的时间建立起我国社会信用体系的基本框架和运行机制。2003年4月，以原国家工商行政管理总局为代表的政府监管部门开始对监管对象实施"信用监管"。原国家工商行政管理总局以企业登记和监管信用为基础，根据企业信用标准，将企业相应地分为A、B、C、D四个管理类别。自此，对企业有监管职能的各政府部门陆续升级各自的监管系统，增加信用监管功能。2005年12月，全国整顿和规范市场经济秩序领导小组办公室（以下简称"整规办"）会同国务院国有资产监督管理委员会（以下简称"国资委"）联合发布《商会协会行业信用建设工作指导意见》（整规办发〔2005〕29号），对全国范围内行业信用建设的原则、目标和工作任务等提出了明确要求。2006年5月，又先后发布《行业信用评价试点工作实施办法》（整规办发〔2006〕12号）和《关于开展首批行业信用评价试点工作的通知》整规办发〔2006〕22号），对行业信用评价工作进行了全面部署。

3. 国家标准方面

2005年5月，中国国家标准化管理委员会批准成立"全国标准化技术工作组"。工作组的秘书处设在中国标准化研究院，具体负责国家标准制定的日常工作。2006年11月2日，中国人民银行发布《征信数据元：个人征信数据元》和《征信数据元：数据元设计与管理》。

这一阶段，各部门开始推动信用信息系统的建设，归集行业信用信息。财政部、原国家工商行政管理总局、海关总署、原国家质检总局等部门，依托"金财工程""金信工程""金关工程""金质工程"等，加大本部门信用信息系统的建设力度，推动纳税诚信、产品质量诚信、企业信用监管的建设。

二、快速发展阶段（2007—2012年）

以《关于社会信用体系建设的若干意见》的出台为标志，社会信用体系建设进入快速发展阶段。

（一）第一个国家指导性文件颁布

2007年3月23日，国务院办公厅为落实党的十六届三中全会精神，出台了《关于社会信用体系建设的若干意见》（国办发〔2007〕17号），比较系统地提出了社会信用体系建设的指导思想、目标、基本原则和推进的重要内容，是我国政府关于社会信用体系建设的第一个专门文件。该文件的标题是"社会信用体系建设"，具体内容包括四个方面，即推进行业信用建设、加快信贷征信体系建设、培育信用服务市场、完善（信用）法律法规，并没有就"社会信用体系"建设的三大主体即政府信用建设、企业信用建设和个人信用建设做出部署。[①]

为了执行此文件，同年4月，国务院办公厅发出《关于建立国务院社会信用体系建设部际联席会议制度的通知》（国办函〔2007〕43号），明确建立国务院社会信用体系建设部际联席会议制度，主要职责为：统筹协调社会信用体系建设工作，研究拟订重大政策措施；协调解决推进社会信用体系建设工作中的重大问题；指导、督促、检查有关政策措施的落实；完成国务院交办的其他工作。这标志着我国社会信用体系建设从前期部分地区、部分行业单兵突进阶段进入多部门、多领域整体协调推进加速发展阶段。2010年6月，预防腐败工作联席会议第四次会议召开，确定由中国人民银行牵头、原国家预防腐败局配合，会同有关业务主管部门共同研究落实建立社会信用代码制度。

（二）首次提出"四大重点领域"诚信建设

2011年10月18日，党的十七届六中全会首次提出四大领域的诚信建设任务："把诚信建设摆在突出位置，大力推进政务诚信、商务诚信、社会诚信和司法公信建设，抓紧建立健全覆盖全社会的征信系统，加大对失信行为惩戒力度，在全社会广泛形成守信光荣、失信可耻的氛围。"会议还强调，"十二五"期间要以社会成员信用信息的记录、整合和应用为重点，建立健全覆盖全社会的征信系统。为了贯彻全会精神，2011年10月

---

① 张英杰，等.中国社会信用体系建设与改革40年.改革开放四十年市场体系建立、发展与展望[M].北京：中国改革出版社，2019：3.

19日召开的国务院常务会议对制订社会信用体系建设规划作出了部署。提出"十二五"期间全面推进社会信用体系建设的主要任务是：加快征信立法和制度建设；推进行业、部门和地方信用建设；建设覆盖全国的征信系统；加强监管，完善信用服务市场体系；加强政务诚信建设；大力培养社会诚信意识。

2012年7月17日，国务院以国函〔2012〕88号批复的形式，同意调整社会信用体系建设部际联席会议的成员单位和主要职责，明确国家发展改革委、中国人民银行"双牵头"，成员单位从18家增加到35家。部级联席会议制度构建了金融领域信用与非金融领域信用相结合的体系框架，协同推进能力进一步加强。

（三）第一部公共信息管理地方性法规出台

为促进社会信用体系建设，依法依规有效采集、整合信用信息，实现公共信用信息资源共享和应用，陕西省于2008年开始着手制定《陕西省公共信用信息条例》，并于2011年11月24日经陕西省十一届人大常委会第二十六次会议通过。《陕西省公共信用信息条例》是我国第一部公共信用信息地方性法规，对公共信用信息的征集、披露、使用、保护、管理等各个方面进行了全面规范，形成了一整套管理体系和管理流程，覆盖企业、个人及其他社会组织，在制度设计上具有较强的创新性和操作性，为全国和其他地方的信用信息立法工作积累了很好的经验。2012年8月17日，由中央政法委员会、中央综治办、国家发展改革委、中国人民银行指导，全国人大常委会法工委、最高人民法院、最高人民检察院、公安部、司法部、国务院法制办、国家工商行政管理总局、国家预防腐败局、证监会等13家中央部门共同举办的"中国诚信法治保障论坛"在北京举行，《陕西省公共信用信息条例》荣获"全国诚信建设制度创新十大最佳事例"。

（四）制定系列国家标准

在法律法规缺位的情况下，标准就显得格外重要。2008年6月，国家标准化管理委员会颁布了5项信用国家标准，分别是《信用基本术语》《企业信用信息采集、处理和提供规范》《企业信用等级表示方法》《企业信用数据项规范》《信用中介组织评价服务规范 信用评级机构》；2009年颁布了《企业信用评价指标体系及分类代码》《合格供应商信用评价规范》《信用标准化工作指南》；2011年颁布了《信用主体标识规范》《个人信用调查报告格式规范基本信息报告》《企业信用调查报告格式规范基本信息报告、普通调查报告、深度调查报告》《基于电子商务活动的交易主体个人信用档案规范》《基于电子商务活动的交易主体个人信用评价指标体系及表示规范》。

三、全面推进阶段（2013年至今）

党的十八大以来，我国社会信用体系建设进入了全面推进阶段，社会信用体系建设的政策制度体系基本形成，信用法规规章制定也取得了较大的进展。

（一）社会信用体系建设的顶层设计

2014年6月14日，《国务院关于印发〈社会信用体系建设规划纲要（2014—2020年）〉的通知》（国发〔2014〕21号）出台，标志着我国社会信用体系建设工作进入全面推进阶段。这是我国第一个关于整个社会信用体系建设的顶层设计，是国家级专项规划。该纲要第一次就全面推进政务诚信、商务诚信、社会诚信和司法公信四大领域的信用建设做出顶层设计，就政府信用建设、企业信用建设和个人信用建设工作任务做了全面安排，并颁布了《社会信用体系建设规划纲要三年重点工作任务（2014—2016）》和《社会信用体系建设规划纲要（2014—2020年）任务分工》。

之后，在国家社会信用体系政策建设方面，我国先后通过了对信用建设具有顶层设计意义的改革性文件，分别发布了《国务院办公厅关于运用大数据加强对市场主体服务和监管的若干意见》（国办发〔2015〕51号）、《国务院办公厅关于加强政务诚信建设的指导意见》（国办发〔2016〕76号）、《国务院办公厅关于加强个人诚信体系建设的指导意见》（国办发〔2016〕98号）、《关于进一步把社会主义核心价值观融入法治建设的指导意见》、《社会主义核心价值观融入法治建设立法修法规划》、《关于加快推进失信被执行人信用监督、警示和惩戒机制建设的意见》（中办发〔2016〕64号）、《国务院办公厅关于加快推进社会信用体系建设 构建以信用为基础的新型监管机制的指导意见》（国办发〔2019〕35号）。

联合奖惩政策体系层面也填补了顶层设计上的空白。2016年，《国务院关于建立完善守信联合激励和失信联合惩戒制度 加快推进社会诚信建设的指导意见》（国发〔2016〕33号）的出台，为联合奖惩确定基本方向。2017年以来，先后出台《国家发展改革委、人民银行关于加强和规范守信联合激励和失信联合惩戒对象名单管理工作的指导意见》（发改财金规〔2017〕1798号）、《国家发展改革委办公厅关于做好〈关于加强和规范守信联合激励和失信联合惩戒对象名单管理工作的指导意见〉贯彻落实工作的通知》（发改办财金〔2018〕87号）、《国家发展改革委办公厅、人民银行办公厅关于对失信主体加强信用监管的通知》（发改办财金〔2018〕893号）3个文件。至2018年年底，国家发展改革委等多部门联合颁布51个守信联合激励与失信联合惩戒《备忘录》，极大地推动了社会信用体系建设的发展。这些备忘录推出联合奖惩措施100多项，共有26个领域出台红黑名单管理办法。联合奖惩监管体系是实现"一处失信，处处受限"、深入推进社会信用体系建设的基础。

此外，失信惩戒立法层级实现提升。截至2019年底，我国已有4部法律将失信联合惩戒纳入条款规定，包括：《疫苗管理法》第72条规定"药品监督管理部门应当建立疫苗上市许可持有人及其相关人员信用记录制度，纳入全国信用信息共享平台，按照规定公示其严重失信信息，实施联合惩戒"；《公务员法》第26条规定"被依法列为失信联合惩戒对象的"人员，不得录用为公务员；《药品管理法》第105条规定"药品监督管理部门建立药品上市许可持有人、药品生产企业、药品经营企业、药物非临床安全性评价研究机构、药物临床试验机构和医疗机构药品安全信用档案，记录许可颁发、日常监督检查结果、违法行为查处等情况，依法向社会公布并及时更新；对有不良信用记录的，增加监督检查频次，并可以按照国家规定实施联合惩戒"；《个人所得税法》第15条规定"有关部门依法将纳税人、扣缴义务人遵守本法的情况纳入信用信息系统，并实施联合激励或者惩戒"。这些规定，已将失信联合惩戒上升至国家法律层级，具有更高的法律效力。这是开展社会信用体系建设以来社会信用立法取得的重要进展，具有标志性意义。

（二）行政法规建设取得突破

在经过长达十年的讨论和修改之后，《征信管理条例（草案）》更名为《征信业管理条例》，于2012年底获国务院批准通过，并自2013年3月15日起开始施行。《征信业管理条例》是我国第一部社会信用相关行政法规，共计8章47个条款。一方面，该法规的颁布实施有利于加强对我国征信市场的管理，规范征信机构、信息提供者和信息使用者的作业行为和服务方式，有利于发挥市场机制的决定性作用，促进信用经济健康发展。另一方面，该法规的若干条款能够保护个人信息主体的权益。为了履行《征信业管理条例》赋予的监管职责，中国人民银行配套制定了名为《征信机构管理办法》的部门规章，共计6章39个条款，将《征信业管理条例》的有关条款予以细化，使其更便于执行。该规章自2013年12月20日起开始施行。此后，《社会信用服务机构执业管理办法》《企业征信机构备案管理办法》《金融信用信息基础数据库用户管理规范》《征信机构信息安全规范》等配套规章和标准相继出台，进一步丰富了以《征信业管理条例》为基础的征信法律制度体系。

为落实国务院《注册资本登记制度改革方案》有关对企业"宽进严管"的要求，2014年，另一部社会信用行政法规《企业信息公示暂行条例》颁布实施，意味着我国从主要依靠行政审批管理企业，转向更多依靠建立透明诚信的市场秩序规范企业。《企业信息公示暂行条例》明确了工商登记部门应将注册登记等信息自产生之日起20个工作日内公示、企业应定期报送年度报告并公示、企业公示信息将随机摇号抽查、企业未如期公示年度报告或信息不实将入"黑名单"、政府采购将对"黑名单"企业限制或禁入等法律制度。企业信息公示制度的确立，是我国社会信用体系建设的里程碑。2014年8月19日，原国家工商行政管理总局印发《企业公示信息抽查暂行办法》《企业经营异常名录管理暂行办法》《个体工商户年度报告暂行办法》《农民专业合作社年度报告公示暂行办法》《工商行政管理行政处罚信息公示暂行规定》5部规章，2015年又发布了《严重违法失信企业名单管理暂行办法》。这些配套规章的出台，为做好《企业信息公示暂行条例》贯彻落实工作，围绕企业信息公示及信用约束，加强对企业的事中事后监管，营造公平竞争的市场环境，实现"一处违法，处处受限"，提供了制度保障和法律支撑。

（三）地方立法蓬勃发展

地方信用立法先行先试，为国家层面立法积累了实践经验。2017年是地方信用立法元年。上海率先出台全国第一部综合性地方信用立法——《上海市社会信用条例》，该条例首次明晰了"社会信用"的概念。根据条例规定，严重失信主体将被限制进入相关市场、进入相关行业、担任相关职务、开展相关金融业务、享受相关公共政策、获得相关荣誉称号，以及法律、行政法规规定的其他措施。在该条例中，上海首创了公共信用信息归集通过目录管理的制度，该模式现已在全国多地复制推广。2017年以来，上海、宿迁、厦门、河南、南京、山东、天津、广东、大连、重庆十省市陆续出台了《社会信用条例》。福州出台了《福州市社会信用管理办法》地方政府规章，并于2019年8月1日开始实施。

2017年，全国首部社会信用信息管理地方性法规《湖北省社会信用信息管理条例》诞生，对社会信用信息的归集、披露、应用、安全管理和信用主体权益保护等进行规范。在审议这一条例草案过程中，有关方面对制定"公共信用"信息管理条例还是"社会信用"信息管理条例存在不同意见。从社会信用的理论和实践看，社会信用信息主要包括公共信用信息和市场信用信息，同时，国家明确规定要全面规范社会信用信息的管理工作，因此，条例最终将调整范围定位为社会信用信息管理。但为了区分不同主体，条例将社会信用信息分为公共信用信息和市场信用信息予以分类调整和规范。除湖北外，各地集中专门对公共信用信息管理进行了立法。同年，《河北省社会信用信息条例》也颁布实施。2015年以来，无锡市、泰州市制定了《公共信用信息条例》，浙江省、辽宁省、内蒙古自治区、青海省制定了《公共信用信息管理条例》。北京、上海、山东等省市制定了有关公共信用信息管理的政府规章共13个。截至2020年10月，制定的信用信息和公共信用信息管理的地方规章有48个，地方规范性文件有469个。

截至2019年8月30日，已有2/3以上的省区市出台或正在研究出台地方性信用法规，已有26部法律、28部行政法规中包含信用条款，为全国性信用立法奠定了坚实的法治实践基础。①

---

① 信用立法已具备广泛共识和坚实基础［N］.中国改革报，2019-9-3.

(四)建立了统一的社会信用代码制度并基本实现全覆盖

2015年9月17日,国家标准委批准发布了强制性国家标准《法人和其他组织统一社会信用代码编码规则》(GB 32100-2015),自2015年10月1日起实施。该标准是按照《国务院关于批转发展改革委等部门法人和其他组织统一社会信用代码制度建设总体方案的通知》(国发〔2015〕33号)(以下称《方案》)的要求组织制定的,由原质检总局、中编办、发改委、民政部、人社部、原税务总局、原工商行政管理总局、国家统计局等多家单位共同协商并广泛征求了相关登记管理、应用部门和社会各界的意见,还在福建省开展了相关试点工作。

我国原有机构代码分为两类。一是"原始码",即由登记管理部门在法人和其他组织注册登记时发放的代码,主要包括工商部门的工商注册号、机构编制部门的机关及事业单位证书号、民政部门的社会组织登记证号等。二是"衍生码",即在法人和其他组织注册后,相关部门发放的管理码,如组织机构代码管理部门的组织机构代码、人民银行的机构信用代码、税务总局的纳税人识别号等。在统一社会信用代码之前,我国机构代码存在如下问题:原有机构代码不统一,缺乏有效协调管理和信息共享工作机制,大多数代码仅应用于各部门内部管理,一些部门信息数据相互割裂封闭,存在信息孤岛问题;各类机构代码长度、含义、作用不同,有的部门如工商、民政、机构编制部门等,在法人和其他组织成立时赋码,有的部门如人民银行、税务部门等,在行使管理职能过程中再次赋码;法人和其他组织在设立和办理相关业务时,需到多个部门申请代码,有的还收取费用。多个代码共存现象较为普遍,影响了同一主体信息比对,增加了社会负担,降低了行政效率。

根据《方案》要求,对新设立的法人和其他组织,在注册登记时发放统一代码,标注在注册登记证(照)上。法人和其他组织由现行的注册登记代码、组织机构代码分别申领办理,改为一次申领办理,取得唯一统一代码;由现行自愿申领组织机构代码,改为源头赋统一代码,形成准入登记与赋码同步完成机制,确保统一代码覆盖所有法人和其他组织。我国以统一社会信用代码和相关基本信息作为法人和其他组织的"数字身份证",成为管理和经营过程中法人和其他组织身份识别的手段。截至2018年底,我国对法人和非法人组织总赋码数量已超过1亿户,存量代码转化率达到100%,为开展信用信息交换共享和信用监管创造了条件。[①]

(五)信用信息共享共用的全国"大动脉"已经贯通

以全国信用信息共享平台"信用中国"网以及各级政府的门户网站为载体,形成从

---

① 韩家平.关于加快社会信用立法的思考与建议[J].征信,2019(5).

国家部委到地方立体的信用建设网络，全国信用信息共享平台成为信用信息归集共享的总枢纽，并与所有接入部门和地方平台实现了核心数据机制化共享，每周定时向各部门和地方推送行政许可和行政处罚、各类红黑名单、企业经营异常名录等信息。"信用中国"网站成为面向社会公众，弘扬诚信惩戒失信的总窗口。各地方也在国务院《社会信用体系建设规划纲要（2014—2020年）》的指导下，搭建了地方性的线上信用信息共享交换平台，对区域内的信用信息进行归集整理。

（六）初步形成第三方参与协同治理模式

2016年4月，国家发展改革委出台了《国家发展改革委与信用服务机构合作开展行业信用体系建设暂行办法》（发改财金〔2016〕852号），2017年10月16日，国家发展改革委发布了《关于引入第三方信用服务机构协同参与多领域及特定领域行业信用建设和信用监管工作的函》。2018年2月，《国家发展改革委办公厅关于充分发挥信用服务机构作用　加快推进社会信用体系建设的通知》（发改办财金〔2018〕190号）要求各地发改委充分认识各类信用服务机构在社会信用体系建设中的重要作用，从七个方面发挥它们的积极作用：参与重点领域信用记录采集；参与红黑名单的认定；加强与信用服务机构信用信息的共享；在行业特定领域协助参与备案工作；协同开展联合奖惩与失信专项治理工作；定期编制行业信用监测分析报告；探索信用大数据分析应用。

2018年，国家发展改革委首批认定26家信用服务机构开展综合信用服务机构试点，鼓励第三方信用服务机构参与信用评价、重点领域治理和信用检测等工作。

第二节　我国社会信用法治建设的不足

尽管我国社会信用法治建设取得了重要进展，但是，社会诚信缺失和信用交易风险问题仍比较突出，严重失信、债务违约等情况时有发生，立法（尤其是国家层面的立法）滞后问题日益凸显。具体而言，我国社会信用法治建设主要存在以下几方面问题。

一、社会信用法立法模式不清

立法模式是由一个国家创制法律的惯常做法、基本体制和运作程序等要素构成的有机整体，对整个立法活动具有现实的拘束作用。立法权、立法主体、立法目的、立法内容、立法程序等因素，在任何时代都是构成立法模式的核心要素。立法模式又可以看作不同要素的不同组合。因为要素组合呈多元的状态，所以才存在立法模式的选择问题。从宏观、中观、微观三个切入口着手，社会信用体系建设立法的调整范围都有其优点和不足：宏观层面的社会信用体系建设立法包括在政务诚信、商务诚信、社会诚信和司法公信四大领域进行综合而全面的立法；中观层面的社会信用体系建设立法围绕社会信用活动进行规范，侧重商务诚信和社会诚信，对信用信息采集归集、公开查询、应用，信用信息安全和主体权益保护进行立法；微观层面对社会信用体系建设进行立法，聚焦社会信用体系建设中的某一问题或事项，对某一个信用环节或行为进行专门立法。①

就我国社会信用立法具体模式的选择问题，学界有不同观点。有学者认为，我国应以细化和强化信用信息保护与信用权保护为基本出发点，在民法体系中制定专门的信用信息与信用权保护条款，再通过制定相应的信用单行法律和法规，形成一套体系严密、科学有效的社会信用制度体系。②有学者认为，我国未来的社会信用立法应采用集中立法模式，即由全国人大制定专门的信用信息管理法，建立失信行为的认定标准、信用信息采集和披露的负面清单制度、信用信息符合正当目的的使用制度、失信行为的惩戒制度以及信用修复制度。③也有学者认为，应由全国人大率先制定信用基本法，严格授权立法，建立严格的征信监管法律责任制度，坚持信用立法的可诉性原则。④还有学者认为，政府主导应是中国市场信用立法的基本理念，以政府为主导，同时发挥市场的能动作用的信用立法，是中国市场信用立法的明智选择。⑤本书认为，我国社会信用立法在模式选择上主要有三种可能：其一，以民法为本、单行法为辅的立法模式，可以将这种模式设想称为"信用权立法模式"；其二，以政府主导为根本、以市场培育为分支的立法模式，可以将这种模式设想称为"政府主导型立法模式"；其三，以行业规范为主、信用监管为辅的立法模式，可以将这种模式设想称为"行业主导型立法模式"。

不同模式选择，反映了不同的立法理念，也反映了我国社会信用体系建设的基本路径选择。我国的社会信用立法模式选择面临着如下逻辑节点问题：我国社会信用立法是否需要一部基本法？如果需要，这部基本法应该是民法，还是行政管理法？如果是民法，信用权这个概念是否足以成为社会信用立法大厦的理论根基？如果是行政管理法，那么究竟是以信用信息本身为管理对象，还是以收集、保存、加工和使用信用信息的市场主

---

① 肖卫兵.我国社会信用立法若干问题探析[J].电子政务，2017（6）.
② 尚国萍.民法典编纂中信用权保护模式的立法选择[J].河南师范大学学报（哲学社会科学版），2015（6）.
③ 杨福忠.诚信价值观法律化视野下社会信用立法研究[J].首都师范大学学报（社会科学版），2018（5）.
④ 何玲丽.信用立法之法理分析[J].理论月刊，2013（5）.
⑤ 王雨本.治理中国社会诚信危机的路径选择[J].首都师范大学学报（社会科学版），2012（6）.

体为管理对象?如果以信用信息本身为管理对象,应该以公共信用信息,还是市场信用信息为首要、基本的管理对象?这些问题都是我国社会信用立法必须面对并首先予以解决的问题。

二、信用主体权益保护不够充分

在社会信用体系建设中,大量的行政处罚和法院司法判决信息被归集到信用平台,信息使用稍有不当就有可能侵犯信息主体的合法权益。在现行规定中,虽有一部分条款体现了对信息主体权益的保护,包括禁止采集的信息、不良信息的保存年限、给予信息主体查询自身征信报告的权利以及异议和投诉权等,但这些规定并不全面。

1. 信息主体权益救济途径缺乏

《征信业管理条例》规定,信息采集必须经信息主体明示同意,从而在形式上保证信息主体享有知情权。在信息的采集范围上,规定了禁止和限制采集的信息范围,但是规定仍不够具体,这就造成现实中大量信息主体的信息被不当采集,然后使用,这种现象极大地侵害了信息主体的权益。当前,我国信用信息归集、使用过程中,关注点大多聚焦在如何归集、使用抑或加工,而忽视了一旦信息使用过程中侵害主体权益,需要如何解决的问题。相应的信息主体异议权、修复权、消除权等并未得到落实和完善,信息主体的权益救济大多仍是一句空话。①

2. 异议制度不合理

异议从提出书面申请到完成,周期长、环节多,导致信息主体难以在较快的时间内通过正当渠道维护自身合法权益;异议制度的程序复杂,随意性强,无法建立有效的责任划分机制,容易出现推诿扯皮的现象。除此之外,异议制度从程序启动直到结束,经过较长周期,有时候可能还是不能完全解决相关问题。在这种情况下,除了在信用信息主体的报告中标注异议以外,目前尚没有更好的救济方法加以处理,这样会影响信息主体的相关信用活动,给其造成损失。

3. 信息修复制度不完善

对于一般失信行为,要及时给予修复的机会。而对于那些值得奖励的守信信息,也应当运用信用修复机制归集到信息平台中,并对守信者给予适当的奖励。但是现行制度尚未明确信用修复的标准和信用修复的程序,比如哪些信用状况不可修复、哪些信用状况可以修复、谁负责修复、如何修复、对修复行为如何监管等,这些都需要做出明确的法律界定。

---

① 郭琰. 公共信用信息主体权益保护机制研究[D]. 兰州:兰州大学,2019.

4. 行政监管不力

目前，我国还没有专门的监管机构对公共信用信息的收集和使用进行监管，许多主导公共信用信息收集和使用的机构，也是自身行为的监管者，既是运动员又是裁判员，很容易使监管行为失去独立性和公正性，形成监管盲区，也容易造成监管不力。只有公正的监管，才能确保信用信息的客观性，也才能维护信息主体的合法权益。

三、联合奖惩机制有待完善

1. 联合奖惩失衡

信用联合奖惩机制包括守信激励和失信惩戒两个方面，然而在现有的地方社会信用立法中，对于二者的规范呈现不均衡的态势，对于失信惩戒规定较为明确具体，对于守信激励却较为笼统。惩戒措施不仅有一般惩戒措施，还有针对严重失信主体的特别惩戒措施，明显要多于激励措施。

2. 联合惩戒措施法律位阶低

联合惩戒作为主要基于行政公权力的社会治理手段，其行政实效性归根结底以自身合法性和合理性为基础，最根本的便是要有相关法律依据。然而，目前的失信惩戒制度以政策、法规、规章及规范性文件为主，缺乏专门、核心的基本法律，呈现出位阶过低的状态。从立法现状来看，在中央层面，失信惩戒规范多以中央文件或国务院文件的形式呈现，如国务院《社会信用体系建设规划纲要（2014—2020 年）》和 2016 年《国务院关于建立完善守信联合激励和失信联合惩戒制度加快推进社会诚信建设的指导意见》等；在法律规范层面，失信惩戒散见于法规、规章等规范性文件之中，如《企业信息公示暂行条例》、各部门签署的联合奖惩合作备忘录、各地信用信息地方性法规及政府规章等。联合惩戒的立法层级偏低，无形中扩大了行政自由裁量权，导致信用联合惩戒的合法性与正当性无法得到有力的法律保障，甚至有违反上位法之嫌。

3. 联合惩戒措施的泛化与滥用

在各地各部门推进失信联合惩戒制度建立的过程中，联合惩戒制度有被泛化的倾向。例如：2019 年 4 月 26 日通过的《广州市公共信用信息管理规定》将乘坐公共交通工具时冒用他人证件、使用伪造证件乘车、霸占他人座位等信息规定为不良信息；2019 年 4 月 30 日通过的《西安市生活垃圾分类管理办法》也将拒不履行生活垃圾分类义务的个人不良行为信息纳入个人征信系统；北京市交通委于 2019 年 6 月 3 日发布的《关于对轨道交通不文明乘车行为记录个人信用不良信息的实施意见》更是将车厢内进食、推销产品或从事营销活动、大声外放视频音乐规定为可以记入个人信用的不良信息。上述做法将不良信息的界限不断拓展，使失信联合惩戒深度介入社会生活的各个领域，出现泛化趋势。从法治国家建设的一般规律来看，作为法律手段的惩戒应有明确的法律依据，作为惩戒依据的法律与道德也应当实现适度分离，只有严重违背道德且造成法律上危害后果的行为，方需要进入法律惩戒的范围。① 但在现实生活中，有的惩戒措施已对信用主体合法权益造成不当之限制，甚至侵犯了公民基本权利。例如，2013 年江苏省政府出台《江苏省自然人失信惩戒办法（试行）》规定，自然人有较严重失信行为的，3 年内禁止其报考公务员或行政事业性岗位，有严重失信行为的，终身禁止报考公务员或行政事业性岗位。当时尚未修改的《公务员法》第 24 条仅规定不得录用为公务员的人员包括：曾因犯罪受过刑事处罚的、曾被开除公职的，以及有法律规定不得录用为公务员的其他情形的。即使 2018 年修订后的《公务员法》第 26 条也只增加规定，"被依法列为失信联合惩戒对象的"自然人不得被录用为公务员。从字面意思来看，新的《公务员法》只是规定失信自然人不能被"录用"，是对机关录用公务员的指引，并未直接规定失信行为人"禁止报考"。显然，该文件超越了《公务员法》的规定，违反了公务员录用限制的法律保留原则。② 此外，有的地方实施失信惩戒的对象已经超越失信主体本身，开始株连他人，如子女因父亲被纳入失信被执行人名单而无法被知名高校录取等。此类乱象说明，目前一些地方政府出台的失信惩戒措施确实存在异化现象，有脱离法治轨道之嫌。

第三节　我国社会信用立法的展望

2016 年 12 月，中共中央办公厅和国务院办公厅联合印发的《关于进一步把社会主义核心价值观融入法治建设的指导意见》指出，"法律法规体现鲜明价值导向，社会主义法律法规直接影响人们对社会主义核心价值观的认知认同和自觉践行"，要"把社会主义核心价值观的要求体现到宪法法律、法规规章和公共政策之中，转化为具有刚性约束力的法律规定"。诚信价值观的法律化有两种实现途径，制定专门的信用立法是其中的一条重要途径。

一、厘清社会信用立法模式

考察一个事项是否具有立法必要性，有两个标准③：一是立法为解决现有政治、经济、

---

① 周海源. 失信联合惩戒的泛道德化倾向及其矫正——以法教义学为视角[J]. 行政法学研究，2020（3）.
② 刘宇飞. 障碍与纾解：失信惩戒泛化的规制进路[J]. 重庆第二师范学院学报，2020（4）.
③ 荆月新. 论社会信用立法[J]. 山东师范大学学报（人文社会科学版），2005（5）.

文化和社会生活中的矛盾所必要；二是所涉事项适宜用法律方式予以规范，而且其他方式和方法已难以有效地解决问题。

　　立法模式是对立法文件从宏观上进行定位，是立法科学化和立法有效性的重要保证。选定立法模式包含以下三个步骤：一是选择立法形式，它所要解决的是由哪一级立法机关进行立法的问题。立法形式包括全国立法和地方立法两种。统一立法是指由中央立法机关立法，立法文件颁布后在全国统一实施；单独立法是指由各享有立法权的地方立法机关分别立法，颁布后在各自的行政区域范围内分别实施。二是确定立法方法，立法方法包括集中立法、分散立法和补充立法。集中立法是指针对立法对象制定一个新的、独立完整的立法文件，并由该立法文件承载所要制定的全部行为规范。那些立法内容比较单一、涉及范围相对狭窄的立法事项适于进行集中立法。分散立法不以制定单一法典为目标，而是将立法事项分解为若干方面，将每一方面的内容作为一个立法对象，形成一个单独的立法，最后形成若干个立法文件，这些立法文件由于围绕同一个立法事项制定而形成一个完整的体系。它通常适用于那些内容复杂、涉及范围广泛、难以进行集中立法的事项。补充立法是指不再制定新法，而是根据社会发展的需要和立法事项的变动情况，制定新的行为规范并将其增补到原有立法文件当中。三是明确立法类型，即应当采取哪一层级、哪一种类的文件进行立法，它所要解决的是以何种立法文件记载立法内容的问题。是采用法律的形式，还是行政法规的形式，抑或是以地方性法规或者行政规章的形式来立法？选择确定立法类型主要是根据立法内容是否成熟以及立法内容在适用地域上的广狭。凡是立法内容成熟、稳定，且适用范围广泛的，原则上应选择由全国人大或其常委会制定法律，而立法内容尚未完全成熟、但实践需求迫切的，可以根据适用地域的广狭，决定由国务院制定行政法规，或是由各地制定地方性法规或者行政规章。

　　就社会信用立法而言，宏观层面的社会信用体系建设立法要求从全局出发，针对社会信用体系的各个方面，包括政务诚信、商务诚信、社会诚信和司法公信四大领域进行综合而全面的立法。但是，宏观层面立法缺少理论支撑和实践支撑。例如，政府被列入"行政黑名单"或失信被执行人是否可行？地方政府不同于拥有个人财产的自然人、企业。在民事诉讼中，个人、企业进行的诉讼，都是以个人或企业财产作为标的，个人或企业拥有对财产的所有权和处分权，通过对其相关财产消费的限制，使其尽快履行法律义务。但地方政府的财产是国家授予的，从严格意义上讲是纳税人的钱，不能算作地方政府自己的财产，更不是地方政府领导个人的财产，将适用于个人财产所有权的诚信制度运用到并不拥有财产所有权的地方政府身上，是否属于适用对象上的错误？从国际经验来看，目前没有一部专门制定的涵盖全部领域的信用法律，其中政务诚信和司法公信的信用立法更是无先例可循，立法难度非常之大，所以应当从中观和微观方面进行社会信用立法。从信用立法实践来看，信用信息的归集和共享就是采取这种形式。国内外信用立法实践普遍以信用信息为切入点。①

在研究我国社会信用立法这一主题时，必须首先对"立法"这个概念有统一的认识。立法有三种含义。第一种是最广义的立法，即指代一切新的原则、规则、标准的创制过程。第二种是广义的立法，即我国《立法法》第2条所规定的"法律、行政法规、地方性法规、自治条例和单行条例的制定、修改和废止"以及"国务院部门规章和地方政府规章的制定、修改和废止"。第三种是狭义的立法，仅指拥有立法权的国家机关通过行使或运用立法权，规定公民、法人和其他组织的权利与义务，国家机关的权力与责任，以体现人民意志、实现特定的统治或治理目的的活动。我国《宪法》规定，"人民行使国家权力的机关是全国人民代表大会和地方各级人民代表大会""中华人民共和国全国人民代表大会是最高国家权力机关""地方各级人民代表大会是地方国家权力机关"。虽然《宪法》和《立法法》都有"全国人民代表大会和全国人民代表大会常务委员会行使国家立法权"这样的规定，但是，两者均未使用"地方立法权"这一表述。依宪法解释之体系解释方法，既然最高国家权力机关拥有的是"国家立法权"，那么地方国家权力机关所拥有的"国家权力"的性质应为"地方立法权"。因此，地方人民代表大会及其常务委员会根据《宪法》和《立法法》的规定所享有的制定地方性法规的权力、民族自治地方的人民代表大会根据《宪法》和《立法法》的规定制定自治条例和单行条例的权力，属于"立法权"，是地方立法权。国务院制定行政法规的权力、国务院部委及其直属机构和地方人民政府制定规章的权力均不属于上述狭义"立法权"的范畴。是采纳狭义立法观，还是采纳《立法法》意义上的广义立法观，还是采纳更广义的立法观，这是首先必须予以深入回答的问题。

鉴于我国社会信用体系建设广泛的涉及面与长远的目的性，本书认为，我国社会信用立法应采纳广义立法观，即我国《立法法》所规范的立法活动。

各地分别推出了自己在综合性社会信用法、信用信息管理、公共信用信息管理等方面的地方信用法规。但在国家层面，除了2013年颁布的《征信业管理条例》和2014年颁布的《企业信息公示暂行条例》外，没有出台新的全国性信用行政法规，信用立法严重滞后于社会信用体系建设。党的十九大报告指出，要完善以宪法为核心的中国特色社会主义法律体系。《社会信用体系建设规划纲要（2014—2020年）》指出，社会信用体系要"以法律、法规、标准和契约为依据"。可见，"法律先行"是社会信用体系建设的基本原则，是规范诚信行为的法律保障，关键在于制定专门的"信用法"以及信用部门法。

2018年，信用立法纳入全国人大常委会立法规划。但在十三届全国人大常委会公布的立法规划中，社会信用方面的立法项目，位于第三类项目，即因立法条件尚不完全具

---

① 沈凯，王雨本. 信用立法的法理分析 [J]. 中共中央党校学报，2009（3）.

备，需要继续研究论证的立法项目。

本书认为，在立法形式上，应当选择统一立法。社会信用作为立法对象，是一个与现代市场经济密切相关的领域，与建设全国统一市场的要求相适应，由中央立法机关（全国人大及其常委会或者国务院）作为唯一立法机关，有助于形成全国统一的信用评判标准和约束惩戒机制，能有效避免因各地单独立法而造成的信用评判和惩戒标准参差不齐以及可能导致的全国市场的人为分割。

在立法方法上，应当选择分散立法和补充立法。因为社会信用作为一个综合性的立法事项，其内容包罗万象，要制定一部包含社会信用所有内容的统一法典，在立法技术上难以做到。

在立法类型的选择上，除对个别含有社会信用内容的现行立法进行修改和补充外，新制定的立法文件应以行政法规为主。因为行政法规作为中央立法，既是在全国范围内统一有效的立法形式，又具有一定的试验性。通过行政法规的制定和实施，可以帮助我们取得立法经验，待时机成熟以后再上升为法律。

目前最迫切的是公共信用信息类立法，应由国务院先行制定《公共信用信息管理条例》，界定社会信用的概念、明确社会信用体系建设组织领导机制，进一步规范公共信用信息和市场信用信息的归集、披露和使用活动，实现信用信息有效共享和应用，建立健全守信联合激励和失信联合惩戒机制，促进公共信用服务行业发展。主要内容应包括：公共信息占有者职责、信用业务许可、信用信息的加工和收集、信用信息的使用和管理、信息发布与披露的条件和方式、信息主体保护、信息提供者和使用者权利的告知与争议解决的程序等。与此同时，推动其他公共信用信息法规建设，如制定《统一社会信用代码管理办法》等。

二、保护信用信息主体的合法权益

通过完善相关立法，来明确赋予和合理界定信息主体应有的权利。也就是说，在法律法规中应该明确个人信息主体的相关权利，包括隐私权、知情权、删除权、异议权、信用修复权、行政复议和行政诉讼权等。信用信息的异议处理与信息主体权益是紧密联系的，信息主体异议申请的处理结果关乎信息主体的权益是否得到相应的保障，所以规范异议处理流程，才有利于信息主体权益的维护。信息主体异议权的行使以知情权为前提，异议权是知情权的延伸。① 知情权是指信息主体有权从征信机构自由取得与自己相关的信息以及被收集、处理和利用的情况，并充分了解征信机构对自己信用状况的评价及

---

① 李文君.个人信用信息主体权益保障问题研究［D］.哈尔滨：黑龙江大学，2012.

依据。异议制度主要包括信息主体针对信用信息采集合理合法性的异议、信息查询使用合法性的异议以及针对异议申请处理措施的异议。每种异议类型均有其特点,因此应当根据不同类型制定不同的异议处理流程,制定可操作性强、方便异议处理、有利于信息主体权益维护的异议流程。

一次犯错不等于终身犯错。信用联动奖惩机制设计的初衷并不是要将失信者一棒子打死,而是要让失信主体付出代价后,知晓守信的重要性,给予失信主体改过的机会。因此,信用联动奖惩还应该建立有条件的信用动态修复制度,明确信用修复的条件和程序。① 对于不同的失信行为和信息,要注意区别修复。比如针对违约行为的修复,主要是还清债务、了结债权债务关系以及取得债权人的原谅,而对于违法行为的信用修复,要制定严格的修复程序,如申请、承诺、决定、公示程序,还要接受社会公众的监督。

信息主体有权根据自己的意愿自主使用自己的信用信息和许可他人使用自己的信用信息,也就是说,信息主体具有限制信用报告使用的权利。

三、健全失信联合惩戒机制

对失信主体实施惩戒须有法律根据。我国《立法法》《民法典》《征信业管理条例》及其他相关立法,为失信惩戒提供了重要的法律根据。来自公权力机关的惩戒应当遵循"法无授权不可为、法定职责必须为"的法治原则。公权力机关实施信用惩戒应当符合法定要求,包括惩戒标准法定、惩戒对象法定、惩戒主体法定、惩戒措施法定、惩戒程序法定、惩戒期限法定、救济机制法定等方面要求。上述法定要求既要彰显诚实信用、公平正义等价值理念,也要确保法的安定性,以满足社会公众的合理预期。

在法律未对信用惩戒相关问题予以明确的情况下,社会公众会对失信的法律后果缺乏合理预期,进而认为信用惩戒缺乏合法性、正当性。要解决这个问题,就要实现信用惩戒机制的法治化、规范化、程序化。信用惩戒机制法定化以后,由于法律标准事前公开,法律规则具有普遍约束力,社会成员对失信后果有合理的法律预期,法律的安定性就得以强化。

(一)失信行为的法律界定

行政主体将相对人接受刑罚、行政处罚和强制执行措施的行为均评价为"失信",失信评价成为弥散在所有违法行为之上的共同评价,与法律评价的精细划分形成鲜明对比。因此,政府应当通过限缩失信评价的适用范围、严格失信评价的实质性要件来审慎认定

---

① 肖卫兵.我国社会信用立法若干问题探析[J].电子政务,2017(6).

失信行为。信用评价指标体系应当科学、精细设计，信用评价不应当简单按照将相对人数次小错误相加为一次大错误的逻辑展开，否则将会出现社会危害性相差程度极大的不同行为受到相似制裁的情况，造成法律责任体系的紊乱。① 对于纳入失信联合惩戒范畴的失信行为，应按照惩戒法定的要求，考察信用主体失信行为的严重性和主观故意性。

1. 联合惩戒的应用对象应当限于严重失信者

联合惩戒机制的行为制约逻辑，是在惩戒主体联合、惩戒权力联合与惩戒责任联合形成合力作用的背景下得以推进的。这就要求，适用联合惩戒机制的失信行为应同时满足违法性与严重性两项标准。违法性是公权力介入的前提，只有失信行为破坏了法律所保护的公共秩序或公共利益，惩戒权力的行使才具备正当基础。严重性则是从结果的角度对行为影响程度或范围进行客观评价，体现了适用联合惩戒的必要性。② 基于尊重人格尊严，行政信用评价限于一般失信与严重失信两级，倘若对一般失信者也采取联合惩戒，将导致误伤的比例过高。所以，联合惩戒的对象应限于严重失信者。③ 此外，多次、连续地实施失信行为，即使每次失信程度较轻，也应认定为严重失信，因其重复实施失信行为的可能性增加。

2. 行为人在主观上应具有故意

对过失行为尤其是一般过失行为不宜实施信用惩戒，可采取其他方式使行为人承担相应的民事、行政、刑事法律责任。这主要是考虑到，从信用法治的要求来看，守信主要是强调人们主观上应有守法或履约的意愿，不应故意违法或违约。而在过失的情况下，失信行为与行为主体诚实守信意愿之间的关系并不密切。行为人对其过失行为尽管也要承担相应的法律责任，但不应被施以过于严厉的信用联合惩戒。

综上，社会信用法应当明确规定：有权实施信用联合惩戒的机关和组织，应当根据信用主体失信行为的严重程度、主观过错等因素，在法定权限范围内依法对信用主体是否存在失信行为进行认定。经认定的失信信息，应当依法进行归集、共享和披露，并作为实施失信惩戒的重要根据。

（二）联合惩戒机制的体系化

失信联合惩戒措施的实施会对信用主体的权利、义务、责任产生较大影响，故应当遵循相应的法治原则，实现惩戒权力法定、惩戒措施法定、惩戒程序法定。为此，应当通过立法对以下三个方面作出制度安排。

---

① 王瑞雪. 公法视野下的信用联合奖惩措施［J］. 行政法学研究，2020（3）.
② 杨丹. 联合惩戒机制下失信行为的认定［J］. 四川师范大学学报（哲学社会科学版），2020（3）.
③ 沈毅龙. 论失信的行政联合惩戒及其法律控制［J］. 法学家，2019（4）.

1. 分类建立行政性惩戒机制①

对于行政性惩戒措施，应当根据其行政处罚、行政指导、行政许可等法律性质分别予以规制。社会信用法应重点针对限制或减损权利类的行政性惩戒措施，明确其法律属性，规定相应的实施程序及必要的救济程序。对于非限权类"黑名单"措施（如《企业信息公示暂行条例》中的经营异常名录等），应当明确规定不得将其作为实施行政性惩戒的根据。在实施行政性惩戒的过程中，信用主体实际上处于相对弱势、被动的地位，为有效约束公权力，防止其对信用主体造成不必要的损害，有必要对行政性惩戒进行相应的法律规制。

2. 加强行政"黑名单"相对人的程序保障

限权类的行政"黑名单"措施对信用主体的权利施加诸多限制，对其利益有重大影响，因而是信用法规制的重中之重。设立和实施行政黑名单既要具有法律依据，也应符合正当程序。正当程序要求行政执法过程必须遵循法律法规的明文规定，尊重并切实保障行政相对人的权利，包括书面告知，给予其陈述、申辩的机会，并在事后为其提供行政复议、行政诉讼等救济途径。②异议申辩程序是指行政监管主体在拟将被监管对象列入黑名单之前，将相关事实、理由和依据告知被监管对象，并允许被监管对象在规定的时间内通过行使陈述权、申辩权等方式，向行政监管主体提出异议的一种程序。异议申辩程序的设置能够大大增强黑名单制度运行程序的开放性，提升黑名单制度运行程序的公众参与度，增强程序开放性与民主性。③应将行政机关确认黑名单这一行为独立纳入行政复议与诉讼的范围，允许当事人单独针对行政机关确认黑名单行为提起行政复议或行政诉讼。

对行政黑名单的司法审查，既包括合法性审查，也包括合理性审查。首先，人民法院可以依据《行政诉讼法》第70条的规定进行合法性审查。一般认为，行政黑名单应当以"法律、行政法规"为创设准据，其他地方性法规、规章和规章以下的其他规范性文件都可以细化但是无权设定黑名单。④如果行政黑名单的设定和实施缺乏法律、行政法规依据或者违反法定程序，人民法院可以判决撤销，将行政相对人从行政黑名单中移除。其次，人民法院可以依据《行政诉讼法》第77条的规定进行合理性审查。《行政诉讼法》第77条中的"行政处罚明显不当"被认为是对行政行为合理性进行司法审查的法律依据。因此，作为一种行政处罚的行政黑名单是行政主体自由裁量的结果或者具有自由裁

---

① 王伟.失信惩戒的类型化规制研究——兼论社会信用法的规则设计［J］.中州学刊，2019（5）.
② 王丽娜.行政黑名单救济机制的困境与破解［J］.河南师范大学学报（哲学社会科学版），2019（2）.
③ 徐晓明.行政黑名单制度：性质定位、缺陷反思与法律规制［J］.浙江学刊，2018（6）.
④ 胡建淼."黑名单"管理制度——建立和实施"黑名单"要符合法治原则［J］.人民法治，2017（6）.

量因素,人民法院有权对其合理性进行司法审查。

3. 不得违法设定限权类行政性惩戒措施

在社会信用法治建设实践中,通过国务院部委以及地方有关部门签署联合惩戒备忘录以形成信用联合惩戒格局,是较为普遍的做法。但这些大多属于部门规章或地方政府规章。《立法法》第80条规定:部门规章规定的事项应当属于执行法律或者国务院的行政法规、决定、命令的事项。没有法律或者国务院的行政法规、决定、命令的依据,部门规章不得设定减损公民、法人和其他组织权利或者增加其义务的规范,不得增加本部门的权力或者减少本部门的法定职责。第82条规定:没有法律、行政法规、地方性法规的依据,地方政府规章不得设定减损公民、法人和其他组织权利或者增加其义务的规范。行政性惩戒不得违法减损行政相对人权利或增加其义务,并且应属于本部门、本级政府的事权范围。因此,对公民政治权利的剥夺、限制人身自由的强制措施和处罚,只能由法律规定。因此,如果没有上位法的规定,不得设定限权类行政性惩戒措施。

(三)联合惩戒措施的正当性

联合惩戒措施要具有正当性,就不能一味追求对失信行为人的惩戒,也不能单纯基于维持信用秩序的目的而忽视个人利益。行政性惩戒措施应当平衡惩戒与保障之间的关系,确保实施的正当性。

1. 禁止不当联结原则

不当联结意指行政行为与行政相对人的给付之间不具有实质性的内在关联。如果行政机关要求相对人的给付、负担或者不利益达不到其所追求的目的,就不存在实质内在关联,也就存在不当联结。按照该原则的要求,这类行政行为应予禁止。①

德国行政法学界针对禁止不当联结原则的研究最具代表性的学者是哈特穆特·毛雷尔(Hartmut Maurer)和汉斯·J.沃尔夫(Hans J.Wolff)。哈特穆特·毛雷尔在其著作《行政法学总论》中着重论述了双务合同中公民的对待给付应当与合同中的预设给付具有客观的联系。② 在《行政法》中,汉斯·J.沃尔夫则认为:"出售裁量权的行为属于不正当的行政义务联结。"③ 出售裁量权意指行政机关滥用裁量,其追求的目的不符合授权规定。

具体到信用联合惩戒措施,它要求行政机关采取的惩戒措施与所欲实现的行政目标之间具有合理、正当的关联,不能根据不相关因素选择行政手段。如手段与目的之间不具有实质内在关联,则惩戒措施可能构成违法,且行政机关有滥用职权之嫌。

---

① 王月.论行政法领域的不当联结禁止原则[D].苏州:中共江苏省委党校,2019.
② [德]哈特穆特·毛雷尔.行政法学总论[M].高家伟,译.北京:法律出版社,2000:356.
③ [德]汉斯·J.沃尔夫,等.行政法(第2卷)[M].高家伟,译.北京:商务印书馆,2002:370.

以政府采购事项为例。政府在决定与哪家供应商合作时，必然会对候选者进行商业信誉上的考察。供应商的信用状况，从本质上属于政府作出采购决定的要素之一，现行《政府采购法》也对供应商作出了相应的资质要求。该法第22条规定："供应商参加政府采购活动应当具备下列条件……（二）具有良好的商业信誉和健全的财务会计制度……"因此，计划生育方面的违法行为与当事人是否具有工程招标资格之间不具关联性。这并非意味着工程招标资格与投标人的信用状况之间不具关联性，政府当然倾向于将工程交由诚实守信的承包商，期望其能够依据承包合同履约、施工，但若错误地将"计划生育方面的违法行为"归入投标人的信用状况即属于不当联结。

再如，在社会救助（如最低生活保障）、公共住房等公共福利事项中，由于长期以来申请人提供虚假材料冒领、骗取各项公共福利的情况不在少数，在申请数量巨大且行政资源稀缺的背景下，审查机关对以往信用状况不良的失信人提高审查密度，甚至根据实际需要对其进行现场走访、调查，实属必要。但是，设立公共福利事项的目的在于帮扶低收入的困难家庭，因此，一旦确定申请人经济收入与财产状况的真实性，就不得因其以往的失信状况而拒绝行政给付。目前政府宣传的"一处失信，处处受限"的口号并不准确，只有在具有关联性的行政事项中，才可适用联合惩戒。

2. 联合惩戒措施应符合比例原则

比例原则的思想萌芽于1802年德国学者温·伯格（H.von Berg）的《德国警察法手册》一书。在当时的德国，各种公权力中，警察权力对公民权利的威胁最大。温·伯格于是提出：警察权力只有在"必要时"才可以行使。①

比例原则的结构是三阶还是四阶？至今仍然是法学界无法统一答案的问题。有学者认为比例原则的结构应该是三阶的，即包含适当性、必要性、均衡性三个子原则。②也有学者认为比例原则应该是四阶的，即除了以上三个子原则，还应当包含目的正当性这一子原则。③三阶与四阶的争论焦点主要在于比例原则是否应当包含目的正当性这一子原则，本书赞同比例原则应当是四阶的。所谓目的正当性原则，主要包括两方面内容：其一，合比例性审查应该首先从审查限制权利的目的开始，也就是说，在四阶比例原则的适用过程中，目的正当性原则应当优先其他三个子原则审查；其二，并非所有限制权利的目的都是正当的，只有符合宪法确认的限制目的的限制才具有正当性。④所谓适当性原则，指的是在行使自由裁量权时，行政机关所使用的方式应当有利于相关行政目标的达

---

① 梅扬.比例原则的适用范围与限度[J].法学研究，2020（2）.
② 彭益鸿.论失信被执行人失权[J].中山大学法学评论，2017（1）.
③ 刘权.行政判决中比例原则的适用[J].中国法学，2019（3）.
④ 刘权.目的正当性与比例原则的重构[J].中国法学，2014（4）.

成。所谓必要性原则，指的是倘若有多种手段可以达成同一个行政目的，就必须按照一个确定的标准进行最合理行政手段的选择。而这一标准就是，行政机关应该选择损害行政相对人利益最小的手段。所谓均衡性原则，指的是为了达到一定的行政目的，国家所使用的限制性行政手段。需要注意的是，在使用限制性行政手段的时候，行政相对人所遭受的权益损害应当小于达成行政目的所遭受的权益损害。①

国务院总理李克强于 2020 年 11 月 25 日主持召开的国务院常务会议指出：依法依规开展失信惩戒，确保过惩相当。对失信主体采取减损权益或增加义务的惩戒措施，必须基于失信事实、于法于规有据，做到轻重适度，不得随意增设或加重惩戒，不得强制要求金融机构、信用服务机构、行业协会商会、新闻媒体等惩戒失信主体。

故社会信用法应作出如下规定：对信用主体实施的信用惩戒措施应当符合比例原则，与失信行为的性质、情节、社会影响程度等相适应，不得超越法定条件、法定处罚种类和幅度。

如《最高人民法院关于在执行工作中进一步强化善意文明执行理念的意见》（法发〔2019〕35号）规定：被限制消费的个人因本人或近亲属重大疾病就医，近亲属丧葬，以及本人执行或配合执行公务，参加外事活动或重要考试等紧急情况亟需赴外地，向人民法院申请暂时解除乘坐飞机、高铁限制措施，经严格审查并经本院院长批准，可以给予其最长不超过 1 个月的暂时解除期间。该规定还要求，要准确理解限制被执行人子女就读高收费学校。限制被执行人子女就读高收费学校，是指限制其子女就读超出正常收费标准的学校，虽然是私立学校，但如果其收费未超出正常标准，也不属于限制范围。人民法院在采取此项措施时，应当依法严格审查，不得影响被执行人子女正常接受教育的权利。

3. 禁止株连原则

株连原则体现最为典型的是连坐制度。例如《汉谟拉比法典》规定：父母犯罪，其子女也当承担刑事责任；盗卖他人财物的罪犯如果死亡，其家属负担 5 倍于原物的赔偿金。在法兰西王国，路易十四颁发敕令规定株连原则：一人犯罪，祸及全家和全村，即使是幼儿与精神病患者也不能幸免。在我国古代也曾有连坐制度。在漫长的反封建斗争过程中，株连制度被废弃，取而代之的是罪责自负原则，即"任何人不因他人的不法行为受处罚"，它禁止将不相关的人与人之间无端联结、互为因果，并作为连带追责的理由。②

但在信用法治建设实践中，个别地方与部门仍存在基于身份与血缘关系的失信株连

---

① 周厚盟.比例原则在行政处罚中的适用［J］.法制博览，2020（7）.
② 胡建淼.法治禁止不当联结［N］.学习时报，2019-8-21（03）.

惩戒现象，个人由于失信而致使其他家庭成员在入学、从军、就业等方面受到资格限制与权利剥夺。例如，女儿因父亲上访被拘不能报考司法学校[①]，老赖父亲不还钱影响儿子大学录取[②]，父亲失信导致儿子政审无法通过与心仪军校失之交臂[③]，等等。当然，针对军人和警察等特殊职业准入资格的政治审查具有一定的合理性，应全面评价被考察对象的政治表现与思想品德情况，但其出发点和落脚点应当限于被考察对象本身，了解其家庭成员的失信情况仅仅是为了达到全面评价的一种手段而非目的。仅仅因为家庭成员存在严重失信行为就对被考察者实行"一票否决"的株连评价，违背了自我责任原则。因此，除法律特别规定外，信用惩戒不能及于与失信行为无关的主体。社会信用法应当基于"禁止株连"的法治原则，明确规定失信惩戒措施直接针对失信行为人，不得扩展至其他主体。

《最高人民法院关于在执行工作中进一步强化善意文明执行理念的意见》规定：单位被执行人被限制消费后，其法定代表人、主要负责人、影响债务履行的直接责任人员、实际控制人以因私消费为由提出以个人财产从事消费行为，经审查属实的，应予准许。被执行人虽然存在有履行能力而拒不履行生效法律文书确定义务、无正当理由拒不履行和解协议的情形，但人民法院已经控制其足以清偿债务的财产或者申请执行人申请暂不采取惩戒措施，单位是失信被执行人的，人民法院不得将其法定代表人、主要负责人、影响债务履行的直接责任人员、实际控制人等纳入失信名单。上述规定就较好地反映了"禁止株连"的法治原则。

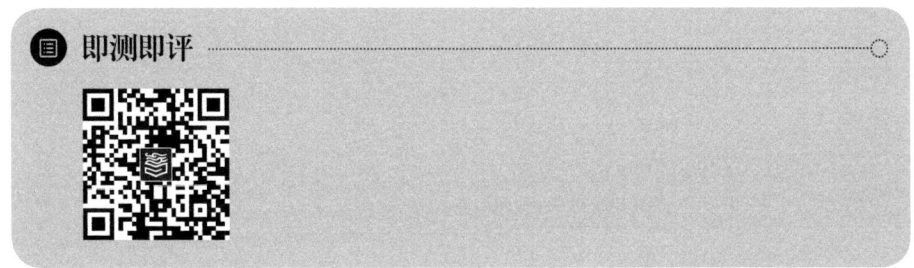

---

① 上访被拘，子女不能报考司法学校？[N].燕赵都市报，2009-6-19（02）.
② 老赖父亲不还钱影响儿子大学录取，支持还是反对？https://www.sohu.com/，访问日期 2020 年 10 月 25 日.
③ 儿子政审通不过与心仪军校失之交臂，http://www.gxylnews.com/，访问日期 2020 年 10 月 25 日.

第三章
国外社会信用体系建设的基本法治模式

现代信用起源于荷兰。1609 年，荷兰成立了阿姆斯特丹银行，并将银行、证券交易所、信用及有限责任公司有机地统一成一个贯通的金融和商业体系，通过吸收存款和发放贷款，发明了我们现在所说的信用，当时被称为"想象中的货币"。为了保障银行的信用，阿姆斯特丹市通过立法规定：任何人不能以任何借口限制银行的交易自由。正是凭借一系列现代金融和商业制度的创立，国土面积只有两个半北京市大小的荷兰，在 17 世纪缔造了一个称霸全球的商业帝国。①

经过 100 多年的发展，发达国家基本形成了社会信用体系建设的三种主要法治模式。第一种是以美国为代表的市场主导型模式，截至 2015 年，大约有 36 个国家选择该模式。第二种是主要以欧洲国家为代表的公共征信模式，截至 2015 年，大约有 66 个国家采用了这种模式。第三种是以日本为代表的会员制模式。②

第一节　美国的市场主导型模式

美国的征信业始于 1841 年，至今已有 180 年。"美国模式"是典型的市场主导型模式，以商业性征信公司为主体，由民间资本投资建立和经营，是独立于政府和金融机构之外的第三方征信机构，按照市场经济的法则和运作机制，以盈利为目的，向社会提供有偿的商业征信服务。

---

① 刘肖原.我国社会信用体系建设问题研究［M］.北京：知识产权出版社，2016：60.
② 余丽霞.国外社会信用体系建设模式研究及对我国的启示［J］.晋城职业技术学院学报，2016（01）.

一、美国社会信用体系的基本框架

美国的信用体系从19世纪40年代开始建立,经过一个多世纪的发展,已具备了征信国家的基本条件,形成了以发达的征信企业为主要标志的完全市场化运作的信用服务主体,以及以法律制度作保障的完善的信用监督管理系统组成的现代体系基本框架。① 美国信用体系主要由以下三部分组成。

(一) 完善的信用法律体系

第二次世界大战结束后,北美市场的信用交易额猛增,各种信用工具被广泛使用。但是随着信用交易的增长和信用管理行业的发展,不可避免地产生了一些问题,诸如公平授信、正确报告消费者信用状况、诚实放贷等征信数据和服务方式方面的问题,对建立信用管理相关法律提出了强烈的要求。于是,从20世纪60年代末期至80年代,美国开始制定与信用管理相关的法律,将信用产品加工、生产、销售、使用的全过程纳入法律范畴,形成了一个完整的框架体系。

美国的信用管理法律制度可以划分为三个层次:②

1. 直接与信用管理相关的法律

一般来讲,美国对信用进行直接规定的法律一共有17部。几乎每一部法律都进行了若干次修改,其中一部被称为《信用控制法》(Credit Control Act)的法律,由于其后出台的法律可以涵盖其内容而在20世纪80年代被终止使用,其余16部信用法律分别是:《公平信用报告法》(Fair Credit Reporting Act)、《公平债务催收作业法》(Fair Debt Collection Practice Act)、《平等信用机会作业法》(Equal Credit Opportunity Act)、《公平信用结账法》(Fair Credit Billing Act)、《诚实租借法》(Truth in Lending Act)、《信用卡发行法》(Credit Card Issuance Act)、《公平信用和贷记卡公开法》(Fair Credit and Charge Card Disclosure Act)、《电子资金转账法》(Electronic Fund Transfer Act)、《储蓄机构放松管制和货币控制法》(Depository Institutions Deregulation and Monetary Control Act)、《加恩—圣杰曼储蓄机构法》(Garn-St Germain Depository Institution Act)、《银行平等竞争法》(Competitive Equality Banking Act)、《房屋抵押公开法》(Home Mortgage Disclosure Act)、《房屋贷款人保护法》(Home Equity Loan Consumer Protection Act)、《金融机构改革、恢复及加强法》(Financial Institutions Reform, Recovery, and Enforcement Act)、《社区再投资

---

① 关监航. 当代美国信用体系研究 [D]. 长春:吉林大学,2006.
② 范佳. 美国信用管理法律体系 [D]. 上海:复旦大学,2005.

法》(Community Reinvestment Act) 以及《信用修复机构法》(Credit Repair Organization Act)。上述法律多数是在 20 世纪 60 年代至 80 年代制定，经过不断完善从而形成目前较为完整的信用法律框架体系。在这些法律中，按重要程度首推《公平信用报告法》，它是信用服务业的基础法，对于美国信用管理立法的主要保护目标——信用消费者的合法权益作出了最为全面和详细的规定，而且在信用法制实践当中运用最为广泛。

1996 年，美国国会又出台了《情报授权法》(Intelligence Authorization Act) 和《债务催收改进法》(Debt Collection Improvement Act)，对《公平信用报告法》作了修改和补充。《情报授权法》在原法律规定的合法取得消费者信用报告的 5 种情况中，授权联邦调查局（FBI）可以侦查目的为理由取得所需的消费者个人信用调查报告；《债务催收改进法》修改了《公平信用报告法》，授权联邦政府机构可以在债务催收活动中，根据需要取得消费者信用调查报告。

2. 直接保护个人隐私的法律

美国直接对个人隐私进行保护的法律主要包括《隐私法案》（1975 年）、《犯罪控制法》（1973 年）、《家庭教育权和隐私法》（1974 年）、《财务隐私权利法》（1978 年）、《隐私保护法》（1980 年）、《电子通讯隐私法》（1986 年）、《录像隐私保护法》（1988 年）、《驾驶员隐私保护法》、《电讯法》（1996 年）等。这些法律都直接规定，在相应的特殊环境中不能公布或者限制公布个人或企业的相关信息。

3. 规范政府信息公开的法律

美国对政府信息公开进行规范的法律为征信机构收集政府公开信息提供了法律依据。包括《信息自由法》（1966 年）、《联邦咨询委员会法》（1972 年）、《阳光下的联邦政府法》（1976 年）。美国信用法律体系经过市场经济的长期发展而日臻健全，这为美国的社会信用体系建设创造了十分优越的法制环境，尤其信用管理法律体系更是对美国社会信用体系建设起到了直接保障的作用。同时，由于法律体系提供了有效的制度安排，美国信用信息开放的问题得到比较妥善的解决，为信用行业的发展和社会信用体系建设奠定了物质基础。美国的信用数据相关立法以数据的社会共享为出发点，以保护个人隐私为重点，以数据的市场化获取和使用为机制，在全社会范围内保证信用信息的有条件开放。信用数据为信用行业的发展和信用中介服务机构提供了原材料，为打破市场的信息不对称和失信惩戒机制发挥作用创造了条件。

（二）市场化运作的信用服务机构

在美国，与信用有关的信息被加工成信息产品，在市场上被大量生产销售。围绕信息产品产生了许多专门从事征信、信用评级、账款追收、信用管理等业务的信用中介服务机构，在很大程度上避免了因信用交易额的扩大带来更多的信用风险。在完全商业化的运作过程中，信用服务企业经历了充分的市场竞争过程，目前保留下来的少数几个市场化运作主体都是市场成熟度很高、市场竞争力很强的超大型企业。目前从事信用服务的企业高度集中，主要有三大类①：

1. 针对资本市场的信用服务机构

针对资本市场的信用服务机构是对国家、银行、证券公司、基金、债券及上市大企业的信用进行评级的公司。目前，美国主要有穆迪投资服务公司（Moody's Investors Service）、标准普尔（Standard and poor's）和惠誉国际（Fitch Ratings）这三家公司。其中穆迪、标准普尔公司由美国投资者控股，惠誉国际公司由法国投资者控股，这三家公司也是目前世界上前三大的信用评级公司。

2. 针对商业市场的信用评估机构

针对商业市场的信用评估机构是对各类大中小企业进行信用调查评级的公司。经过100多年的市场竞争，历史最悠久的邓白氏集团公司（Dun and Bradstreet）最终独占鳌头，成为美国乃至世界上最大的全球性征信机构，也是目前美国唯一的此类评级公司。该集团公司成立于1841年，其业务主要是为客户提供商业资料、工具及专业经验，协助客户做商业决策。

3. 针对消费者的信用评估机构

针对消费者的信用评估机构在美国被称为信用局或消费信用报告机构（Credit Bureau）。目前美国有三大信用局，分别是美国人控股的全联公司（Trans Union）、艾可菲公司（Equifax）和英国人控股的益百利公司（Experian）。信用局是消费者个人信用调查报告的供应商，专门从事个人信用资料的收集、加工整理、量化分析、制作和售后服务，形成了个人信用产品的一条龙服务，是美国信用体系的重要组成部分。

（三）健全的信用管理体系②

美国政府对信用管理的监督和执法机构主要分两类：一类是银行系统的机构，包括财政部货币监理办公室、联邦储备系统和联邦储蓄保险公司；另一类是非银行系统的机构，包括联邦贸易委员会、国家信用联盟办公室和储蓄监督局。这些政府监管机构可以采取一些包括惩罚性措施在内的手段（如罚款等）促使征信机构改进其行为，要求征信机构必须遵守法律，如果不遵守，法院可以强制执行惩罚性措施。当消费者发现其信用报告中的错误或其信用报告被不当使用时，可以向政府监管机构投诉，也可以直接向法

---

① 黄文冰. 美国的信用体系建设及其对我国的启示［J］. 现代企业教育，2011（12）下.
② 陈文玲. 美国信用体系的构架及其特点——关于美国信用体系的考察报告（一）［J］. 南京经济学院学报，2003（1）.

院起诉，寻求司法解决。这些政府监管机构对信用的管理主要有6项功能：（1）根据法律对不讲信用的责任人进行适量惩处；（2）教育全民在对失信责任人的惩罚期内不要对其进行任何形式的授信；（3）在法定期限内，政府工商注册部门不允许有严重违约记录的企业法人和主要责任人注册新企业；（4）允许信用服务公司在法定的期限内长期保存并传播失信人的原始不良信用记录；（5）对有违规行为的信用服务公司进行监督和处罚；（6）制定执行法案的具体规则。

对失信者的惩戒，除了政府上述做法外，主要靠各类信用机构的信用产品对失信者产生的强大约束力和威慑力，靠整个社会对失信者的道德谴责和与之交易时的有限信任，靠对失信者信用产品负面信息的传播和一定期限内的行为限制，使失信者付出昂贵的失信成本。其产生的结果，一是不能让不讲信用的人自在地、方便地生活在社会上，二是不能让不讲信用的人有机会把生意扩大。

除政府监管部门和法院外，美国的征信行业协会也非常活跃，并发挥了重要作用。其中，最具代表性的是消费者数据行业协会（Consumer Data Industry Association，简称CDIA），该协会会员涵盖了全美各地征信机构，包括全国三大信用局、地方信用局、房屋贷款风险管理公司、应聘人员信息报告机构、商账追收公司等。协会负责各个征信机构的协调工作，提供培训和颁发行业从业执照，颁布个人信用报告的标准，参与美国信用管理法律的起草工作，还通过制定行业章程等方式约束征信机构的行为，在法律的框架内对本行业实行自律管理。①

总体来看，美国的征信监管体系可以分为行政监管、司法监管和行业自律管理三部分。

二、美国社会信用体系的特点

美国社会信用体系体现了市场经济条件下信用和信用产品的基本内涵，主要有以下几个显著特点。

（一）重视信息公开的法制建设②

美国重视信息公开的法制建设，为建立信用体系提供了丰富的政务信息资源。信息公开，即政府有义务公开在行使行政管理权过程中形成的各种信息，或者说公民个人或团体有权知道并取得行政机关的文件、档案资料等信息，也就是行政公开。譬如美国建立了信息公开的法律制度，最重要的3部是《信息自由法》（1966年）、《联邦咨询委员会

---

① 李俊丽. 我国个人征信体系的构建与运用研究［D］. 泰安：山东农业大学，2007.
② 韩阳. 美国信用体系研究——兼论我国信用体系的建设［D］. 长春：吉林大学，2004.

法》（1972年）和《阳光下的联邦政府法》（1976年）。

信息公开法律制度的核心思想是：原则上所有政府信息都要公开，不公开即保密是例外；政府信息具有公共产品的性质，一切人获得信息的权利是平等的；政府对拒绝提供的信息负有举证责任，必须提供拒绝的理由；政府机关拒绝提供信息时，申请人可以向法院请求司法救济。上述3部法律是美国政治、法律领域的一次革命性变革。法律还要求美国行政机关的会议必须向公众公开，允许公众旁听。每次举行会议，合议制机关应在一星期前发出举行会议的通告，而举行不公开的会议要经过相当复杂的程序。

在信息公开的同时，美国对信息保密也相当重视，以维护国家经济安全。法律规定免除公开的信息有9个方面[①]：（1）国防和外交领域的信息，要符合两种情况：一是根据总统行政命令规定的标准特别授权予以保密的文件；二是根据总统行政命令已经被定密的文件。（2）纯属行政机关内部人事规则和惯例的文件。（3）其他法律明文规定可以免除公开的文件，只有在两种情况下才能适用：一是法律规定文件对公众保密的方式非常严格，没有授予行政机关任何自由裁量权；二是对应予以保密的文件规定了特别的标准，或列举了应予以保密的特定种类。（4）贸易秘密、从个人以及特权机构或保密机构获得的商业或金融信息。（5）行政机关内部或行政机关之间的备忘录或往来函件。（6）公开后可能明显地侵犯个人隐私权的人事的、医疗的以及类似的档案。（7）执行法律的记录和信息，在妨碍执法程序、剥夺公正审判或公平裁决的权利、不正当地侵犯个人的隐私权、泄露秘密的信息来源和秘密的信息6种情况下可以免予公开。（8）关于金融机构的信息，主要指联邦储备系统、联邦国内贷款委员会、联邦储蓄保险机构在金融活动中收集的大量非常敏感的信息。（9）关于油井地质和地球物理的信息。大量公开的政务信息，为信用服务公司收集与信用有关的政务信息提供了重要来源。

为了保证信息公开，美国实行了定密官制度和定密制度。在所有的政府秘密中，中央情报局占52%，国防部占44%，国务院占2%，司法部占1%，其他政府部门占1%。

（二）重视保护消费者合法权益

美国对消费者权益保护的法律除《公平信用报告法》（FCRA）外，主要有《消费信用保护法》《隐私权法》《信用机会平等法》《统一消费信用法典》等。这些法律对消费者的保护体现在三个方面：

1. 保护消费者的隐私权

《隐私权法》规定：禁止行政机关在取得个人书面同意前公开被记录人的记录；个人

---

① 畅秀平. 美国诚信制度及其对中国的借鉴意义——以《公平报告法》为例 [D]：上海. 复旦大学，2008.

有权知道行政机关是否存在关于自己的记录及该记录的内容，并要求得到复制品；个人如认为关于自己的记录不正确、不完全或不及时，可以请求制作记录的行政机关进行修改。法律同时规定了12种例外情况可以公开消费者的个人记录，这样既保证了行政机关提供给信用局的消费者信用信息的准确性，也保障了信用局的独特的信息来源。

2. 保护消费者获得公平信用报告的权利

《公平信用报告法》要求信用局必须采取合理的程序收集和公开消费者的有关信息。例如：禁止公布过于陈旧的信息，对于超过3个月的消费者调查报告，在没有对其内容进行更新前，不能反复公开；信用报告只能用于信贷、保险、雇佣、获得许可证或其他好处、商业交易；根据消费者的要求，信用局必须公开涉及消费者信用报告的内容，包括最新收集到的有关信息的名称；如果报告中公开的信息不准确，信用局有义务重新调查并做出必要的修正，如果消费者仍然认为该报告内容不准确，信用局必须对此做出说明并将说明附在所公开的信用报告中；对于信用报告中的负面信息，在法律规定的保存年限到期后，信用局必须在信用报告中予以删除。

3. 保护消费者不受到骚扰的权利

消费者有权选择不让信用局公布自己信息。银行、保险公司等机构在委托信用局调查时，很多情况下不需要征得消费者的同意，他们往往利用这些信息作为扩大业务的手段。因此，美国信用局接受消费者拒绝提供和自己贷款、保险无关的信息的要求。

（三）信用主体发育程度完善

主要表现在：

一是公众消费理念、信用意识和信用行为的高度融合。信用消费已经成为一种基本的消费方式，讲信用、守信用已经成为一种行为规范，"借钱消费，先用后还"已经成为一种习俗。居民个人成为最大的消费信用主体。

二是商业信用与金融信用的高度融合。一些大型商家已经超越以赊促销、以贷促销的商业模式，实现了以销促贷的金融模式的转变。花旗集团的美食俱乐部卡、运通公司的运通卡都是成功例子。同时，银行业依托银行信用卡协会，加快了内部的合作和向零售服务信用扩张的步伐。

三是授信行业集中度趋高。通过优胜劣汰和兼并重组，美国迅速崛起了一批具有全国和跨国垄断性的信用寡头，如花旗银行、摩根大通集团等。

四是信用中介服务机构众多，既包括会计师事务所、律师事务所、投资银行等普通中介机构，还包括信用保险机构、信用担保机构、信用保理机构和商账追收机构等专门针对信用交易特点发展的一些特殊中介服务机构。例如：（1）信用保险机构。信用保险是美国最大的保险业务。联邦存款保险公司是美国联邦政府的独立金融机构，负责办理存款保险业务。该公司根据美国《1933年银行法》设立,从1934年1月1日起,对联邦储备系统所有会员银行以及申请参加联邦储备保险并符合条件的州银行,实行有法定限额的存款保险制度。(2)信用担保机构。信用担保对扶持一个企业,乃至一个行业、一个产业,均具有直接或间接的作用。美国的小企业局是一个历史悠久的政府担保机构。(3)信用保理机构。是指向授信人提供商账追收、坏账担保、财务代理等综合性服务的机构。保理业务有助于提高履约率、降低呆坏账率。(4)商账追收机构。它们负责在合法的时间内电话催收,依法书面或当面交涉,法律诉讼等。美国收账协会即是国际知名的商账追收公司。

三、美国《公平信用报告法》

以1970年《公平信用报告法》出台为标志,美国信用行业进入规范化发展的轨道。

(一)《公平信用报告法》的立法背景①

信用报告制度(credit reporting)是美国针对信用交易中信息不对称现象而常用的一种自我调节的市场手段。信用报告所记录的信息通常包括债权人、雇主和保险人等意欲了解的消费者的工作生活场所、付账单方式、诉讼事项或破产史等,而信用局则是收集和出售此类信息的中介机构。显然,这些营利性征信机构在追求经济利益最大化的过程中,与公共利益发生冲突(甚至是激烈冲突)在所难免。如何使消费者信用报告机关(Consumer Reporting Agency,以下简称CRA)受到合理、合适的制约,越来越成为一个迫切需要解决的社会问题和法律问题。事实上,信用报告出具主体本身信用的可靠程度已经成为信用报告可信程度的一个决定因素。为了规范消费者信用报告机关和使用者在使用与信用管理有关的信息过程中的行为,防止消费者信用报告机关和使用者以各种方式滥用信用报告,必须界定信息开放的范围、确定征信数据的经营方式。

美国第一家被称为消费者信用报告机关的组织成立于1860年,但信用报告业直到第二次世界大战后才得到迅速发展。过去消费者信用报告机关多是合作社或非营利性机构,或隶属于当地的商业部门,但现在绝大多数的消费者信用报告机关都是营利性组织,隶属于个人或公司。美国消费者信用报告机关之间互换信息的做法在20世纪初开始出现,唯一一家全国性的信用组织——联合信用机构公司(Associated Credit Bureaus, Inc.,以下简称ACB)于1906年成立。消费者信用报告机关本身为了确保其资料的完整一致性,也不遗余力地建立起各种保密体系,要么是复杂的计算机自动化体系,要么是一些简单

---

① 胡涌. 解构《公平信用报告法》(FCRA)及其修正案[D]. 成都:西南财经大学,2003.

的保密措施。

在20世纪60至70年代,随着计算机技术相对成熟(特别是数据库的联通方面)和在信用数据收集、分析和传播领域越来越广泛地被加以采用,信用信息扩散的深度和广度显得越来越失去了控制,以至于有人举例说连一般的电视记者都可以凭着捏造的身份,毫无困难地从信用局那里得到相关消费者的信用信息。事实上,当时更加令人不满的还是信用报告本身存在的问题——不光含有主观、偏见的个人信息,还充斥着大量对消费者明显不利的过期信息,某些国会议员甚至认为CRA和信用报告使用人之间还存在着"有组织地保持缄默"的情况,消费者要到遭受严重损害之时才能发现其信用信息居然是妨碍自己行使消费者权利的原因。随着20世纪60年代兴起的消费者运动渐入人心,美国民众开始关注信用信息被滥用带来的种种问题。在FCRA诞生以前,各级法院审理有关虚假信用报告的案件时,多适用普通法中针对诽谤的民事侵权之诉。但这产生了两个难以解决的问题:(1)由于CRA的经营几乎不为外人所知,事实上处于秘密状态,故受害者很晚才能发现虚假信息是自己信用问题的根源之所在;(2)从19世纪后期起,在诽谤之诉中,全美(佐治亚州和爱达荷州除外)已经开始采取给予CRA有限制特权的做法。

1968年,众议院侵犯隐私权问题小组委员会就政府所属的某全国性数据库召开了听证会。1965—1971年之间,国会所属的诸多委员会亦对信用报告业进行了多次调查,主题就是针对隐私权所受到的威胁(而不是错误信息可能造成的风险)。在这段时间里,信用报告业的行业协会为了应付上述听证会,同时也是在小组委员会主席的强烈要求之下,很快推出了一整套自律指导方针。1968年,参议员威廉·蒲克斯迈尔(William Proxmire)向参议院提交了FCRA的蓝本。一年多以后,在相关行业的不断游说和威廉·蒲克斯迈尔的不懈努力之下,参议院的金融机构小组委员会提出了新的版本。在这种情况下,威廉·蒲克斯迈尔为了防止众议院产生更加严苛的提案,加上信用报告业的积极活动,他作出了一个折中,即把原先的想法作为另一件提案的修正案提出,FCRA终于如期而成。

(二)《公平信用报告法》的基本内容

《公平信用报告法》原则上适用于消费者信用报告机关及消费者的报告本身。消费者信用报告机关,是指基本上基于非营利的原则,收取适当的手续费,向第三者如信用供与机关提供消费者信用信息报告,对消费者信用报告进行利用的机关。

1. 消费者信用报告机关的义务

消费者信用报告机关是最为重要的征信机构,在征信的大部分活动中发挥主导作用。FCRA对它的义务进行了详细规定,以确保征信机关认真履行自身职责,在征信活动中保护消费者信用权,并促使信用信息以合法方式进行对外披露并进行信息交流。CRA的主要义务有[①]:(1)信息使用只有在符合法定目的的情况下,CRA才能提供消费者信用报告。(2)CRA应及时更新征信信息,保存负面信息有规定的时间。CRA应该从消费者信用报告中删除超出FCRA规定年限的负面信息,规定年限包括但不限于:信息主体的破产记录保存年限为10年;民事诉讼及其判决以及刑事犯罪记录的保存年限为7年。(3)CRA仅在核实购买方的身份及其用途的条件下才能出售消费者报告,并有义务确保提供正确的信息,提供手续需完整合规。(4)消费者对本人的征信记录有接触权及知情权。(5)在信息主体对个人的信用记录提出不同意见时,CRA有义务对其提出的异议做出调查,必须将消费者征信记录中的错误信息进行删除,并有义务将错误信息已进行更正的消息通知各征信报告使用者。

2. 信息主体对自身信息交流的同意[②]

《公平信用报告法》规定,信用供与机关在与消费者的信用交易中,直接得到信息并把该信息向信息机关提供时,不需得到消费者的同意,但为了判断是否对消费者提供信用,需要利用消费者信用信息时,则要向消费者通知该信息报告机关的名称、住所。但对于通过知悉消费者情况的人了解到的该消费者的信用信息,在利用时不必事前通知消费者本人。消费者信息供与机关在进行信息提供时,也不负有得到消费者同意的义务,即使是涉及消费者个人隐私的信息,如消费者的犯罪经历,也无需消费者的同意,消费者不能要求信息机关停止保留、提供这些信息。但消费者信息供与机关对消费者信息的提供只限于信用交易、保险、雇佣、合法业务、奉法院的命令或联邦大陪审团的传票的目的。对这些目的以外的情况则不能予以提供,所以必须要明确消费者信用信息利用机关的身份及信用信息利用的目的。

《公平信用报告法》规定,在对消费者信用信息的利用及伴随信用交易对消费者产生了不利影响的情况下,消费者可以知道提供该信用信息机关的名称,可以要求对该信息进行开示,可以提出对该信息进行再调查,可以请求纠正错误信息。

在美国,还有禁止实行各种差别的立法以及保护消费者利益的立法。例如,法律规定不允许以有色人种为理由而拒绝提供信用,因此关于有色人种的信息对消费者信用报告机关毫无意义。

3. 保证信息的正确性

为了确保信息的正确性,《公平信用报告法》要求信息保有者在管理上、技术上采取各种保护措施。如消费者信用报告机关对消费者信息进行登记录入时必须经本人严格确认。同时为了确保信息的正确性,赋予信息主体信息开示的请求权、对错误信息的订正

---

① 李晓阳.论征信中的个人信用权——以美国法为参照[D].济南:山东财经大学,2017.
② 范佳.美国信用管理法律体系[D].上海:复旦大学,2005.

请求权、提出异议的权利等。前者是消费者信用报告机关必须采取的措施，后者则是消费者所行使的权利。《公平信用报告法》第623条规定，提供消费者信息的机关必须保证提供信息的正确性，同时负有协助信息机关对信息进行再调查的义务。如违反这一义务，则由联邦贸易委员会等行政机关追究其责任，但不对消费者负有直接损害赔偿责任。

4. 信息的开示

《公平信用报告法》第609条第（1）项规定，消费者可以要求消费者信用报告机关对本人的信息予以开示，并可以要求对一切信息毫无保留。第610条规定开示的具体方法是：在消费者信用报告机关的事务所里，在通常的营业时间内，基于消费者事前的通知，对本人直接进行，通过电话或电子通信的手段也可以。消费者可以指定一人出席信息的开示。消费者信用报告机关必须派出一名受过训练的专职人员进行信息开示的解释工作。在信息开示之际，须向消费者递交写明消费者权利的书面文件。

《公平信用报告法》第611条规定，消费者对开示的信息存有异议时，可以要求信用报告机关对该信息进行再调查，消费者信用报告机关必须在30日以内完成再调查的工作。如通过再调查知悉该信息有不正确的地方，但又对其正确性无法进行确认，必须将该信息删除。如该信息的提供者对该信息保证完全正确，可以再一次保留该信息。如消费者对再调查的结果不满意，可以提交简略的异议书。消费者信用报告机关应把该异议书附在该信用信息中，当向信用报告利用机关提供信息时，必须将异议书连同该信息一并进行提供。

5. 《公平信用报告法》规定了消费者的权利

《公平信用报告法》认可消费者享有两项权利，即消费者有要求信用信息"公正适当或正确"的权利，有要求消除在信用机关的"不正确或陈旧信息"的权利，并设立了如下规定：信用报告机关对于所持有的消费者信用信息，要最大限度地确保其正确性，即需要相当的手续进行调查；如果因为银行使用了某消费者的信用信息，使消费者被银行拒绝提供信用，消费者可以要求对其内容、原因进行通告；消费者对于被登录的有关自己信息内容的不正当的信息，可以要求从资料库中消除，对于有争议的信息，还可以附上辩解说明；对陈旧的信息，要从消费者信息中消除，对于经过一定年限的负面信息，可以删除；调查机关如要调查某消费者的个人经济生活，在对其友人进行访问时，要事前向消费者本人进行通知，并设立特别的保护措施，该友人不能在消费者不认可的场合或非法的场合提供消费者的信用信息；对于违反该法的行为，根据违反的内容，要负有民事或刑事责任。《公平信用报告法》第606条规定，信用报告的利用机关，在利用前要通知消费者本人。第615条规定，如做成的消费者信用报告有不利于该消费者的内容，应把做成这一信息的机关的名称、住所通知给该消费者。第616条规定，如故意或过失违背以上义务，负有损害赔偿责任，并处以刑罚。

(三)《公平信用报告法》的修正

《公平信用报告法》是美国规范个人信用的一系列相关法律的核心。美国联邦贸易委员会于1970年制定《公平信用报告法》，后经历了两次重要的修改，分别是1996年《公平信用报告革新法》和2003年《公平与准确信用交易法》，不断修正与深化征信机构的业务规则，防范消费者信用报告机关侵犯信息主体的权益。① 主要是增加了下列规定②：

一是对征信异议处理程序、时限等作出更为明确的规定，要求全国性征信机构建立信息更正通知系统，确保信息更正的及时有效与全面覆盖。二是规定信息报送机构具有确保信息准确性的义务，并规定信息报送机构与消费者就信息数据发生分歧时，必须对该信息进行标识。三是细化信息使用人在证明信息使用目的、不得滥用消费者信息等方面的义务。四是细化了信用报告使用者可能承担的责任，如：必须证明使用信用信息的目的且保证不会用于其他目的、增加"不利行为"的定义、规定告知消费者不利行为的形式和范围等；规定以雇佣与否为目的而使用信用报告需承担的责任，如雇主查看求职者信用信息要提前给出书面告知、实施不利行为前后都要符合相应的规定等；按信用信息使用人的标准，CRA可向前者销售消费者的名单，但使用人向消费者发出要约时，必须附带相应的书面声明，而且消费者有选择退出的权利。

第二节 欧洲的公共征信模式

由于欧洲各国的发展历史、文化背景、社会信用基础等方面的不同，各国的征信机构设置和运作模式也存在差异。欧洲各国对个人征信模式的选择可以分为三种情况：一是只有私人征信机构，如英国；二是只存在公共征信机构，如法国；三是公共征信机构和私人征信机构并存，如德国、意大利、葡萄牙、西班牙等。但从总体而言，欧洲各国以公共征信模式为主，即政府主导型。

一、欧洲公共征信模式及相关立法

欧洲的个人征信模式是以政府主导的公共征信机构为主体，同时也存在私人征信机构。但在个人征信相关立法上，欧洲各国并没有对两类征信机构予以区别，而是采用统一标准进行规范。

---

① 张丽.美国现代个人征信法律制度研究［D］.合肥：安徽大学，2019.
② 胡涌.解构《公平信用报告法》（FCRA）及其修正案［D］.成都：西南财经大学，2003.

(一)公共征信模式

公共征信模式的特征是由政府出资组建公共征信机构,并对其实行直接经营管理。采用该模式的大部分国家借助中央银行建立"中央信贷登记系统"。中央信贷登记系统是由政府出资建立的、非营利性的全国数据库网络系统,直接隶属于中央银行。政府以法律或决议的形式强制政府部门和银行、财务公司、保险公司等金融机构定期将拥有的信用信息数据提供给公共征信系统。公共征信系统的信用信息主要供银行内部使用,主要为金融监管部门的信用监管和执行货币政策服务。公共征信模式以法国、德国、意大利等欧洲大陆国家为主要代表。其中,法国只设有政府主导的公共征信机构而未设私人征信机构。①

公共征信机构是欧洲典型的征信机构,最早是由各国金融监管机构为评估金融机构资产组合的信用风险而建立。例如,德国在1934年建立了第一家公共征信机构,随后法国于1946年、意大利和西班牙于1962年、比利时于1967年建立了各自的公共征信机构。值得注意的是,基于稳定金融和监管需求,欧洲各国往往通过法律授权公共权力机构(通常是银行监管机构,比如中央银行或者其他监管机构)设立公共征信机构,实现信用数据收集和分配。

公共征信机构收集征信数据信息主要在于两个目标:一是审慎监管银行金融机构,监控银行体系健康和稳健运行;二是评估和监控借款人的负债情况。欧洲公共征信机构依法全面收集满足特定贷款数额门槛之上授信对象的征信数据(该门槛随国别不同而不同),低于该门槛的数据则不予收集,例如小额贷款的征信信息被排除在公共征信机构收集范围。各国立法者和监管者认为小额贷款宏观上对于国家金融体系的稳定并不构成威胁,微观上对借款人负债影响不大。

欧洲公共征信机构在征信数据收集方式上具有鲜明的强制性,各国法律要求有关机构必须将与借款人有关的征信数据向公共征信机构报告,公共征信机构的主管机构有权要求相关机构在征信数据失真和传输缺失的情况下改正,违反其命令的相关机构将会受到处罚。在征信数据收集范围上,公共征信机构存在特定性,其重点集中收集公司和消费者信用信息,涵盖贷款类型和借款人特征,例如贷款期限、货币、担保等信息,但是排除银行业之外的信息,例如来自通信公司、公共事业公司、零售公司等的信息。在征信数据的使用方面,欧洲公共征信机构通常只向金融机构出借人提供借款人信用报告,并不提供额外服务,例如信用分数或者投资组合风险监控服务。

---

① 李家勋,等.国外社会信用体系发展模式比较及启示[J].现代管理科学,2008(6).

（二）欧共体/欧盟的征信统一立法

在欧盟成员国有效的相关法律通常被称作"欧盟数据保护法"。在某种程度上，可以将它同美国的《公平信用报告法》相比较。欧盟有关信用管理的法律是基于保护消费者个人隐私权，同时又保证企业和消费者征信信息流的畅通，在保护人权和开放数据之间取得平衡是制定该项法律的立法宗旨和基本原则。

欧洲共同体委员会于1990年7月27日通过了《关于在保护个人资料处理方面对个人进行保护的理事会指令的提案》，规定欧共体成员国要根据该指令，确保包括个人资料胶片在内的个人资料安全，并基于这一点，禁止个人信息的自由和随意的流失，对个人资料的处理、收集及传达都要采取高度的保护措施。该指令还规定了提供资料信息时，有向监督机关进行通知的义务。可以说该指令引起了欧共体成员及美国的注意，在世界起到了先导作用，使对个人数据资料的保护进入了一个新的历史阶段。该指令的根本目的，是防止伴随着个人信息的数据化带来的对个人隐私权的侵害，或在侵害发生的场合进行救济。

1995年2月，欧盟部长会议通过了共同执行的《欧盟数据保护指令》。此后，欧盟议会对此法作了少许修改，于同年7月通过了《在处理个人数据和自由传播此数据时对于个人的保护》，立法宗旨和基本原则同样是在保护人权和开放数据之间取得平衡。此外，根据欧盟议会通过的法律，欧盟各国对本国的信用管理法律体制进行了完善。在欧盟，征信数据是相当开放的，法律敏感的只有自然人个人数据，而不是个人信用数据。根据《欧盟数据保护指令》第2款的定义，个人数据是法律予以限制的数据，其基本定义是：（1）"目标是针对个人的"；（2）能够将某个人"对号入座"的任何信息。更进一步，法律不允许直接处理针对自然人个人的信息和个人家庭活动的信息。然而，自然人个人涉及社会和商业活动的信息不受限制，例如，自然人个人在公司任职的活动信息。另外，《欧盟数据保护指令》对于计算机化的自然人个人信用信息档案管理也做出限制。

从法律角度看，只要不是属于上述两个有关个人数据范围的信息，都是不受限制的。同美国的情况类似，欧盟对于正常取得企业资信调查的征信数据完全没有限制。包括企业征信数据中最重要的部分——企业财务报表都是公开的。所不同的是，欧盟法律赋予政府数据开放强制权，而在美国即使有信用管理法律的规定，个人和企业仍具有选择权。

2012年，欧盟启动对1995年《欧盟数据保护指令》的修订工作。在历经4年多的立法协商之后，《欧盟数据保护通用条例》（General Data Protection Reg-ulations，简称GDPR）正式通过，于2018年5月25日全面实施。为规范数据收集使用行为，维护自然人个人数据保护的基本权利，GDPR在适用范围、数据使用、数据主体权利、数据控制者和处理者责任义务、数据监管以及法律责任等方面作了详细的规定。

（三）欧洲各国征信相关立法

在德国，关于个人数据保护的立法是 2003 年修改后的《联邦数据保护法》。该法规定：个人数据的处理和使用必须征得本人的书面同意，同时还要将存储数据的目的告知本人，本人有权获得自身信息并进行更正。

法国对个人隐私的保护要比其他国家严格得多。1978 年的《信息、档案和个人权利法》赋予个人向保存该个人电子或自动化档案的机构询问的权利，并要求当被调查者的姓名在数据库中出现时需要事先告知本人，而且要在发布信用报告之前得到本人提供的书面同意；另外，一旦执行调查，就必须向本人提交报告，本人可以提出异议，若认为报告不属实，甚至可以举例反驳调查者。法兰西银行操作的公共征信机构在采集、整理及发布个人信用信息的整个过程中必须遵守这些规定。①

英国与个人征信相关的法律是 1974 年的《消费者信用法》和 1984 年的《数据保护法》，该两部法律规定：任何个人都有权书面申请获得信用局档案信息的复本，如果信息有错误，信用局必须进行更正；只要征信局具有许可证，就可以收集财务信息，无需事先征得个人同意，这一点与美国情况相似。

除此之外，1995 年葡萄牙的《个人数据保护法》、奥地利于 1999 年颁布并于 2001 年修订的《联邦个人数据保护法》、1998 年瑞典的《信用保护法》、比利时的《个人数据处理中隐私的保护法》和爱尔兰的《个人数据条例》以及 1999 年意大利的《关于数据处理中个人和其他数据主体的保护法》等都是与个人数据征信相关的法律。

二、欧洲公共征信体系的法律框架

受 1995 年《欧盟数据保护指令》的影响，欧洲各个国家也制定了自己的有关个人数据方面的法律。这些法律综合在一起，共同对个人征信业的运行进行规范。尽管各国的法律在细节问题上有所差异，但总体上各个国家的征信立法还是有很多共同之处。②

（一）数据征集方面的法律规定

公共征信体系下，各个金融机构强制性参加征信系统，因此，法律规定各个金融机构必须定期向征信机构报送数据。与美国不同，欧洲大多数公共征信国家对数据征集的程序都做了详细规定，要求在数据征集时必须先通知数据主体，在取得数据主体的同意

---

① 李俊丽. 我国个人征信体系的构建与应用研究 [D]. 泰安：山东农业大学，2007.
② 李颖. 我国个人信用征信体系研究 [D]. 上海：同济大学，2005.

和认可之后才可以征集和处理数据。比如意大利有关个人数据处理的法案明确规定,征信机构在采集数据时,必须提前向数据主体以及个人数据被采集的任何形式的实体提供以下信息:数据处理目的与形式;被要求提供数据的行为是义务还是本人的自愿;如果是义务,还应告知不履行义务的后果;所有以传递的方式获得数据的实体或实体种类以及数据传播的范围;该法律其他条款规定的个人在此过程中享有的权利;有关征信机构的详细信息和最新的数据管理者的名单。

个人在接到通知之后,有权决定同意或者不同意征信机构采集其个人数据,只有在获得许可之后,征信机构才被允许采集该个人的相关数据。奥地利《个人数据保护法》除了这样的明确规定外,还保留了个人随时收回同意的权利。瑞典《个人数据保护法》规定,数据征集和录入必须在征得信息相关人的许可后方可进行,并且数据征集者应当采取数据主体要求的相应措施保证:数据征集人能够履行其法律义务;数据主体的利益得到保护;能够服务于公共利益。

在数据征集的范围上,由于欧洲大多数公共征信国家采取综合立法的形式,并没有专门的征信立法,因此在它们的法律体系中并没有明确给出有关征信数据范围限制的规定,只给出基本的原则性规定。比如瑞典的《个人数据保护法》规定:不得超过已经声明的目的范围征集、保存和使用数据,敏感数据不能作为征集范围,特殊情况可以例外。

从上述规定也可以看出,在欧洲公共征信国家,由于个人隐私受到高度重视,敏感数据成为欧洲征信法律体系中非常重要的一个环节。同美国《公平信用报告法》中没有任何相关规定相比,欧洲在敏感数据方面的规定要严格得多。意大利《个人数据处理法案》明确规定,只有当数据主体明确表示同意并且获得监督机构的授权后才能对敏感数据进行征集和处理。瑞典《个人数据保护法》则明确禁止征集敏感数据,除非数据主体明确表示同意或是已经对公众公布过的信息以及法律规定的例外情况。

(二)数据使用方面的法律规定

在数据的使用上,欧洲公共征信国家的法律采取了更加严格的规定。在处理数据时,征信机构必须向监督机构进行书面通知。意大利《个人数据处理法案》规定,如果在法律规定的情况和方式下,由于个人数据的性质或相关的机制,将对数据主体的权利和自由产生负面影响,则数据管理者在对数据进行处理时必须以挂号信或其他易于验证是否收到的方式,提前向监督机构提交通知书。通知书通常仅需提交一次,内容是关于要进行的一个或多个数据处理操作,但不必涉及被处理的数据和持续时间。意大利的法律规定,通知书必须详细说明以下几点:数据管理者的姓名等详细信息;数据处理的目的和方式;数据的性质、存放地点和数据主体的种类;数据的传递和传播范围;是否传输到欧盟以外的国家；数据安全措施的一般性描述；数据处理涉及的数据库；至少一个数据处理者的姓名等信息；通知书提交者的资格和职称。瑞典《个人数据保护法》也有类似的规定，要求在进行数据处理之前书面通知监督机构。

与采集数据相似，欧洲国家法律要求征信机构在处理数据之前也要通知数据主体本身，并获得数据主体的认可。只有在数据主体明确同意之后，征信机构才能使用和传播有关数据主体个人的信用信息。

（三）数据主体方面的法律规定

欧洲公共征信体系规定了数据主体对自己信息的知情权。同美国私营征信模式不同的是，欧洲大多数国家规定数据主体查询自己的信息是免费的。这是因为在欧洲，征信并不采用市场化和商业化的运作方式，因而信用产品也不像在美国那样被当作纯粹的商品用于交易。瑞典《个人数据保护法》规定：数据征集人有义务免费向被征集人提供他本人的信息，如果数据的来源不是直接来自数据主体本身，信息征集人还应当向本人提供数据来源的有关信息；如果征集的数据将向第三方提供，信息征集人也应当在第一次提供时把涉及的数据和数据处理的目的等信息告知数据主体本人。

公共征信的立法体系也同样规定，当数据主体发现数据不真实或不准确时，可以要求对数据进行更改和修正。瑞典《个人数据保护法》规定：在数据主体提出要求的情况下，数据管理者有责任立即对有关数据进行核查或修改；如果错误可能导致对数据主体利益的损害，数据管理者需要通知第三方使用者有关信息的修正情况。

总体上，欧洲公共征信的立法体系与美国有很大的差异。首先，欧洲国家很少有专门关于征信的立法，一般采取综合立法的形式对个人征信业进行规范。其次，由于文化上的差异，欧洲对个人隐私的保护非常重视，法律在数据征集和信用报告发布方面有非常严格的限制，基本上所有国家都要求事先征得数据主体的同意。这种严格的限制不但降低了数据采集的效率，也提高了征信机构的运营成本，从而使得私营机构在这些欧洲国家的生存空间非常狭窄。

三、欧洲公共征信的监管体系

由于欧洲国家公共征信体系下的个人征信机构主要是为金融机构的监管服务的，因此，一般都会受到中央银行或其他监督机构的严格监管。

（一）对市场准入和数据使用上的监督

与美国私营征信体系相比，欧洲公共征信国家对个人征信公司的市场准入有比较严格的限制。欧洲国家的法律规定，成立个人征信公司必须向国家数据保护机构登记。但是，仅仅对个人征信公司加以市场准入限制并不能取代严格的法律和监管框架，因为吊销一个公司的执照是非常严厉的处罚措施，非极端情况，不会轻易使用。

对个人数据最基本的保护是采集数据必须通过合法和公平的渠道。如前所述，欧洲国家规定了哪些数据可以合法采集，征信公司必须满足的特殊条件，包括告知消费者个人为何目的采集那些数据。尽管美国的监管也规定了可以采集的数据范围，但将数据收入数据库并不需要告知消费者个人。在细节上，欧洲公共征信国家提供个人有关的数据，包括信用报告中的信息，必须遵守详细的法律规定，且大部分情况下，个人征信机构必须事先得到消费者个人的书面授权。

（二）对历史数据时间期限的规定

如果信用报告中有关负面信息的记载时间过短，或者贷款偿还后迟付贷款的信息马上随之删除，会大大影响数据库和个人征信公司服务的价值，降低征信系统约束还款的作用。过快删去数据库中的负面信息，对借款人也会产生不良影响，在一定程度上保护了违约者，相对而言惩罚了守信者。

当然，对负面信息保存时间过久也是有问题的，而且不同的信息需要保存的时间不应相同。与美国不同，欧洲公共征信国家由于多数采取综合立法，因此只对历史数据时间期限做了原则性的规定，要求保留数据的时间符合采集数据的目的。比如，西班牙规定，征信机构对迟付贷款的信息只能保留6年。

（三）个人征信监管中的政府管理职能

欧洲公共征信体系一般都设立有专门的监管部门，此外，司法部门也参与对个人征信业的监管。欧洲国家的监管当局要定期向政府和公众提供监管报告并对公众进行教育，向公众宣传法律赋予他们的权利和义务；审核私营部门制订的自律协议；批准行业行为准则和行业标准；对征信机构进行审计或提起审计。

第三节　日本的会员制征信模式

日本的征信体系明显区别于美国和欧洲国家。由于日本行业协会的巨大影响力，日本的征信体系发展形成了会员制这种信用体系模式。

一、日本征信业的历史沿革

日本征信业的发展历程可划分为起步、成长、成熟三个阶段。①

（一）起步阶段（19世纪末—20世纪70年代）

1892年，大阪商业征信所成立。同年，白鸟敬之助在东京成立了商工株式会社（TSR株式会社的前身）。1896年，同样是在日本银行和京浜地区银团的支持下，东京第一银行行长涩泽荣一主导设立了又一个半官方半民营性质的东京征信所。大阪商业征信所和东京征信所的创办原因均为解决银行"辅助自行调查部能力所不逮"②的问题。1944年，大阪商业征信所与东京征信所合并为东亚征信所。日本企业征信业从一诞生就是为金融服务的，其金融属性可见一斑。1900年，后藤武夫设立了专门从事资信调查的私家征信所——帝国征信所（TDB株式会社的前身）。这些征信所主要提供企业资信服务，但在工商交易活动中，企业经营者的商业道德、诚信状况同样重要，所以这些征信所也开办了个人征信业务，如调查个人身份、经历、资产和信用情况等，并出版了《个人信用录》《人事征信录》《绅士录》等刊物。1902年，内尾直二设立"人事征信所"，专门从事个人征信业务，个人征信业在日本萌芽。

"二战"期间，战时经济体制使公众的信用调查需求急剧下降，日本征信业陷入停滞、萎缩。上述日本征信机构的总部及在全国开设的分支机构有的停业、破产，有的在战争中被炸毁，方兴未艾的日本征信业遭受毁灭性打击。

"二战"后，日本经济迅速复兴，征信所的规模也随之高速扩张。在战后短短的5年内，东京成立了100家征信所，全国成立了200家征信所。另外，日本的学生运动兴起，企业对求职者的思想、信仰的调查需求也在增加，日本的个人征信业出现泛征信化现象。1945年，日本各区域性银行业协会（东京银行业协会等）共同组建日本全国银行业协会（JBA）。1948年，东京银行业协会设置了个人信用信息中心（全国银行个人信用情报机关的前身），开启了个人信用信息登记模式，随后大阪、名古屋的银行业协会也分别成立了各自的个人信用信息中心。1956年，上述3个地区的个人信用信息中心开始对接业务、交流信息。1963年，日本各地区银行业协会的个人信用信息中心合并为全国银行个人信用情报机关（PCIC），并开始由JBA直接管理、运营。

这一阶段，日本企业和个人征信业是混业经营的，企业征信所也开展个人信用调查

---

① 池凤彬，刘力臻.日本征信业的历史沿革及运营机制分析[J].现代日本经济，2018（5）.
② 孙文娜，赵建春.世界各国征信机构的兴起原因探析[J].环球瞭望，2014（8）.

服务，个人信用登记模式初步探索践行。同时由于大量企业的涌入，其中包括外国的征信所，日本征信业呈现无序经营、鱼龙混杂的局面。有的从业者打出"探知公众的任何委托"的泛征信宣传口号，其侦探属性明显。因此，公众对于早期征信所的调查普遍持警惕、排斥、拒绝态度，其中不乏将调查员拒之门外、侮辱谩骂等行为，社会整体表现出对征信业的不信任。①

（二）成长阶段（20世纪70年代—21世纪初）

这一阶段，众多企业征信所之间开始了残酷的竞争。1978年，老牌企业征信机构东亚征信所转营酒店宾馆行业。1985年，"广场协议"签署，日元开始大幅升值，房地产和股市泡沫化日趋严重。至20世纪90年代初，靠大量投机行为支撑的"平成景气"经济泡沫破裂，日本经济出现衰退，大量企业破产。泡沫经济的崩溃，一方面使日本企业征信市场整体萎缩，另一方面也为某些企业征信机构提供了机遇，促进了日本企业征信业寡头垄断竞争格局的形成。TSR株式会社和TDB株式会社抓住机会，调整经营策略，及时推出破产企业信息服务产品，逐步垄断了日本企业征信市场。TSR株式会社和TDB株式会社推出的企业破产信息产品同时受到市场和日本政府的认可。TSR的破产数据是日本政府每月披露的宏观经济数据之一，是判断日本经济状况的主要经济指标之一。TDB株式会社和TSR株式会社还率先使用了电脑等信息技术，使其企业征信产品信息得以数据化，从企业概况信息出版物、企业破产信息出版物，到建设以光盘为载体的企业概况信息数据库和企业财务信息数据库，再到基于互联网的线上企业征信报告查询服务和基于庞大数据库的市场和行业分析服务，其产品和服务形式发生了本质变化。另外，早期的企业征信信息数据库的展现方式为片假名，可读性较差，为了便利，日本企业征信业还在这一期间对企业征信信息数据库进行了汉字化处理。

20世纪70年代以后，日本征信业迎来更细的社会分工，泛征信化现象和侦探属性逐渐消失，企业征信所剥离个人征信业务，日本个人征信业快速产业化。1972年，消费金融行业信息中心成立（JICC——日本信用情报机构株式会社的前身）。1983年，日本分期付款协会的信用信息交换所与日本信用信息中心合并（CIC——信用信息中心株式会社前身）。2006年，JBA协会成员银行开始向PCIC报送信用卡业务信息。这一阶段，JICC和CIC还完成了由行业协会主导的非营利性社团法人向营利性株式会社的演变。

（三）成熟阶段（21世纪初以来）

21世纪初，日本征信业的两个子行业——个人征信业和企业征信业，均形成了寡头

---

① 姜玉英. 日本征信系统的发展对我国的启示［J］. 金融会计，2006（6）.

垄断的稳定格局。个人征信业被 JICC、CIC、PCIC 这三家个人征信机构垄断，形成"三足鼎立"之势；企业征信业则被 TDB、TSR 两家企业征信机构垄断。

二、日本征信业主要法律规范

目前日本有关征信行业的法律规范主要由国家出台的信用信息管理法律和行业协会的内部规章共同构成。日本作为大陆法系国家，同样非常注重对个人信息的保护。1953年《信用保证协会法》出台，后经 1957 年、1958 年两度修改。与此相配套，颁布了《信用保证协会法施行令》《信用保证协会法施行规则》，随后亦经过多次修订。1983 年颁布的《贷款业规制法》和《分期付款销售法》对个人信用信息的收集和使用等做了初步规定，信用信息机构保留的信息只能用于消费者的偿债能力或支付能力的调查。1988 年颁布的《行政机关保有的电子计算机处理的个人信息保护法》，由行政机关对通过电脑处理的个人信息提供法律保护。1993年，日本行政改革委员会提出《行政改革委员会行政信息公开法纲要》，为行业征信机构采集政府部门保有的个人信用信息提供了法律依据，有力地促进了行业征信机构服务能力的提高。2001 年，日本颁布《政府信息公开法》，政府将其掌握的大量信用信息免费公开。2006 年，日本对 1983 年颁布的《贷金业法》进行了修订，2008 年又对 1963 年颁布的《分期付款销售法》进行了第二次修订（1984 年第一次修订），明确贷款机构在向自然人借款者的授信过程中，必须通过法律指定的个人征信机构查询借款者信用情况，要求个人征信机构之间进行必要的信用信息共享。2010 年，日本内阁出台《信贷业法》，JICC 正式成为全国性质的消费信贷个人信用信息中心。此外，日本行业协会的内部规定对信用管理活动发挥着重要作用，各行业的内部规定主要明确了会员机构的准入和退出规则、会员间的信息共享程序和对消费者隐私保护及商业机密的保护规则，并在一定程度上承担了政府监管的职能。

三、日本会员制征信模式

日本信用体系与美国和欧洲国家差别明显，采取的是会员制征信模式，也被称为同业征信模式。该模式兴起的主要原因是日本经济行业协会在日本有较大影响力。采取类似制度的还有我国香港特别行政区。

（一）征信体系的构成

日本征信体系分为个人征信和企业征信两大块。

1. 个人征信

日本的个人征信体系主要由银行征信体系、消费信贷征信体系和销售信用征信体系三类行业征信体系组成。[①]三大体系分属不同当局监管：银行征信体系的行业征信机构是日本银行个人信用信息中心（KSC），由日本银行家协会监督管理；消费信贷征信体系的征信服务平台由33家区域性个人信用信息中心及共同组建的全国消费信贷征信联合会（即日本个人信用情报机关，JICC）构成，会员机构包括消费金融公司、信用卡公司、担保公司、租赁公司等，由联合会本部监督管理；销售信用征信体系的征信机构是日本销售信用信息中心（CIC），会员包括信贷销售公司、家电信贷公司、流通信贷会社等，由日本信用产业协会监督管理。

纵观日本征信行业的发展历程，是个由封闭走向互通、区域走向联合的过程。起初，三大行业征信体系之间是互相封闭的，企业和个人的信用信息仅在本行业协会会员间流通。自1987年3月开始，上述三大征信体系加入全日本信息联盟信息中心，并共同出资建立"消费者信用信息网络系统"（CRIN，于2008年解散）。CRIN建立的目的是不同的机构共享信息、记录公共信息和个人申报信息的变化等，防止个人信用信息变更不及时、多重债务无法明晰等问题的出现。CRIN的建立标志着日本消费者的负面信息共享机制的形成。此外，JICC与CIC之间还通过金融信息网络（FINE）这一平台进行交易余额信息的共享交换。从多年来的运作效果看，日本以行业会员制征信为特征的个人信用信息服务网络基本可以满足会员机构对个人信用信息的实际需要。在20世纪90年代的日本金融危机中，日本的消费金融行业反而并没有受到太大的冲击，国内消费也没有呈现明显的倒退趋势，而是继续保持着稳健发展和业务增长，这很大程度上得益于行业征信服务平台精准、高效的信用服务支撑。

2. 企业征信

在企业征信方面，东亚征信所退出日本企业征信市场后，TDB株式会社、TSR株式会社成为日本企业征信业中的龙头企业，其他小型企业征信机构，如东京信用交换所、日本调查所等，业务量逐年萎缩，最后难逃破产或解散的命运。经过充分的市场竞争，TDB株式会社、TSR株式会社的垄断地位逐步形成、巩固，形成了寡头垄断竞争的市场结构。

（二）信息共享

个人信用信息中心采用的会员制模式的特点是由会员单位共同出资组建，由独立经营的个人信用信息中心进行运营。个人信用信息中心不向非会员提供服务，运营经费来源于对会员的服务收取成本费。只有会员单位才能享受到个人信用信息中心提供的信息查询服务，同时各会员单位有义务向信用信息机构提供其掌握的准确而全面的个人信用

---

① 陈溪. 征信制度若干法律问题研究[D]. 南宁：广西大学，2016.

信息。会员间信用信息的共享采取"查询同时报送数据"的并行方式，或者说是通过提供查询服务来采集数据的方式。这一方式包含两点具体制度设计：在某会员机构向同行业其他会员机构查询个人信用信息时，必须向对方同时提供本机构所掌握的该个人信息；在银行授信前，会要求借款人签订一个允许将个人信息披露给其他银行的合同。这样的方式可以有效地避免会员查询的随意性，保证共享信息的及时性，同时加强对借款人多重债务的风险控制。

个人信用信息中心根据行业信贷业务的特点和风险控制技术要求，有针对性地对信息数据进行采集、处理，并按照统一的数据规范为行业会员提供共享查询服务。在会员获取的共享查询结果报告中不显示每条信息记录的来源机构，最大限度地保护会员各自的客户资源。个人信用信息中心除了提供会员间的信用信息共享服务外，还会从信息公开的信息源单位和第三方信息提供机构自主采集会员所需的其他个人信用信息，基本可以满足会员对信用信息服务的需求，并使会员的征信成本处于可控的范围内。

日本企业征信业中的会员制与个人征信业中的会员制存在本质不同。TDB 和 TSR 的会员制与信用信息共享无关，只是一种经营策略。在日本企业征信业中，信用信息的流动只有企业征信机构到会员单位一个方向，不存在会员向企业征信机构的信息传输，更不存在会员之间的信息交互。即使不是企业征信机构的会员，也可以通过缴纳非会员费用，享受企业征信机构的征信服务。

（三）个人信息管理

日本信用管理方面的相关法律对个人信用信息的保护主要体现在以下四个方面：

第一，对个人信用信息归档和内容确认的规定。当征信机构的会员单位向信息中心报告数据时，需事前获得信息主体的同意；归档的信息仅限于与信息主体信用相关的信息，并保证其真实性；对于负面信息的归档，必须通知信息主体负面信息的内容；超过规定的期限，相应的信用信息必须被删除。

第二，对个人信用信息使用和传播的限制。信息只提供给征信机构、会员单位以及相关的当事人，只能用于授信的目的；个人信用信息只能作为评估个人信用水平的参考，会员机构应客观评价客户的信用度；会员机构必须严格遵守信用信息的保密条款，不得将信息泄漏给他人。

第三，对个人信用数据的严格管理。信息必须准确无误，并及时更新；信息必须进行严格保护以防止遗漏、损失和损坏；征信机构的职员必须保守秘密；会员违反规则必须接受惩罚。

第四，对信息主体请求、数据更正或删除的管理。信息主体可以在征信机构设立的任何窗口查询有关自己的信用信息；当个人进行信用信息查询时，征信机构须提供所有有关该信息主体的信用信息以及提供这些信息的会员机构，同时还要提供在前一年使用过这些信息的会员机构的名称；如果信息主体对信息存在异议，征信机构可以要求信息提供方进行调查，如果调查结果发现信息和事实存在差异，则必须根据事实情况立刻对数据进行修改或删除；如果客户询问的信息正处于异议程序之中，征信机构必须在表格中对此作出说明。

第四章
信用信息的征集与管理

信用信息的征集、共享和使用是征信体系建设，甚至是社会信用体系建设最基础、最核心的工作。公共信用信息与市场信用信息作为信用信息最为主要的两个子类，在信息提供主体、信息的归集与共享、信息的运用三个方面均有较大的区别。

第一节　公共信用信息的归集与管理

一、公共信用信息归集的原则

公共信用信息归集，是由拥有公权力的行政机关、法律法规授权的组织归集自然人、法人和非法人组织信用信息的活动。因此，需要把握好公权力和私权利之间的平衡。在公共信用信息归集时，应当遵循合法、客观公正、审慎性的原则。

（一）合法原则

公共信用信息的归集首先应当也必须做到的就是合法性要求，"法无明文规定即禁止"，归集主体必须依据法律法规的规定，依照法定的程序对公共信用信息进行归集。

首先是归集主体要合法，即必须由有权归集公共信用信息的有关机关和组织进行归集，行政机关及其工作人员不得以不正当手段归集公共信用信息。其次是归集的内容和程序合法，公共信用信息聚焦于信用主体的信用状况，但并非也不应该将所有的违法违约信息都与信用主体的信用状况关联，因此，归集的内容也需要得到限制，不能将所有信息都纳入其中。对于法律法规禁止归集的信息不得进行归集，且应当按照目录化管理方式，以正负面清单的方式对内容和程序进行限制。三是披露使用要合法，行政机关及其工作人员不得虚构、篡改或者违规删除公共信用信息，不得违规披露或者泄露公共信用信息；非履职需要，不得查询公共信用信息。

（二）客观公正原则

公共信用信息的归集要做到客观公正，就必须确保真实性、全面性、及时性。

真实性，即指在归集过程中，归集主体应采取适当的方法核实原始资料的真实性，以保证所采集的信用信息是真实的，这是归集工作最重要的一环。只有信息准确无误，才能正确反映信用主体的信用状况，保证对信用主体的公平。真实性有效地反映了归集活动的科学性。信息提供主体应当建立公共信用信息审查机制，在向公共信用信息平台报送前按照国家和本地的要求核实采集的公共信用信息，并对其提供的公共信用信息的真实性、准确性、安全性负责；不得篡改、虚构信用信息，不得报送涉及国家秘密的信息。基于此原则，征集主体还应给予信用主体一定的知情权和申诉权，以便能够及时纠正错误的信用信息，确保信用信息的准确性。

全面性，又称完整性，指归集工作要做到资料全面、内容明晰。信用主体，不论自然人、法人和非法人组织，均处在一个开放性的经济环境中。人格、财务、资产、生产、管理、行销、人事和经济环境等要素虽然性质互异，但具有密切的关联，直接或间接地在不同程度上影响着信用主体的信用水平。不过，征集主体往往搜集信用主体历史信用记录等负债信息，通过其在守法或履约中的历史表现，判断该信息主体的信用状况。历史信用记录既包括正面信息，也包括负面信息。正面信息指信息主体正常的基础信息、贷款、赊销、支付等信用信息；负面信息指信息主体欠款、破产、诉讼等信息。负面信息可以帮助第三方快速甄别信息主体的信用状况，正面信息能够全面反映信息主体的信用状况。

及时性是指征集主体在采集信息时要尽量实现实时跟踪，能够使用信息主体最新的信用记录，反映其最新的信用状况，避免因不能及时掌握信息主体的信用变动而为第三方带来损失。

（三）审慎性原则

审慎性原则，又称稳健性原则。该概念源自会计学，是指在会计审核中应合理估计损失和费用，既不应预计可能发生的收入和过高估计资产的价值，也不低估负债或费用。在公共信用信息归集中，审慎性原则是指要以利益平衡为指导。归集主体在归集与使用个人信用信息时要尽到合理的注意义务，信息提供机构和信用信息使用者要尽到保密义务。信用信息提供和使用只能限于合法目的，不得滥用，也不得向与正当使用目的无关的人披露。

国务院总理李克强于2020年11月25日主持召开国务院常务会议，确定完善失信约束制度、健全社会信用体系的措施，为发展社会主义市场经济提供支撑。为加强诚信建设、营造公平诚信的市场环境和社会环境，会议决定，坚持依法合规、保护权益、审慎

适度、清单管理，规范和完善失信约束制度，有序健康推进社会信用体系建设。一是科学界定信用信息纳入范围和程序。将特定行为纳入公共信用信息，必须严格以法律、法规等为依据，并实行目录管理，向社会公开。行政机关认定失信行为必须以具有法律效力的文书为依据。二是规范信用信息共享公开范围和程序。信用信息是否及在何种范围共享和公开要坚持合法、必要原则，并在编制信用信息目录时一并明确。三是加强信息安全和隐私保护。严格信用信息查询使用权限和程序，严肃查处泄露、篡改、毁损、窃取信用信息或利用信用信息谋私，严厉打击非法收集、买卖信用信息违法行为。

二、公共信用信息的归集

目前，许多省、市都做了社会信用体系建设规划和社会信用条例的地方性立法，在此基础上，制定公共信用信息归集和使用的专门规定。如2015年颁布并于2018年修正的《上海市公共信用信息归集和使用管理办法》(以下简称《上海办法》)、2018年实施的《北京市公共信用信息管理办法》(以下简称《北京办法》)、《山东省公共信用信息管理办法》(以下简称《山东办法》)、《江苏省公共信用信息管理办法(试行)》(以下简称《江苏办法》)、《内蒙古自治区公共信用信息管理办法》(以下简称《内蒙古办法》)、《浙江省公共信用信息管理条例》(以下简称《浙江条例》)。通过这六部地方规则的对比，更能全面地体现我国近年来制定公共信用信息管理规范的趋势和特征。从文本比较上看，上述地方规则对公共信用信息归集的界定，既有相同之处，也存在着差异。

上述地方性立法的最大共同点就是对公共信用信息实行目录清单管理。要求信用管理部门负责会同信息提供单位，依据国家和省信息目录规范以及政务信息资源共享目录编制指南要求，编制公共信用信息目录并征求社会意见，报同级人民政府或其授权单位予以发布，明确信息记录、归集的内容、使用范围、更新周期、数据来源、格式规范、使用期限和保存期限等。

(一)信用信息归集主体的范围

目前我国公共信用信息的主要归集机构是中国人民银行征信中心及相关政府部门。2004年，中国人民银行发布了《金融信用信息基础数据库用户管理规范》；2005年，中国人民银行发布了《个人信用信息基础数据库管理暂行办法》，但主要是收集金融信用信息。2017年，国家标准化管理委员会发布了《公共信用信息分类与编码规范》，这是一部国家层面的公共信用信息管理规范。各地管理公共信用信息的规范性文件呈现多层次、零散化的特征。公共信用信息归集主体的范围，有必要从地方规则的比较说起(见表4-1)。

表 4-1

上海市	北京市	山东省	江苏省	内蒙古自治区	浙江省
行政机关、司法机关、法律法规授权的具有管理公共事务职能的组织以及公共企事业单位、群团组织等（《上海办法》第2条第2款）	行政机关以及法律、法规授权的具有管理公共事务职能的组织（《北京办法》第2条第2款）	行政机关、司法机关和法律法规授权的具有管理公共事务职能的组织（《山东办法》第3条）	行政机关、法律法规授权的具有管理公共事务职能的组织（《江苏办法》第3条）	国家机关以及法律法规授权的具有管理公共事务职能的组织（《内蒙古办法》第2条第2款）	国家机关、法律法规规章授权的具有管理公共事务职能的组织以及群团组织等（《浙江条例》第2条第2款）

对比六地的法律文本，我们不难看出，对于归集公共信用信息的主体的界定，各地既有相同之处，也有不同之处。

1. 相同点

从法律文本来看，六地均规定，法律、法规授权的具有管理公共事务职能的组织是公共信用信息归集主体。通过对比六个文本可以看出：公共信用信息是"主体在履行职务的过程中所产生或获取的数据和资料"这一表述业已达成共识。

2. 不同点

第一，是采用"行政机关"还是"国家机关"？除《浙江条例》和《内蒙古办法》规定的是"国家机关"以外，上海市、北京市、山东省和江苏省均表述为"行政机关"。

第二，公共企事业单位和群团组织是否应成为公共信用信息的归集主体？六地的法律文本中，《上海办法》在"具有管理公共事务职能的组织"后增加了"公共企事业单位、群团组织"的表述，《浙江条例》在"具有管理公共事务职能的组织"后增加了"群团组织"的表述。

关于是采用"行政机关"还是"国家机关"的表述？本书更倾向于采用"行政机关"。因为"国家机关"包括国家元首、国家权力机关、国家行政机关、国家司法机关、国家监察机关和国家军事机关；而行政机关指的是依法行使国家行政权力、执行国家行政职能的机关。国家军事机关一般没有对军事组织或者军事人员以外的管辖权，公共信用信息并不单独为军事人员设定界限，且军事机关一般不对外进行信息互换，因而不必将军事机关作为归集主体；立法机关主管立法且依法对行政机关、司法机关、监察机关、军事机关行使监督权，没有直接的行政权，也不必列为归集主体；监察机关只有监察权。这些主体都与归集公共信用信息主体所需涵盖的主体条件不符，与归集公共信用信息的职能无关联，没有必要列入归集主体的范围。

公共企事业单位和群团组织是否应成为公共信用信息的归集主体？公共事业单位是由国家提供资源、技术，为公众提供相应的公共服务或产品的非营利性单位①。授权公共企事业单位进行社会公共事务管理，指的是法律法规授权某些企业、事业单位协助政府进行社会事务管理的行为，譬如《上海市轨道交通管理条例》授权轨道交通企业建设和运营交通轨道，对在其管辖范围内的自然人实施行政处罚和安全检查的权力，轨道交通企业作为民事主体并无行政处罚权，但是经该条例授权，具备了在特定环境对不特定人群实施管理、处罚的权力，即通过授权具有了一定的公权力。

群团组织是"群众性团体组织"的简称，目前我国共有包含工会、共青团、妇联在内的22家群团组织②，这些组织都管理本行业内部的"公共事务"。所谓"管理公共事务"是指公共组织对社会公共事务的管理，即规范和协调社会组织、社会事务和社会生活的活动。③根据公共事务公益性的特征④，公共事务的受益对象是一定范围的社会公众，并不要求对全体社会成员都有管理约束能力。以群团组织中的共青团为例：我们可以把青年公共事务管理当成公共管理的一个分支，青年公共事务管理是通过多元社会力量共同管理青年公共事务，以实现青年公共利益的过程。在这个过程中，共青团承担了中国共产党和政府的部分青年工作职能，只是对青年公共事务起协助管理的作用，是居于次位的"协助"性职能。那么，法律法规是否授权这些组织在管理公共事务过程中拥有行政性权力呢？以共青团为例，我国出台了一系列保障青年发展的法律法规，但也只是授予共青团协助政府管理青年公共事务的职能。例如，《未成年人保护法》第10条规定："共产主义青年团、妇女联合会、工会、残疾人联合会、关心下一代工作委员会、青年联合会、学生联合会、少年先锋队以及其他人民团体、有关社会团体，应当协助各级人民政府及其有关部门、人民检察院、人民法院做好未成年人保护工作，维护未成年人合法权益。"又如，《妇女权益保障法》第7条规定："中华全国妇女联合会和地方各级妇女联合会依照法律和中华全国妇女联合会章程，代表和维护各族各界妇女的利益，做好维护妇女权益的工作。工会、共产主义青年团，应当在各自的工作范围内，做好维护妇女权益的工

---

① 齐云凤．公共事业单位信息公开立法研究［D］．内蒙古：内蒙古大学，2015．
② 这22家参照《公务员法》管理的团体包括中华全国总工会、中国共产主义青年团中央委员会、中华全国妇女联合会、中国文学艺术界联合会、中国作家协会、中国科学技术协会、中华全国归国华侨联合会、中国法学会、中国人民对外友好协会、中华全国新闻工作者协会、中华全国台湾同胞联谊会、中国国际贸易促进委员会（中国国际商会）、中国残疾人联合会、中国红十字会总会、中国人民外交学会、中国宋庆龄基金会、黄埔军校同学会、欧美同学会（中国留学人员联谊会）、中国思想政治工作研究会、中华职业教育社、中华全国工商业联合会、中国计划生育协会。
③ 高永久．民族关系中公共事务管理的内涵解析［J］．青海民族研究社会科学版，2013（4）．
④ 张成福．党秀云．公共管理学概论［M］．北京：中国城市出版社，2004：2-4．

作。"这些法律均将共青团等群团组织的职能限制在帮助各级政府保护对应范围内的主体权益,并未授予其管理、处罚特定主体的公共性、行政性权力。

由此可以得出结论:群团组织不应纳入公共信用信息提供主体范围;"法律法规授权管理公共事务的企事业单位"已经包含在了"具有管理公共事务职能的组织"之中,不应当将该类企事业单位单独作为一类放入公共信用信息提供主体范围。

第三,公共信用信息归集主体应否包括司法机关?首先,只有《上海办法》《山东办法》明确规定司法机关为归集主体。其次,就其他四地的具体规定而言,《北京办法》明确把法院刑事、行政、民事判决排除在公共信用信息范围。《江苏办法》第12条规定的"反映信用状况的刑事犯罪判决信息、违法违规信息",是信息主体的负面信息。《浙江条例》第11条和第24条把负面的公共信息分为"不良信息"和"严重失信名单",第11条规定"经司法生效判决认定构成犯罪的信息""不履行判决、裁定等生效法律文书的信息"应作为不良信息记入其信用档案,第24条规定"有履行能力而拒不履行判决、裁定等生效法律文书的信息""法律、法规规定的其他应当将信息主体列入严重失信名单的相关信息"应被列入严重失信名单。《内蒙古办法》第13条规定,"不履行判决、裁定等生效法律文书的信息"属于"不良信息"。但这些法规规章并没有明确司法机关公共信用信息归集主体的地位,只是把有关的司法信息列入公共信用信息的归集范围。由此可见,上述地方性立法在"司法机关能否作为公共信用信息的归集主体"这个问题上存在不同意见。

本书认为,在地方性立法中应该排除司法机关作为公共信用信息的提供主体。主要有如下原因:一是行政机关和司法机关都由人民代表大会产生,彼此之间没有隶属关系,除全国人大及其常委会的法律外,地方性立法无权规定司法机关提供相应信息,就如没有哪一个地方性立法规定了人民银行向省级公共信用信息平台提供企业和个人的金融信息一样。如需归集司法机关相关信息,只能通过商讨建立行政部门和司法机关的协调机制进行信息衔接。二是我国已出台针对失信被执行人的制度作为执行威慑机制,《最高人民法院关于公布失信被执行人名单信息的若干规定》(法释〔2017〕7号)已将6种不履行法律文书规定的义务的行为纳入失信被执行人名单,也就是表明了一般主体的公共信用信息与失信被执行人的信息是不完全相同的。对一般主体公共信用信息的记录,更加倾向于记录其失信行为,具有实然的特征;而对失信被执行人的公共信用信息的记录,一般都是被法律判决、裁定等文书定性的应然信息。[①] 如将失信被执行人的各种司法信息列入公共信用信息范畴,属于重复收集,同时也给司法工作人员增加了新的负担。三是从违法性的角度来看,刑事犯罪属于违法最为严重的情形,纳入负面信息应无问题。但

---

① 周雨.论公共信用信息的地方规则——以上海、杭州、武汉三个城市的管理办法为样本[J].新乡学院学报,2017(10).

是，并非所有的刑事犯罪都与信息主体的信用状况具有相关性，譬如涉及未成年人的刑事犯罪信息就不应纳入负面信息。对于违法与违约信息，包括刑事犯罪信息，不宜一概认定为公共信用信息的负面信息，而是应当确立具体的纳入标准，以及公共信用信息归集的基本原则。为减轻公共信用信息平台的数据压力，在最高人民法院已经建成"中国裁判文书网"情况下，想了解信息主体的司法判决状况，直接上该网站查询即可，不必通过省级公共信用信息平台。

因此，本书认为，公共信用信息归集主体为行政机关以及法律、法规授权的具有管理公共事务职能的组织。

（二）信用信息主体的范围

关于上海、北京等六地的信用信息主体范围的规定，请见表4-2。

表4-2

上海市	北京市	山东省	江苏省	内蒙古自治区	浙江省
年满18周岁的自然人、法人和其他组织（《上海办法》第10条）	法人和非法人组织以及18周岁以上的自然人（《北京办法》第2条第2款）	自然人、法人和其他组织（《山东办法》第3条）	具有完全民事行为能力的自然人、法人和非法人组织（《江苏办法》第2条）	具有完全民事行为能力的自然人、法人和非法人组织（《内蒙古办法》第2条第2款）	具有完全民事行为能力的自然人、法人和非法人组织（《浙江条例》第2条第2款）

1. 相同点

上述六地的法律文本均将被收集主体划分为自然人、法人、非法人组织，宏观层面较为统一，有效衔接了民法中关于民事主体的规定，也为后期相关社会信用立法提供了科学的划分方式。

2. 不同点

第一，关于自然人。对于六地法律文本中提到的"自然人"，《北京办法》表述的是"18周岁以上的自然人"，《内蒙古办法》《江苏办法》和《浙江条例》表述为"完全民事行为能力人"，《上海办法》和《山东办法》则直接表述为"自然人"，与法人和其他组织并列。

第二，关于非法人组织。《上海办法》《山东办法》表述为"其他组织"，其他四地则规定的是"非法人组织"。

关于自然人主体应如何规范表述问题，本书更倾向于"具有完全民事行为能力的自然人"。首先，根据《民法典》规定，自然人的民事行为能力分为无民事行为能力、限制民事行为能力和完全民事行为能力三种，只有具有完全民事行为能力的自然人才能独立自主地进行民事法律行为，也才能对自己的行为负完全责任。其次，年满18周岁的自然人因精神、智力等状况，可能属于限制民事行为能力人或无民事行为能力人。最后，无民事行为能力和限制民事行为能力的自然人心智尚不成熟，不应对其试错的结果严厉苛责，应提供给其改过自新的机会，可以参考刑事司法中未成年人犯罪档案封存制度，以更包容的态度看待限制民事行为能力人失信。

关于"非法人组织"还是"其他组织"这一主体问题。"非法人组织"是从既有的民事立法中的"其他组织"发展而来的。"其他组织"在我国立法中有非主体意义和主体意义两种用法。非主体意义的"其他组织"不是规范、科学的法律概念，主体意义的"其他组织"用于统一指称自然人、法人之外的第三类民事主体。① 在公共信用信息主体的语境下，"非法人组织"与民事主体意义的"其他组织"内涵相同、外延重叠，在逻辑上属于同一关系，无须区别表述。因此，本书认为，信用信息主体应和民事主体的分类相统一，以体现与《民法典》的一致性，与实体法进行衔接，更有利于保护各主体的合法权益，即使用"非法人组织"而非"其他组织"。

因此，本书认为，信用信息主体为具有完全民事行为能力的自然人、法人和非法人组织。

（三）归集的内容

在公共信用信息整合过程中，需制定公共信用信息目录以及记录、提供和使用的技术规范，各地在此问题上的规定大体相同。《公共信用信息分类与编码规范》按照信息所描述内容对信息主体产生的影响进行分类，把信息分为正面信息、负面信息和中性信息。

上述六地法律文本一般都把信用信息分为基本信息（基础信息）、良好信息（正面信息）、失信信息（负面信息、不良信息）三大类。

1. 基本信息

自然人（个人、个体工商户、农村承包经营户）的基本信息（基础信息）主要包括：姓名、身份证号码等信息；学历学位信息；取得的资格、资质等行政许可信息。法人和非法人组织的基本信息主要包括：名称、法定代表人或者负责人、统一社会信用代码等登记注册信息；取得的资格、资质等行政许可信息；产品、服务、管理体系的认证认可信息。

本书认为，关于自然人基本信息的构成，应当与《民法典》有关个人信息及隐私权保护的规定相吻合，尽量缩小归集自然人基本信息的范围。2020年国家标准化管理委员

---

① 谭启平.论民事主体意义上"非法人组织"与"其他组织"的同质关系[J].四川大学学报（哲学社会科学版），2017（4）.

会和国家市场监督管理总局颁布的《信息安全技术个人信息安全规范》"4 个人信息安全基本原则"中就指出：个人信息控制者开展个人信息处理活动应当遵循"最小必要"原则。即收集的个人信息的类型应与实现产品或服务的业务功能有直接关联；直接关联是指没有个人信息的参与，产品或服务的功能无法实现。公共信用信息主体的基础信息主要是用来辨识公共信用信息主体的，指的是标识性信息，例如姓名、身份证号码等信息，婚姻状况并不具有此种功能，且婚姻状况并不能反映公共信用信息主体的公共信用状况，所以婚姻状况并不适宜作为公共信用信息主体的基本信息。① 此外，自然人的职业、就业状况、学历学位、职称、资格等信息也不具有标识性功能，不应包括在基本信息范围之内。

对于法人和非法人组织而言，特别是营利法人和非法人组织而言，其基本信息的涵盖范围，应当基于如下目的：一是识别该组织，二是没有不利于交易安全的信息。《公共信用信息公示规范》"5.2 信用主体基本信息"规定，描述信用主体基本情况的信息，主要包括主体识别信息、主体在相关部门登记（注册）的信息，而且指出，"本节所指的信用主体包括：企业法人、机关法人、事业单位法人、社会团体法人以及相关非法人组织"。在"表 1 公共信用信息公示内容"中进一步明确了各类法人和非法人组织的基本信息内容要素。企业法人基本信息内容要素为"企业名称、代码类型、代码、经营范围、注册资金、法定代表人姓名、住所、赋码机关、成立日期、营业期限自、营业期限至、经营状态"。非法人组织基本信息内容要素为"机构名称、代码类型、宗旨和业务范围、代表人（或负责人）姓名、机构地址、业务状态、赋码机关、成立日期"。

2. 良好信息

对于良好信息（正面信息）的种类，各地方法规、规章基本一致，即主要是各级人民政府及其部门授予的表彰、奖励等信息，参与各级人民政府及其部门开展的志愿服务、慈善捐赠活动等信息。《浙江条例》没有列举良好信息。

3. 失信信息

北京、上海、内蒙古分别规定了单位和自然人失信信息（负面信息、不良信息），其他地方则是把单位和自然人的失信信息统一进行了列举。失信信息所包含的内容是各地规定最不一致之处，但失信信息对社会主体的信用评价影响最大，所以也是以后国家层面立法应重点规制之处。以《上海办法》为例，第 12 条规定，法人和其他组织的失信信息包括下列内容：（1）税款、社会保险费欠缴信息；（2）行政事业性收费、政府性基金欠缴信息；（3）提供虚假材料、违反告知承诺制度的信息；（4）适用一般程序作出的行政处罚信息，行政强制执行信息；（5）被监管部门责令限期拆除违法建筑但拒不拆除或者逾期不拆除，或者被监管部门作出其他责令改正决定但拒不改正或者逾期不改正的信息；

---

① 索艳萍. 公共信用信息制度立法研究［D］. 内蒙古：内蒙古大学，2020.

（6）发生产品质量、安全生产、食品安全、环境污染等责任事故被监管部门处理的信息；（7）被监管部门处以行业禁入的信息；（8）国家和本市规定的其他失信信息。自然人的失信信息除前款第（3），（4）、（5）、（7）项所列信息外，还包括下列内容：（1）税款欠缴信息；（2）乘坐公共交通工具时冒用他人证件、使用伪造证件乘车等逃票信息，在旅游活动中无正当理由滞留公共交通工具、影响其正常行驶等行为信息；（3）以欺诈、伪造证明材料或者其他手段骗取社会保险待遇的信息，符合出院或者转诊标准无正当理由滞留医疗机构、影响正常医疗秩序等行为信息；（4）参加国家或者本市组织的统一考试作弊的信息；（5）国家和本市规定的其他失信信息。

《上海办法》还在第13条"其他信息"中规定了两项失信信息：刑事判决信息，涉及财产纠纷的民商事生效判决信息，不执行生效判决的信息；拖欠水、电、燃气等公用事业费，经催告后超过6个月仍未缴纳的信息。

上述地方法律文本所规定的失信信息范围大大超过了《征信业管理条例》规定的范围。《征信业管理条例》第44条规定的不良信息，是指对信息主体信用状况构成负面影响的下列信息：信息主体在借贷、赊购、担保、租赁、保险、使用信用卡等活动中未按照合同履行义务的信息，对信息主体的行政处罚信息，人民法院判决或者裁定信息主体履行义务以及强制执行的信息，以及国务院征信业监督管理部门规定的其他不良信息。《上海办法》所规定的失信信息的范围，也远远大于《上海市社会信用条例》第9条第2款所规定的范围。

（四）禁止归集事项

关于上海、北京等六地的禁止归集事项的规定，请见表4-3。

《征信业管理条例》第14条规定：禁止征信机构采集个人的宗教信仰、基因、指纹、血型、疾病和病史信息以及法律、行政法规规定禁止采集的其他个人信息。征信机构不得采集个人的收入、存款、有价证券、商业保险、不动产的信息和纳税数额信息。但是，征信机构明确告知信息主体提供该信息可能产生的不利后果，并取得其书面同意的除外。

上述地方法律文本中，内蒙古、浙江的规定与《征信业管理条例》的规定完全一致。其他地方的规定把"未经自然人书面同意，不得采集其收入、存款、有价证券、商业保险、不动产等信息"浓缩到了"法律法规禁止采集的其他自然人信息"之中。

关于禁止归集、采集的信用信息的范围，从域外来看，澳大利亚《联邦隐私权法》规定，有关信用信息征信机构只能采集必要的信息且不能包含宗教信仰的内容、犯罪记录、国籍或民族、人种、身体障碍或病历、名声与生活方式等，还不能包含社会的、政治的内容。欧盟特别规定了一些数据，除非国内法给予相应保护措施，否则禁止对以下个人数据做自动采集处理：人种、政治主张、宗教、健康状况以及民刑事裁判等个人数

表 4-3

上海市	北京市	山东省	江苏省	内蒙古自治区	浙江省
禁止归集自然人的宗教信仰、基因、指纹、血型、疾病和病史信息以及法律法规禁止采集的其他自然人信息。(《上海办法》第14条)	禁止归集自然人的宗教信仰、基因、指纹、血型、疾病和病史信息,以及法律法规禁止采集的其他自然人信息。(《北京办法》第8条)	禁止归集自然人的宗教信仰、基因、指纹、血型、疾病和病史信息以及法律、法规禁止归集的其他自然人信息。(《山东办法》第18条)	禁止归集自然人的宗教信仰、基因、血型、疾病和病史信息以及法律、法规规定禁止归集的其他个人信息。(《江苏办法》第14条)	禁止归集自然人的宗教信仰、基因、指纹、血型、疾病、病史信息以及法律、法规禁止归集的自然人其他信息。未经本人书面同意,不得归集自然人的收入、存款、有价证券、商业保险、不动产和纳税数额等信息。(《内蒙古办法》第18条)	禁止归集自然人的宗教信仰、基因、指纹、血型、疾病和病史信息以及法律、法规规定禁止归集的自然人的其他信息。未经本人书面同意,不得归集自然人收入、存款、有价证券、商业保险、不动产以及纳税数额的信息。(《浙江条例》第14条)

据。美国《公平信贷机会法》规定,信用报告中禁止包含的数据包括:人种、政治派别与宗教信仰、生活方式、治疗记录。泰国《征信业法》规定,遗传方面的缺憾、身体障碍与残疾等信息禁止采集。西班牙法律规定,除公共征信机构以外的征信机构只能采集负面信息,不能采集正面信息。①

三、公共信用信息的管理

在我国,2014年6月14日,国务院印发《社会信用体系建设规划纲要(2014—2020年)》。各地随之加快社会信用体系建设的步伐。公共信用信息系统,又称公共信用信息管理系统或公共联合征信系统或政府联合征信系统,负责归集各行业和部门的公共信用信息,促进公共信用信息在部门间的共享和对社会的开放,为社会信用管理提供基础信用数据服务,是当前各地方政府社会信用体系建设的重点内容。

---

① 王惠.我国个人征信中信用信息采集与使用立法完善[D].青岛:山东科技大学,2018.

(一)公共信用信息记录期限

公共信用信息记录期限主要是指对不良信息的保存期限或可查询期限的设定,它反映出社会对失信者的容忍程度,记录期限越短,表明容忍程度越高,反之越低。

从以上各地的规定来看,在基本信息长期保存、不良信息设定保存期限这些基本问题上,各地意见是一致的,但有两个问题值得商榷。①

一是企业和个人不良信息的记录期限是否应做不一致的设定?如《陕西公共信用信息条例》第24条规定,企业提示信息中的不良记录披露期限为3年,披露期限自不良行为或者事件终止之日起计算,超过3年的转为档案保存;个人提示信息中的不良记录查询期限为5年,自不良行为或者事件终止之日起计算,超过5年的予以删除。

从上述六地的地方立法来看,除《北京办法》没有规定记录期限外,其他五地基本都规定了统一为5年的记录期。如《江苏办法》规定:公共信用信息系统归集的失信信息有效期,一般失信为1年、严重失信为3年。法律、法规和规章另有规定的除外。《上海办法》规定:登记类、资质类信息长期提供查询,其他类别信息自信息主体的行为或者事件终止之日起5年内提供查询,信息提供主体根据国家或者本市有关规定设定查询期限的除外。《浙江条例》规定:不良信息的保存和披露期限为5年,自不良行为或者事件认定之日起计算,但依法被判处剥夺人身自由的刑罚的,自该刑罚执行完毕之日起计算。

二是记录期限届满后,企业和个人的不良记录是删除还是继续保存但转为不可查询状态?《内蒙古办法》规定:披露期限届满,法人和非法人组织的不良信息转为档案保存;自然人的不良信息予以删除。《江苏办法》规定:失信信息有效期自失信行为认定之日起计算,有效期届满的,不得再作为惩戒依据,也不再公开发布,法律法规规章另有规定的从其规定。《浙江条例》规定:不良信息保存和披露期限届满后,应当在信用档案中及时删除该信息。《山东办法》规定:披露期限届满,公共信用信息工作机构应当将该信息从公开或者查询界面删除。《上海办法》规定:查询期限届满,市信用中心应当将该信息从查询界面删除。

(二)公共信用信息的披露与使用

1. 公共信用信息的披露

公共信用信息的披露包括公共信用信息的公开、共享、查询。《山东办法》《江苏办法》《浙江条例》都规定,公共信用信息通过社会公开、授权查询、政务共享等方式披露。

---

① 叶湘榕.公共信用信息归集和使用的地方规则比较研究[J].征信,2014(11).

（1）信息公开

所谓公共信用信息的公开，是指公共信用信息中非涉及个人隐私、商业秘密和国家秘密等法律、法规、规章不允许公开内容之外的部分可以向社会公开，满足一定条件的内容应主动向社会公开发布。在信息公开问题上，一般都把公共信用信息分为公开信息和不公开信息。社会公开信息，指根据《政府信息公开条例》《企业信息公示暂行条例》等规定应当主动公开的信息，或者政府部门根据行政管理需要公开的信息。如《上海办法》《内蒙古办法》把公共信用信息分为公开信息和非公开信息，并规定下列信息属于公开信息：信息提供单位已经依法通过政府公报、新闻发布会、互联网以及报刊、广播、电视等方式发布的；依据法律、法规和规章规定应当主动公开的其他信息。前述规定以外的信息，属于非公开信息。信息主体本人或者经信息主体授权，可以查询非公开信息。《山东办法》还规定了具体的公开方式，即依法应当公开的公共信用信息通过"信用中国（山东）"官方网站和信息提供主体对外发布信息的平台向社会公开。江苏也规定通过"信用江苏"网站及其微信公众号、APP和各级信用网站或公共门户网站向社会公开。

为贯彻落实党的十九大精神，按照《社会信用体系建设规划纲要（2014—2020年）》和《国家发展改革委关于加强全国信用信息共享平台一体化建设和信用门户网站一体化建设的指导意见》（发改财金〔2017〕0714号）有关文件精神，加快推进全国信用信息共享平台一体化建设，建立健全公共信用信息共享标准体系，国家发展改革委会同国家信息中心、中国标准化研究院、全国信用信息共享平台（二期）项目共建单位，于2017年12月共同编制了《公共信用信息标准体系框架》《公共信用信息分类与编码规范》《公共信用信息资源目录编制指南》《公共信用信息基础数据项规范》《公共信用信息交换方式及接口规范》和《公共信用信息公示规范》等六项工程项目标准。

（2）信息共享

政务共享信息即政府内部应用信息，是指不得擅自向社会提供，仅供行政机关和法律法规规章授权的具有管理公共事务职能的组织，在履行职责过程中查询和使用的信息。

《江苏办法》明确把"公共信用信息的共享和使用"作为单独一章，其他地方往往把"共享"规定在"披露"中。《江苏办法》规定：各级公共信用信息工作机构应当按照信息目录明确的政府共享信息范围，与信息使用单位共享。依托省政务数据共享交换平台，推动公共信用信息系统与政务服务"一张网"、公共资源交易平台、企业信用信息公示系统、市场监管信息平台等政府部门（单位）信息系统的交换共享。依法建立公共信用信息系统与征信机构、金融机构等组织的信息共享机制，促进政务信用信息与社会信用信息互动融合，满足社会应用需求。

（3）信息查询

公共信用信息的查询，是通过公共信用信息平台向社会提供的。

《上海办法》把信息查询区分为政府查询和社会查询。政府查询是指行政机关在依法履行下列职责时，应当查询公共信用信息：发展改革、食品药品、产品质量、环境保护、安全生产、建设工程、交通运输、工商行政管理、社团管理、治安管理、人口管理、知识产权等领域的监管事项；政府采购、政府购买服务、招标投标、国有土地出让、政策扶持、科研管理等事项；人员招录、职务任用、职务晋升、表彰奖励等事项；需要查询公共信用信息的其他事项。行政机关在履职过程中应当主动查询，将查询义务上升为强制性规定。并设置了政府查询程序规范，即行政机关应当建立本单位公共信用信息查询制度规范，设定本单位查询人员的权限和查询程序，并建立查询日志，记载查询人员姓名、查询时间、内容及用途。查询日志应当长期保存。

对社会查询而言，查询本人非公开信息的，应当提供本人有效身份证明；查询他人非公开信息的，应当提供本人有效身份证明和信息主体的书面授权证明。查询公开信息的，无需提供相关证明材料。在确保信息安全的前提下，公共信用信息平台可以通过开设端口等方式，为信用服务机构提供适应其业务需求的批量查询服务。

2. 公共信用信息的使用

公共信用信息的使用主要是指公共信用信息为行政机关和社会信用服务机构所用，建立全社会的失信联防机制，提高社会整体的信用服务水平。[①]

对于公共信用信息的使用，各地一般都有相关类似规定：国家机关在履行职责时，在同等条件下，应当将信息主体的信用状况作为实施管理活动的重要依据，并据此进行激励和联合惩戒。对信用状况良好的信息主体，国家机关在日常监督管理、行政许可、项目审批、资质认定、政府采购、招标投标、公共资源交易、专项资金安排、财政补贴、招商引资、融资服务、表彰奖励、公务员招录等活动中，应当依照相关法律、法规的规定，给予优先、优惠等激励措施。对于信用状况不良的信息主体，行政机关应当依法采取下列监督管理措施：在日常监督检查中列为重点监督管理对象，增加检查频次，加强现场核查；不予列入各类免检、免审范围；取消已经享受的行政便利化措施；法律、法规规定可以采取的其他监督管理措施；等等。

各地还鼓励其他社会信用主体查询、使用公共信用信息。鼓励企事业单位、行业组织、群团组织等依法依规查询公共信用信息，根据信息主体的信用状况，对守信主体采取优惠便利、增加交易机会等降低市场交易成本的措施；对失信主体采取取消优惠、提高保证金等增加交易成本的措施。鼓励金融机构对守信主体在融资授信、利率费率、还

---

① 叶湘榕. 公共信用信息归集和使用的地方规则比较研究［J］. 征信，2014（11）.

款方式等方面给予优惠或者便利;按照风险定价方法,对失信主体提高贷款利率和财产保险费率,或者限制向其提供贷款、保荐、承销、保险等服务。

(三)公共信用信息异议

按照异议处理的一般要求,各地法律文本都对异议处理流程做了较为具体的规定,但有些方面的规定不完全一致:

一是向谁提出异议申请?《北京办法》规定,向市经济信息化部门提出申请;《上海办法》规定,向市信息中心申请;《山东办法》《浙江条例》规定,向公共信用信息工作机构提出异议申请;《江苏办法》《内蒙古办法》规定,向信息提供单位或公共信用信息工作机构提出异议申请。显然江苏、内蒙古的处理方法更合理,因为错误信息的产生既可能来自信息提供主体,也可能来自公共信用信息中心或工作机构,而这样处理申请人只需面对公共信用信息中心或工作机构,不需要疲于寻找信息提供主体。

二是什么情况下可以提出异议?北京、上海、山东、江苏、内蒙古、浙江大都规定公共信息存在错误或遗漏以及超过披露期未删除的,可以提出异议申请。山东、内蒙古还规定了对依法不应当公开而被公开的信息,也可以提出异议申请。此外,《上海办法》规定,侵犯信用主体商业秘密、个人隐私的,可以提出异议申请。这符合保护当事人隐私权的基本原则。

三是对异议申请的处理时限为多长?各地规定各有不同,有规定 3 个工作日的,有规定 5 个工作日的,有规定 7 个工作日的,有规定 10 个工作日的,内蒙古规定的时限最长,为 20 个工作日。本书认为,考虑到对当事人的影响和处理机关的工作任务等因素,应以 5 个工作日为宜。

四是对信用主体有异议的信息是否要暂停发布或暂停查询?《江苏办法》规定,异议申请处理期间,暂停对外披露该条信息。《上海办法》则对信息主体的异议信息专门规定:异议申请正在处理过程中,或者异议申请已处理完毕但信息主体仍然有异议的,市信用中心提供信息查询时应当予以标注;信息提供主体未按规定核查异议信息并将处理结果告知市信用中心的,市信用中心不再向社会提供该信息的查询。显然,《上海办法》对信息主体的权益保护是比较成熟和到位的。

特别值得一提的是,《杭州市公共信用信息管理办法》赋予了异议申请人两次异议机会,对首次异议结果处理不服的,可以申请第二次异议。在首次异议期间,由信用中心做"异议正在处理"的标注;在第二次异议期间,由信用中心做"申请人存疑"标注,并且赋予异议申请人撤销上述标注的权利。《杭州市公共信用信息管理办法》还首创了公共信用信息修复机制,这项机制是信用联合惩戒机制不可或缺的重要环节和必要补充。

第二节 市场信用信息的采集与管理

征信是依法收集、整理、保存、加工自然人、法人及非法人组织的信用信息，并对外提供信用报告、信用评估、信用信息咨询等服务，帮助客户判断、控制信用风险，进行信用管理的活动。

一、我国征信业的产生和发展

改革开放以来，中国经济社会经历了前所未有的大发展。社会主义市场经济框架逐步确立，多种所有制经济共同发展，市场在资源配置中日益发挥决定性作用，中国经济更为广泛和深刻地融入全球经济之中。金融领域内，中央银行调控体系和金融监管体系在调整中不断完善，银行的商业化运作模式由法律确认并通过股份制改造而进一步深化，多层次的金融市场更加均衡地发展，金融服务为实体经济提供了有力的支撑。正是在这样的背景下，市场、金融与信用紧密地联系在一起，现代意义上的中国征信业应运而生。

（一）我国征信业产生和发展的历史背景

我国的征信业，自1932年第一家征信机构——"中华征信所"诞生算起，已经有了80多年的历史。但其真正得到发展，还是从改革开放开始。改革开放以来，随着国内信用交易的发展和扩大、金融体制改革的深化、对外经济交往的增加、社会信用体系建设的深入推进，我国征信业得到迅速发展。

1. 市场经济和信用经济的发展推动了商业领域征信的产生

随着我国市场经济的逐步完善和信用经济的不断发展，信用交易在各种商业交易中的比重逐渐增加，因交易中的信息不对称而引发的交易风险也日益严重。为防范信用风险，扩大信用交易规模，由此产生了专门的第三方机构收集交易过程中的各种信用信息，对外提供专业化的征信服务。专业化的征信机构在不断发展的过程中又促使商业主体基于信息应用加快产品与服务的创新，推动了商业信用进一步蓬勃发展。

2. 金融体制改革催生了金融领域征信的产生

征信体系是重要的金融基础设施，是市场主体获得便利金融服务的必要条件。我国金融领域内的征信体系建设是随着金融体制改革的深化、金融市场的逐步完善而产生和发展的。20世纪90年代，四大国有银行开始由专业银行向商业银行转型，实行市场化运作，客户群体多元化，同时一些股份制银行和地方性银行陆续设立，加剧了金融市场的竞争；2003年以后，国家开始对国有商业银行实行股份制改造，提高银行经营管理水平和风险防控能力，维护金融稳定，发挥金融在经济中的核心作用。在金融体制改革中，中央银行、商业银行开始逐步认识到，征信对于防范信用风险、降低融资成本、维护金融稳定和改善金融生态方面的作用至关重要。

3. 对外开放促进了我国征信机构的产生和发展

实行改革开放后，特别是加入世界贸易组织后，我国经济逐步融入世界经济发展大格局，国内企业与国外企业之间的经济交往愈来愈频繁。规避外贸风险，了解交易对象信用状况的需求日益增加，基于以往对外经贸往来中交易记录基础上的信用信息服务加速了我国早期企业征信机构的产生。与此同时，国际知名征信机构进入我国市场，为我国征信业发展提供了先进成熟的经验和技术，进一步推动了本土化的征信机构与外资征信服务机构间的交流与合作。

4. 社会信用体系建设推动了征信业的发展

2007年，《国务院办公厅关于社会信用体系建设的若干意见》指明了我国社会信用体系建设的方向，提出要"培育和发展种类齐全、功能互补、依法经营、有市场公信力的信用服务机构，依法自主收集、整理、加工、提供信用信息"。2011年，党的十七届六中全会对社会信用体系建设提出了更高的要求。应该看到，社会信用体系的基础在于信用信息的归集与应用。在政务信息方面，依赖于政务信息的公开；在非政务信息方面，主要依靠征信体系的完善。因此，征信作为社会信用体系建设的重要组成部分，具有巨大的发展空间和潜力。

（二）我国征信业发展历程

新中国成立后很长一段时间，由于我国实行的是计划经济，对于征信基本上没有市场需求。直到20世纪80年代，我国征信业才开始逐步发展起来，这一方面得益于经济社会的发展对社会信用发展的客观要求，使得社会对信用建设的意识和要求逐步增强，另一方面也是社会、企业、个人、信用中介等多方建设的结果。改革开放以来，我国征信业经历了探索期、起步期与发展期三个阶段。①

1. 探索阶段（20世纪80年代后期—1994年）

20世纪80年代后期，为适应企业债券发行和管理，中国人民银行批准成立了第一家信用评级公司——上海远东资信评级有限公司。同时，为满足涉外商贸往来中的企业征信信息需求，原对外经济贸易部计算中心和国际企业征信机构邓白氏公司合作，相互提

---

① 查慧，刘洋. 征信体系下的企业信用政策选择[J]. 价格月刊，2011（10）.

供中国企业和外国企业的信用报告。1987年，商务部国际贸易经济合作研究院设立信用管理处；1990年，中国人民银行出台《关于设立信誉评级委员会有关问题的通知》；1992年，中国人民银行深圳分行率先推出贷款证制度，通过贷款证来登记企业概况、财务状况以及记录企业在金融机构的借还款状况、企业资信评估记录等信息，为金融机构的信贷决策提供参考，起到了防范化解信贷风险的监测预警作用。1993年，专门从事企业征信的新华信国际信息咨询有限公司开始正式对外提供服务，中国征信业正式走入市场化阶段。此后，一批专业信用调查中介机构相继出现，征信业的雏形初步显现。

这一阶段的信用机构主要还是以国有商业银行或者部分事业单位为主导，从事的业务、面对的客户也相对比较单一，主要还是集中在企业债券方面，并且大多是进行市场调查，兼营信用调查。这一时期经济发展速度较快，征信行业的发展也较为迅速，为今后的发展打下了较好的基础。

2. 起步阶段（1995—2002年）

这一时期，很多民营征信机构产生，国外资本以及国外的信用评级机构也开始进入我国。

1995年，美国邓白氏征信公司开始进入中国市场，在上海成立了邓白氏国际信息（上海）公司，开展企业征信业务。其他如ACB公司、TCM公司以及我国台湾地区的中华征信所等均在我国大陆设立分支机构，开展企业信用调查服务。这主要是因为，这一时期一些以跨国公司为代表的外资企业大规模进入中国市场，而这些外资企业一般对信用调查都比较重视，因此带动了我国企业征信业的发展。

1996年，中国人民银行在全国推行企业贷款证制度，并牵头组建银行信贷登记系统；1999年底，银行信贷登记咨询系统上线运行；2002年，银行信贷登记咨询系统建成地、省、总行三级数据库，实现全国联网查询。

1997年，上海市开展企业信贷资信评级。1999年7月，经中国人民银行批准，上海市进行个人征信试点，上海资信有限公司成立，开始从事个人征信与企业征信服务，标志着我国个人征信服务实现重大突破。这是新中国成立后国内首家地方性征信机构，其主要业务是把分散在各商业银行及其他相关单位的个人信用信息汇集起来，经过加工形成个人信用信息数据库，为银行等金融机构更为全面、准确、客观地了解个人信用状况提供商业化服务。

2000年7月1日，在中国人民银行和上海市政府的大力推动下，上海市率先开展了个人信用联合征信的试点工作，100多万名上海市民成为中国首批拥有个人信用记录的主体，标志着中国个人信用征信制度开始起步。同时，上海市还颁布了新中国成立以来首部地方性信用规章——《上海市个人信用联合征信试点办法》。

2002年初，全国金融工作会议明确提出要加快建设我国社会信用体系，并成立了由中国人民银行牵头，原国家经贸委、国家计委等16个部委和有关商业银行参加的"企业和个人征信体系专题工作小组"，该专题工作小组主要负责进行相关征信法规、征信行业技术标准的研究以及尽快提出全国范围内企业和个人征信体系建设的总体方案。同年，为了全面协调我国征信行业的发展，国务院指定中国人民银行为我国征信行业的主管部门。2002年3月28日，北京和上海在同一天开通了各自的城市企业信用信息系统。

总体来看，这个时期的征信服务依然以商业银行为主，以内部的评级业务为主要的产品，市场的需求并没有很显著的提高。

3. 发展阶段（2003年至今）

2003年3月，十届全国人大一次会议审议通过的政府工作报告中强调，"加快建立社会信用体系"。2003年10月，十六届三中全会上提出：建立健全社会信用体系，形成以道德为支撑、产权为基础、法律为保障的社会信用制度；按照完善法规、特许经营、商业运作、专业服务的方向，加快建设企业和个人信用服务体系。

2003年，国务院赋予中国人民银行"管理信贷征信业，推动建立社会信用体系"职责，批准设立征信管理局。同时，各地人民银行分行也设立了征信管理处。同年，原国家工商行政管理总局启动"金信工程"，全国范围内集中统一的企业信用信息基础数据库（企业征信系统）开始建设。

2004年，上海、北京、广东等地率先启动区域社会征信业发展试点，一批地方性征信机构设立并得到迅速发展，部分信用评级机构开始开拓银行间债券市场信用评级等新的信用服务领域，国际知名信用评级机构先后进入中国市场。2004年，中国人民银行建成全国集中统一的个人信用信息基础数据库。2005年，银行信贷登记咨询系统升级为全国集中统一的企业信用信息基础数据库。此外，中国人民银行于2006年11月成立了征信中心，注册地在上海市浦东新区，并在各省会城市的中心支行分别设立了分中心，业务归口征信管理局指导。

2007年4月17日，中国人民银行党委决定征信中心与征信管理局分设。同年，根据原《物权法》授权，中国人民银行明确中国人民银行征信中心为应收账款质押登记机关。2008年，国务院将中国人民银行征信管理职责调整为："管理征信业"并牵头社会信用体系建设部际联席会议。2011年，部际联席会议牵头单位中增加了国家发展改革委员会。

2013年3月，《征信业管理条例》正式实施，明确中国人民银行为征信业监督管理部门，征信业步入了有法可依的轨道。同年，中国人民银行发布了《征信业管理条例》的重要配套法规——《征信机构管理办法》，对征信机构的设立条件进行了细化。

2015年被称为"中国个人征信市场化元年"，我国征信业正式进入市场化发展阶段。

在这一年，中国人民银行印发了《关于做好个人征信业务准备工作的通知》，公布了首批获得个人征信试点机构资格的8家机构名单，标志着我国个人征信市场化进程正式开启。2015年10月，中国人民银行下发《征信机构监管指引》，对征信机构设置审慎性条件，首次明确个人征信机构按照其注册资本总额的10%提取保证金。2016年5月，中国人民银行下发《征信业务管理办法（草稿）》，对互联网征信行业的信息处理、信息安全以及个人信用评分产品等内容进行规范，明确强调征信机构不得过度采集个人信息。中国人民银行在总结个人征信业务准备试点经验的基础上，指导芝麻信用、腾讯征信等8家市场机构与中国互联网金融协会合作，根据"共商、共建、共享、共赢"原则，组建并审慎审批了首家市场化个人征信机构——百行征信有限公司。2018年1月31日，中国人民银行向百行征信发放个人征信牌照。这是我国个人征信市场化进程中的重要事件，对我国征信体系的完善具有积极意义。百行征信有限公司注册地在深圳，但其营业场所设立在北京，业务范围为个人征信业务，注册资本达人民币10亿元。

（三）征信法规制度建设取得重要进展

几十年来，征信法规制度建设不断推进，逐步建立了由国家法规、部门规章、规范性文件和标准组成的多层次制度体系，保护了信息主体权益，有力地促进了征信业的发展。

1.《征信业管理条例》正式发布实施

中国人民银行一直积极推动《征信业管理条例》的制定，深入研究征信立法相关重大问题，会同相关部门通过实地调研、召开座谈会等方式，认真听取地方政府有关部门、征信机构、金融机构、专家和消费者协会等对征信立法的意见和建议，研究借鉴国外征信立法经验，并在此基础上完成了《征信业管理条例》的草拟工作。原国务院法制办公室曾于2009年和2011年先后两次向社会公众公开征求意见，此后，原国务院法制办公室、中国人民银行认真吸收了地方政府、相关部委和机构、社会公众的反馈意见，再次对《征信业管理条例》进行了修改，并报国务院。2012年12月26日，国务院第228次常务会议审议通过《征信业管理条例》，并于2013年3月15日正式实施。《征信业管理条例》对征信机构的设立条件和程序、征信业务的基本规则、征信信息主体的权益，金融信用信息基础数据库的法律地位及运营规则、征信业的监管体制和法律责任等内容进行了规定，解决了征信业发展中无法可依的问题。该条例的出台有利于加强对征信市场的管理，规范征信机构、信息提供者和信息使用者的行为，保护信息主体权益；有利于发挥市场机制的作用，推进社会信用体系建设。《征信业管理条例》实施后，各项配套制度不断完善。根据《中国人民银行法》《征信业管理条例》等法律法规，中国人民银行于2013年11月制定了《征信机构管理办法》，进一步细化了《征信业管理条例》涉及征信机构管理的条款,规范了征信机构的设立、变更和终止程序,对于促进征信机构规范运行、保护信息主体合法权益具有重要意义。

为了统一征信机构信息系统的建设、运行和维护,为各单位开展安全检查和内部审计提供安全性依据,中国人民银行于2014年11月制定了《征信机构信息安全规范》(JR/T 0117-2014)金融业行业标准。为加强对企业征信机构的监督管理,促进企业征信行业规范健康发展,中国人民银行又于2016年制定了《企业征信机构备案管理办法》。

2. 建立金融信用信息基础数据库管理制度

一是建立了个人信用信息基础数据库管理制度。2005年,中国人民银行发布《个人信用信息基础数据库管理暂行办法》(中国人民银行令〔2005〕第3号),并相继出台配套制度,保障个人信用信息基础数据库的建设和运行,规范商业银行报送、查询和使用个人信用信息的行为。

二是明确了企业信用信息基础数据库管理制度。在《银行信贷登记咨询管理办法(试行)》的管理框架上,中国人民银行发布《金融信用信息基础数据库用户管理规范》(JR 0115-2014),对企业信用信息基础数据库的功能与管理、借款人信用信息的报送、查询、使用以及异议处理等作出明确规定。

三是对新型授信机构接入金融信用信息基础数据库进行了规范。规范了小额贷款公司、融资性担保公司等接入金融信用信息基础数据库的方式、条件、程序以及业务流程。经过十多年发展,金融信用信息基础数据库已成为世界上收录人数最多、数据规模最大、覆盖范围最广的数据库。① 数据库在促进中国信贷市场健康发展、促进金融服务实体经济、防范系统性金融风险、推动社会信用体系建设和推动经济高质量发展等方面发挥了不可替代的重要作用。② 金融信用信息数据库支持实时更新,保证高质量运转,商业上自我可持续,为金融机构防范信用风险提供服务。在世界银行公布的2017年度《营商环境报告》中,依据金融信用信息基础数据库的采集信息对我国营商环境进行评估时,"信用信息指数"这项指标被评为满分。

3. 完善信用评级管理制度

为规范评级机构在银行间债券市场和信贷市场的信用评级执业行为,2006年出台了《中国人民银行信用评级管理指导意见》(银发〔2006〕95号),明确信用评级机构的工作制度和内部管理制度、评级原则、评级内容和评级程序等内容,对评级机构从事金融产品信用评级、借款企业信用评级和担保机构信用评级业务进行管理和指导。2008年发布

---

① 中国金融信用信息基础数据库已为9.7亿自然人建立档案,https://www.sohu.com/,访问日期2021年6月23日。

② 中国人民银行征信管理局. 我国征信业的改革和发展[J]. 中国银行业,2019(8).

了《中国人民银行关于加强银行间债券市场信用评级作业管理的通知》(银发〔2008〕75号），对评级机构在银行间债券市场评级的现场访谈、作业时间进行了规范。信用评级管理制度的实施，规范了评级机构的执业行为，保护了投资人的合法权益，促进了信用评级业的健康发展。随着资本市场和金融体系的快速发展，我国信用评级行业从无到有，在变革中不断发展壮大。信用评级作为金融市场的基础性制度安排，在风险揭示、风险预警缓释、优化资源配置中作用突出。

国际信用评级机构高度重视中国市场。一些国际信用评级机构先后同我国信用评级机构采用合资、合作的方式，为我国评级业带来了先进的评级理念和成熟的评级技术。2017年7月，中国人民银行发布《关于信用评级行业对外开放有关事宜的公告》(中国人民银行公告〔2017〕7号），我国信用评级市场国际化程度进一步提高。2019年1月28日，中国人民银行允许标普信用评级（中国）有限公司进入银行间债券市场开展债券评级业务，中国信用评级对外开放取得实质性进展。同时，我国信用评级机构积极探索"走出去"，通过在国际上设立分支机构、参与国际评级业务等方式，逐步提高在国际市场上的影响力。[1]

4. 推动征信标准建设

2005年起，中国人民银行把征信标准化建设作为征信管理的重要手段之一，启动了征信标准化建设。一是发布征信信息系统开发建设的基本标准规范，制定和发布了《征信数据元 数据元设计与管理》等5项金融行业标准，促进了信息跨部门、跨行业共享和应用。二是制定信用等级评价相关标准规范，制定和发布了《征信数据元 信用评级数据元》和《征信数据交换格式 信用评级违约率数据采集格式》等5项金融行业标准，促进了评级机构的规范执业。

二、市场信用信息的采集规则

法学界对信用信息的采集提出了一些基本原则，如个人明确同意原则、目的明确原则、数量最少原则、合理使用原则等[2]，也有学者对信息主体权益的保护进行了研究[3]。本书认为，有必要从信息主体权益保障和信用行业内相关机构利益权衡的角度探讨信用信息采集和使用过程中具有操作性的规则，在保护信息主体权益的前提下，规范相关机构的业务发展。

---

[1] 中国人民银行征信管理局.我国征信业的改革和发展[J].中国银行业，2019（8）.
[2] ［德］库勒.欧洲数据保护法：公司遵守与管制（第2版）[M].旷野，杨会永，等，译.北京：法律出版社，2008：80-82.
[3] 杨峙林.个人征信信息主体权益保护探讨[J].征信，2014（10）.

(一)保护个人隐私规则

信息自从产生以来,就与个人隐私天然地联系在一起,信息的收集和使用必须在保护个人隐私前提下进行。在欧美一些国家,隐私权甚至是与人权同一层次的概念,保护个人隐私就是保护人权。①

在个人征信体系中,个人的信用状况是通过个人的相关信息来评价的。所以,必须准许大量的与信用有关的个人信用信息进入征信系统,这样个人征信体系才能得以运转。但是,个人信用信息中的许多信息都是隐私权保护的客体,所以,准许哪些个人信息被采集以及怎样采集,就成为信息隐私权保护的关键问题。

为了加强对信息隐私权的保护,各国在法律中规定了禁止采集的个人信用信息的范围。在公共信息公开的禁止范围中,对于个人信息保护的范围一般很大,绝大部分个人信息被列入行政机关禁止公开的范围。关于行政机关掌握的个人信息属于个人隐私权保护的范围并不予公开的程度,有两种确定方法,即个人识别信息型和私人秘密信息型。

个人识别信息型,一般是指该信息单独或与其他信息结合起来,能识别出特定的个人的信息,这样的信息原则上作为不公开的信息。②澳大利亚《信息自由法》即是采用个人信息识别型来规定个人信息保护制度的。该法规定,基于本法律的文书公开,如果会造成不当地公开关于私人(包括已故者)个人信息,该文书作为信息公开适用除外文书。日本《信息公开法》也采取了个人识别型规定个人信息的保护制度。该法第5条规定,关于个人的信息(经营事业的个人的关于该事业的信息除外),该信息包含姓名、出生年月日及以其他记述等能识别出特定个人的(包括对照其他信息能识别出特定个人的),或者虽然不能识别出特定个人,但由于公开可能损害个人的权利或利益的,是不开示信息。

私人秘密信息型,是指关于个人的信息中,如果将该信息公开可能侵害私人秘密,则该个人信息作为不予公开的信息。③美国即是采取此种方法规定个人信息保护制度的。美国《信息自由法》规定了9类不公开的信息,其中涉及个人信息的有如下几点:(1)贸易秘密和商业、金融信息。《美国法典》第5编第552条第2款第4项规定,"贸易秘密以及由个人提供且具有特许性或机密性的商业或金融信息"不予公开。(2)人事、医疗及类似的档案。《美国法典》第5编第552条第2款第6项规定,"人事和医疗档案及其他透露出去会明显地构成侵犯个人隐私权的档案"不予公开。(3)为执法目的而编制的

---

① 孔令杰.个人资料隐私的法律保护[M].武汉:武汉大学出版社,2009:60-62.
② 刘杰.知情权与信息公开法[M].北京:清华大学出版社,2005:213.
③ 刘杰.知情权与信息公开法[M].北京:清华大学出版社,2005:213.

记录和信息。《美国法典》第 5 编第 552 条第 2 款第 7 项规定,"为执法目的而编制的记录或信息"不予公开,但仅限于那些公布后会出现法定情况的信息,"可能构成对个人隐私权的不当侵犯"就是法定情形之一。此外,《美国法典》第 5 编第 552 条第 3 款还规定了 3 类不受《信息自由法》约束的信息,对这 3 类信息,行政机关不但可以免于公开,还可以不予言明该信息的有无,以避免由于承认该类信息的存在而直接拒绝该信息公开的请求。其中,第二类即刑事执法机关掌握的信息提供者档案,是以信息提供者的姓名或身份证明为基础建立的,当有人要求依据提供信息者的姓名或身份证明查阅档案时,行政机关就可以将该档案作为不受信息公开约束的档案,除非该信息提供者的身份已经公开。①

比较两种立法方式,采用个人信息识别型的个人信息公开制度对于个人信息公开的范围比采用私人秘密信息型的要小,对个人信息隐私权保护的范围要更宽泛些。

对于征信机构自行收集的信用信息中禁止采集的信息,各国一般通过排除性的立法予以规定。② 澳大利亚《联邦隐私权法》规定,信用信息机关对于个人信用信息的主体进行识别时,只能收集必要的信息,不能包含政治的、社会的、宗教信仰的内容或者犯罪记录、病历或身体障碍、人种、民族或国籍、生活方式或名声等内容。欧盟《关于个人资料处理及自由流通的保护指令》对个人数据收集的范围规定的范围比较宽泛,仅排除两种情况:一是在共同体法律适用范围以外的活动,二是自然人在纯属于私人的活动领域内的资料使用。欧洲委员会《有关个人数据自动化处理之个人保护公约》规定,种族、政治观点和派别、宗教信仰、健康状况、性生活和刑事起诉等信息禁止被征集,除非所在国家提供适当的保护。美国《公平信用报告法》规定,属于敏感性的个人信息,如思想、宗教信仰、健康状况、犯罪的嫌疑、判决及刑罚的执行等信息都不能列入信息调查的范围。③ 加拿大《消费者信用报告条例》规定,信用报告资料中不应包括种族、信仰、肤色、性别、家族和政治派别等。泰国《征信业法》规定,身体残疾、遗传方面缺陷等信息禁止收集。

我国 2013 年 3 月开始施行的《征信业管理条例》对个人隐私也作了相应的规定。第 3 条将不能侵犯个人隐私作为征信机构开展业务的前提:"从事征信业务及相关活动,应当遵守法律法规,诚实守信,不得危害国家秘密,不得侵犯商业秘密和个人隐私。"第 14 条明确规定:"禁止征信机构采集个人的宗教信仰、基因、指纹、血型、疾病和病史信息以及法律、行政法规规定禁止采集的其他个人信息。征信机构不得采集个人的收入、存

---

① 刘杰. 知情权与信息公开法 [M]. 北京:清华大学出版社,2005:121.
② 白云. 论个人信用信息采集过程中信息隐私权的保护 [J]. 哈尔滨师范大学社会科学学报,2011(1).
③ 钟楚男. 个人信用征信制度 [M]. 北京:中国金融出版社,2002:104—105.

款、有价证券、商业保险、不动产的信息和纳税数额信息。但是，征信机构明确告知信息主体提供该信息可能产生的不利后果，并取得其书面同意的除外。"我国于2021年1月开始施行的《民法典》第1032条第2款规定："隐私是自然人的私人生活安宁和不愿为他人知晓的私密空间、私密活动、私密信息。"第1039条规定："国家机关、承担行政职能的法定机构及其工作人员对于履行职责过程中知悉的自然人的隐私和个人信息，应当予以保密，不得泄露或者向他人非法提供。"

2020年，国家市场监督管理总局国家标准化管理委员会颁布《信息安全技术个人信息安全规范》，将个人征信信息放在个人敏感信息的框架下进行保护。而个人敏感信息，是指一旦泄露、非法提供或滥用可能危害人身和财产安全，极易导致个人名誉、身心健康受到损害或歧视性待遇等的个人信息。

（二）知情同意规则

在信用行业比较发达的社会，由专业机构收集和保存个人的信用信息，往往是在信息主体不知晓的情况下进行的。在一般情况下，信息主体不清楚专业机构已经收集和保存了自己哪些信用信息，甚至不清楚自己的信用信息已经被专业机构收集和保存。在网络技术发达的现今社会，这种情况更为明显。

征信活动主要包括两个关键环节：一是征信机构采集信息主体的个人信用信息；二是征信机构将个人信用信息提供给信息使用者使用。相应地，信息主体的同意权也体现在这两个环节之中，即信息采集同意权和信息使用同意权。[①] 域外国家对信息主体同意权采取了不同的态度：美国完全不承认信息主体的同意权，征信机构采集个人信用信息无须征得信息主体的同意，但其只能收集与确定消费者的信用或声誉有关的信息；[②] 英国、法国采取了完全承认信息主体同意权的模式，除法律规定的特殊情形外，个人数据的处理必须获得数据主体的同意，未经数据主体同意不得故意或过失地获取或披露个人数据或个人数据中的信息；德国和我国台湾地区有限地承认信息主体的同意权，要求征信机构在采集个人信用信息时应征得信息主体的同意，但在征信机构向信息使用者提供信息报告时无须再经信息主体的同意。

我国采取了完全承认信息主体同意权的立场。《征信业管理条例》规定了采集同意、查询同意、格式条款同意、使用用途同意的规则。第13条规定："采集个人信息应当经信息主体本人同意，未经本人同意不得采集。但是，依照法律、行政法规规定公开的信息

---

① 姚朝兵.征信视角下个人信用信息采集和使用的法律控制——基于信息主体同意权的比较法分析[J].情报理论与实践，2014（1）.
② 郭瑜.个人数据保护法研究[M].北京：北京大学出版社，2012：154.

除外。企业的董事、监事、高级管理人员与其履行职务相关的信息，不作为个人信息。"这是采集同意规则。第18条第1款规定："向征信机构查询个人信息的，应当取得信息主体本人的书面同意并约定用途。但是，法律规定可以不经同意查询的除外。"这是查询同意规则。该条同时设置了法律保留，即法律规定可以不经同意的情形除外，也就意味着行政法规等规范性文件无权设立不经同意即可查询的条款。格式条款同意规则规定在第19条，即"征信机构或者信息提供者、信息使用者采用格式合同条款取得个人信息主体同意的，应当在合同中作出足以引起信息主体注意的提示，并按照信息主体的要求作出明确说明"。使用用途同意规则规定在第20条，即"信息使用者应当按照与个人信息主体约定的用途使用个人信息，不得用作约定以外的用途，不得未经个人信息主体同意向第三方提供"。

其他法律法规也规定了个人信息收集的"知情同意"规则，如：2013年《消费者权益保护法》第29条规定，经营者收集、使用消费者个人信息，应当遵循合法、正当、必要原则，明示收集、使用的目的、方式和范围，并经消费者同意；2013年《电信和互联网用户个人信息保护规定》第9条规定，未经用户同意，电信业务经营者、互联网信息服务提供者不得收集、使用用户个人信息；2017年《网络安全法》第41条规定，网络运营者收集、使用个人信息，应当遵循合法、正当、必要原则，公开收集、使用规则，明示收集、使用的目的、方式和范围，并经被收集者同意；等等。《上海市社会信用条例》第34条第1款规定：信息主体有权知晓与其本人社会信用信息相关的采集、使用等情况，以及本人信用报告载明的信息来源和变动理由。《河北省社会信用条例》第42条、《湖北省社会信用信息管理条例》第34条作了相同的规定。

2020年《信息安全技术个人信息安全规范》"5.4收集个人信息时的授权同意"规定：收集个人信息，应向个人信息主体告知收集、使用个人信息的目的、方式和范围等规则，并获得个人信息主体的授权同意。收集个人敏感信息前，应征得个人信息主体的明示同意，并应确保个人信息主体的明示同意是在其完全知情的基础上自主给出的、具体的、清晰明确的意愿表示。收集个人生物识别信息前，应单独向个人信息主体告知收集、使用个人生物识别信息的目的、方式和范围，以及存储时间等规则，并征得个人信息主体的明示同意。个人生物识别信息包括个人基因、指纹、掌纹、耳廓、虹膜、面部识别特征等。

各国一般都规定，信息主体至少每年可以从信息收集和保存的专业机构那里免费获得一次自己的信用报告，从中了解自己信用信息被收集和保存的情况以及个人信用状况，这是信息主体知情权的主要表现。我国《征信业管理条例》第17条规定：信息主体可以向征信机构查询自身信息。个人信息主体有权每年两次免费获取本人的信用报告。《上海市社会信用条例》第34条第1款规定：自然人有权每年从归集、采集其社会信用信息的机构各免费获取两次本人的信用报告。提供个人信用报告应当注明信用信息的使用、查询情况，法律、法规另有规定的除外。

信息主体知情权是保障信用信息准确性的基础。从利益相关性而言，虚假信用信息的存在和使用对信息主体、提供信用信息服务的机构和授信机构的利益都有一定的影响。但受影响最大的是信息主体，不仅信息主体的经济利益，而且其正常生活秩序甚至人格尊严都可能因虚假信息而受到影响。由于信息主体与个人信用信息密切相关，所有的信用信息都由信息主体行为产生，其对虚假信息的敏感性极高，也具备相应的能力纠正其中的错误。因此，信息主体是最有动力和能力纠正虚假信用信息的人。这都需要信息主体的知情权予以保障，这种知情权的规范程度和保障程度决定着整个信用体系的健康程度。

延伸阅读

中国"人脸识别第一案"

（三）不利行为的通知规则

对于信息主体而言，信用信息既包括正面信息，也包括负面信息。从信用行业发展的实践看，目前大部分国家既收集个人的正面信息，也收集负面信息，仅在信用行业发展初期以及目前个别国家只收集个人的负面信用信息。[①] 相比较而言，个人更关注的是其负面信用信息，因为负面信用信息能够给他带来直接的负面影响，很可能因为某一条负面信息的存在导致他在申请某种信用产品时遭到拒绝或承担较高的成本。《征信业管理条例》第15条规定：信息提供者向征信机构提供个人不良信息，应当事先告知信息主体本人。但是，依照法律、行政法规规定公开的不良信息除外。《征信业管理条例》第44条规定，不良信息，是指对信息主体信用状况构成负面影响的下列信息：信息主体在借贷、赊购、担保、租赁、保险、使用信用卡等活动中未按照合同履行义务的信息，对信息主体的行政处罚信息，人民法院判决或者裁定信息主体履行义务以及强制执行的信息，以及国务院征信业监督管理部门规定的其他不良信息。

如果说信息主体知情权原则针对的是全部的信用信息，信息主体有时会因需要关注的信息太多而有所忽视的话，那么不利行为的通知原则针对的则是更为敏感和对信息主体影响更为直接的负面信息。一旦负面信息发挥了作用，信息主体就能马上知晓，而只有对其利益产生了实际的影响，才能刺激信息主体关注自己的信用行为，养成良好的信用意识。因此，虽然从理论上看，有了信息主体知情权原则后，不利行为通知

---

① 孙志伟. 美国消费信用探幽 [M]. 北京：中国经济出版社，2014：55—57.

原则似乎没有存在的必要,但正是因为该项原则针对性强的特点,才有必要将其保留下来。①

三、征信的基本流程

《征信业管理条例》对征信做了明确界定:征信是指对企业、事业单位等组织的信用信息和个人的信用信息进行采集、整理、保存、加工,并向信息使用者提供的活动。

征信活动可以分为两类:一类是征信机构主动去调查被征信人的信用状况;另一类是依靠授信机构或其他机构批量报送被征信人的信用状况。两者最大的区别在于前者往往是一种个体活动,通过接受客户的委托,亲自到一线去收集调查被征信人的信用状况;后者往往是商业银行等授信机构组织起来,将信息定期报给征信机构,从而建立信息共享机制。两者还有一个区别是前者评价的范围更广,把被征信人的资质情况、诚信度考察、资产状况等都包括在内,而后者由于是批量采集信息,因此灵活性和主观性上不如前者,但规律性和客观性强于前者。但两类方式在征信的基本流程上是相同的。例如,前一类流程要制定计划,决定采集哪些信息,后一类流程也同样如此,由征信机构事先确定好需要采集的信息后,与信息拥有方协商,达成协议或其他形式的约定,由信息拥有方定期向征信机构批量报送数据。因此,在讨论流程时,可以将两者合并在一起。

(一)制定数据采集计划

能够反映被征信人信用状况的信息范围广泛,为提高效率、节省成本,征信机构应事先制定数据采集计划,做到有的放矢。这是征信基本流程中一个重要的环节,一份好的计划能够有效减轻后面环节的工作负担。一般来说,数据采集计划包括以下内容:

1. 采集数据项

客户使用征信产品的目的不尽相同,有的希望了解被征信人短期的信用状况,有的则是作为中长期商业决策的参考。客户的不同需求决定了数据采集重点的迥异。征信机构要本着重点突出、不重不漏的原则,从客户的实际需求出发,进而确定所需采集数据的种类。例如,A 银行决定是否对 B 企业发放一笔短期贷款时,应重点关注该企业的历史信贷记录、资金周转情况,需采集的数据项为企业基本概况、历史信贷记录、财务状况等。

---

① 孙志伟. 信用信息收集和使用的基本原则探讨 [J]. 征信,2015(4).

2. 采集方式

确定科学合理的采集方式是采集计划的另一主要内容。不论主动调查，还是授信机构或其他机构批量报送数据，征信机构都应制定最经济便捷的采集方式，做好时间、空间各项准备工作。对于批量报送数据的方式，由于所提供的数据项种类多、信息量大，征信机构应事先制定一个规范的数据报送格式，让授信机构或其他机构按照格式报送。

3. 其他事项

在实际征信过程中，如果存在各种特殊情况或发生突发状况，征信机构应在数据采集计划中加以说明，以便顺利开展后面的工作。

（二）采集数据

数据采集计划制定后，征信机构应依照计划开展采集数据工作。数据一般来源于已公开信息、征信机构内部存档资料、授信机构等专业机构提供的信息、被征信人主动提供的信息、征信机构正面或侧面了解到的信息。出于采集数据真实性和全面性的考虑，征信机构可通过多种途径采集信息。但要注意，这并非意味着数据越多越好，而应兼顾数据的可用性和规模，在适度的范围内采集合适的数据。

（三）数据分析

征信机构收集到的原始数据，只有经过一系列的科学分析之后，才能成为具有参考价值的征信数据。

1. 数据查证

数据查证是保证征信产品真实性的关键步骤。一查数据的真实性。对于存疑的数据，征信机构可以通过比较不同采集渠道数据的方式，来确认正确的数据。当数据来源唯一时，可通过二次调查或实地调查，进一步确定数据的真实性。二查数据来源的可信度。某些被征信人为达到不正当目的，可能向征信机构提供虚假的信息。如果发现这种情况，征信机构除及时修改数据外，还应记录该被征信人的"不诚信行为"，作为以后业务的参考依据。三查缺失的数据。如果发现采集信息不完整，征信机构可以依据其他信息进行合理推断，从而将缺失部分补充完整。比如利用某企业连续几年的财务报表推算出某几个数据缺失项。四是被征信人自查，即异议处理程序。当被征信人发现自己的信用信息有误时，可向征信机构提出申请，修正错误的信息或添加异议声明。特别是批量报送数据时，征信机构无法对数据进行一一查证，常用异议处理方式。

2. 信用评分

信用评分是个人征信活动中最核心的数据分析手段，它运用先进的数据挖掘技术和统计分析方法，通过对个人的基本概况、信用历史记录、行为记录、交易记录等大量数据进行系统的分析，挖掘数据中蕴含的行为模式和信用特征，捕捉历史信息和未来信息表现之间的关系，以信用评分的形式对个人未来的某种信用表现做出综合评估。信用评分模型有各种类型，能够预测未来不同的信用表现。

3. 其他数据分析方法

在对征信数据进行分析时，还有许多其他的方法，主要是借助统计分析方法对征信数据进行全方位分析，并将分析获得的综合信息用于不同的目的，如市场营销、决策支持、宏观分析、行业分析等领域。使用的统计方法主要有关联分析、分类分析、预测分析、时间序列分析、神经网络分析等。

（四）形成信用报告

征信机构完成数据采集后，根据收集到的数据和分析结果，加以综合整理，最终形成信用报告。

1. 信用报告的概念

信用报告指征信机构以合法的方式从不同渠道收集信用信息，整理加工后提供给经授权的使用人的书面报告。其特点是，不修改和变动信用主体的记录信息，客观、公正、真实地记录信用。信用报告是征信机构前期工作的智慧结晶，体现了征信机构的业务水平，也是客户了解被征信人信用状况、制定商业决策的重要参考。

2. 生成信用报告的原则

征信机构在生成信用报告时，务必要贯彻客观性、全面性、隐私和商业秘密保护的科学原则。所谓客观性，指的是信用报告的内容完全是真实客观的，没有掺杂征信机构的任何主观判断。基于全面性原则，征信报告应充分披露任何能够体现被征信人信用状况的信息。但这并不等于长篇大论，一份高质量的信用报告言简意赅、重点突出，使客户一目了然。征信机构在撰写信用报告过程中，一定要严格遵守隐私和商业秘密保护原则，避免泄露相关信息，致使客户和被征信人权益受到损害。信用报告是征信机构最基本的终端产品，随着征信技术的不断发展，征信机构在信用报告的基础上衍生出越来越多的征信增值产品，如信用评分等。不论形式如何变化，这些基本原则是始终不变的。

3. 信用报告的分类

第一，按信息主体，可分为个人信用报告和企业信用报告。这两种报告除了信用主体不同之外，最大的不同是遵守的法律不一样：个人信用报告需要遵守保护个人隐私的法律，企业信用报告需要遵守保护企业商业秘密的法律。

第二，按信息内容繁简程度，可分为一般信用报告、基本信用报告、深度信用报告和信用追踪报告。一般信用报告包括信息主体最基础、最普遍的信息。如果信息主体是个人，报告包括基本信息、信用记录和查询记录等内容；如果信息主体是企业，报告包括企业的基本信息、资本、经营状况、担保品和财务信息等内容。基本信用报告主要提供信息主体的基本信息，如名称、住址、电话和一些公开的负面记录等。深度信用报告又称个性化定制报告，报告价格较高。这类报告是征信机构接受客户的委托，根据客户的需求，结合宏观经济形势、消费者行业发展趋势或企业所处行业发展趋势等，从多角度深刻分析信息主体目前的信用状况，包含信用评分、信用风险指数和信用评级等内容，是最富价值的征信产品。信用追踪报告指征信机构出具征信报告后，提供的继续追踪服务，如针对异常事项快速提供的企业信用异常通报。

第三，按使用对象，可分为商业银行版信用报告、普通企业版信用报告、政府版信用报告和监管版信用报告。商业银行版信用报告供商业银行使用，这类报告信息最全面。普通企业版信用报告只共享商业信用信息，是普通企业在商业授信过程中预防信用风险的一种重要方式。政府版信用报告往往是依法行政的需要，不一定需要很详细的信息，可能有定性的判断或汇总的信息就足够。监管版信用报告是根据监管当局的需要制作的，这类报告最关注信息主体的信用信息。

四、市场信用信息异议

近些年，信用异议、信用投诉和信用修复这三组词曝光的频率明显增加。共同点是，异议、投诉和修复都是一种申诉途径，都是围绕有"不良信用记录"的信息主体权益保护的一种制度设计。关于不同点，可以从两方面加以分析。从对象看，信用投诉的对象主要是他人；信用异议的对象可能是自身或他人；信用修复的对象主要是自身。从特征看，信用投诉主要是针对行为，因为他人的失信行为对自身权益产生侵害，所以才有对他人行为的投诉；信用异议主要是针对信息，因为主观认为信用数据的记录有差错，才有了异议的需求；信用修复主要是先有失信行为的改正，然后才提出要更新失信记录。① 造成不良信用记录的原因主要有：一是信用主体因自身原因造成信用不良，既包括主观行为，也包括非主观行为；二是信用信息在采集、传送或处理过程中出现错误，造成信用主体信用不良；三是"身份盗窃"引起的信用不良。针对第二种和第三种原因造成的信用不良，可以通过信用异议和信用投诉进行修复。我国信用修复方式有程序修复和自主自新两种方式：程序修复主要是针对征信机构在行使征信职能过程中存在瑕疵，当事人以程序不合规为由主张该信用不良无效；自主自新强调知错就改，进而修复不良信用记录。

---

① 王宁江. 信用异议的协同处理 [J]. 浙江经济，2018（13）.

《民法典》第1037条第1款规定："自然人可以依法向信息处理者查阅或者复制其个人信息；发现信息有错误的，有权提出异议并请求及时采取更正等必要措施。"《征信业管理条例》规定，只有在存在错误或遗漏的情况下才能提出异议。信息主体认为征信机构或者信息提供者、信息使用者侵害其合法权益的，可以向所在地的国务院征信业监督管理部门派出机构投诉。受理投诉的机构应当及时进行核查和处理，自受理之日起30日内书面答复投诉人。征信机构或者信息提供者收到异议，应当按照国务院征信业监督管理部门的规定对相关信息作出存在异议的标注，自收到异议之日起20日内进行核查和处理，并将结果书面答复异议人。经核查，确认相关信息确有错误、遗漏的，信息提供者、征信机构应当予以更正；确认不存在错误、遗漏的，应当取消异议标注；经核查仍不能确认的，对核查情况和异议内容应当予以记载。信息主体认为征信机构或者信息提供者、信息使用者侵害其合法权益的，可以直接向人民法院起诉。

延伸阅读

李某某与中国人民银行杭州中心支行、中国人民银行金融行政管理（金融）一审行政判决书

第三节　企业信用信息公示制度

为了保障公平竞争，促进企业诚信自律，规范企业信息公示，强化企业信用约束，维护交易安全，提高政府监管效能，扩大社会监督，《企业信息公示暂行条例》于2014年制定并公布。该条例虽然只有25条，却为我国企业信用信息公示制度体系构建了基本的框架。其核心内容主要包括企业年报、企业信息即时公示、企业信息随机抽查、经营异常名录、严重违法企业名单和信用约束六个方面的制度。这六种制度相辅相成，相互促进，相互支撑，统一体现于市场监管部门建立的企业信用信息公示系统，是我国企业信用体系一体化建设的重要基石。①

一、企业信用信息公示制度的内容

根据《企业信息公示暂行条例》的要求，企业通过国家企业信用信息公示系统公示自己的两类信息，一类是年报信息，另一类是即时信息。

---

① 段西.企业信用信息公示法律制度研究[D].上海：上海师范大学，2019.

（一）企业年报制度

《企业信息公示暂行条例》规定，企业应当通过企业信用信息公示系统在每年的1月1日至6月30日，向市场监督管理部门报送上一年度企业年报，同时向社会大众进行公示。企业年报的内容必须包括：企业通信地址、邮政编码、联系电话、电子邮箱等信息；企业开业、歇业、清算等存续状态信息；企业投资设立企业、购买股权信息；企业为有限责任公司或者股份有限公司的，其股东或者发起人认缴和实缴的出资额、出资时间、出资方式等信息；有限责任公司股东股权转让等股权变更信息；企业网站以及从事网络经营的网店的名称、网址等信息。

除了必须公开的信息外，《企业信息公示暂行条例》还规定了企业年报可以选择不公开的信息，比如企业从业人数、资产总额、负债总额、对外提供保证担保、所有者权益合计、营业总收入、主营业务收入、利润总额、净利润、纳税总额信息。但是，公民、法人或者企业组织经过企业同意也可以查询企业选择不公开的信息。

（二）企业信息即时公示制度

企业即时信息包括：(1)股东出资信息，如股东认缴和实缴出资额、出资方式等；(2)有限公司的股权变更或转让信息；(3)行政许可取得、变更、延续信息；(4)知识产权出质登记信息；(5)受到行政处罚的信息；(6)其他依法应当公示的信息。这些信息不是企业一定会发生的常规信息，却是社会公众需要的信息，一旦形成就具备向社会公示的条件，应该即时向社会公布。

这些信息自形成之日起20个工作日内，企业应登录公示系统进行公示。企业自行公示信息是企业自律的体现，也是《企业信息公示暂行条例》要求的法定义务。

（三）企业信息随机抽查制度

企业信息随机抽查制度是指市场监管部门在企业进行相关信息公示后对企业采取的一种事后监督措施，这一制度的实施旨在确保企业所公示之信息符合《企业信息公示暂行条例》规定，且做到了信息公示的真实和及时。《企业信息公示暂行条例》规定，市场监管总局和省一级市场监管部门要按照相关要求，使用企业注册号等随机摇号以确定抽查的企业，对企业公示信息进行抽查，从而保障企业公示信息的真实性。

市场监管部门抽查企业公示的信息，可以采取书面检查、实地核查、网络监测等方式。市场监管部门抽查企业公示的信息，可以委托会计师事务所、税务师事务所、律师事务所等专业机构开展相关工作，并依法利用其他政府部门作出的检查、核查结果或者专业机构作出的专业结论。抽查结果由市场监管部门通过企业信用信息公示系统向社会公布。

(四)经营异常名录和严重违法企业名单制度

《企业信息公示暂行条例》规定,下列情形下企业一般会被县级以上市场监管部门纳入经营异常名录,并向社会公示,提醒企业履行公示义务:第一,企业应按规定进行年报公示而未进行公示的;第二,未在20个工作日内在系统中公示即时信息的;第三,公示企业信息弄虚作假,谎报、隐瞒真实情况的;第四,经营场所或登记地住所无法联系的。企业违反公示义务,情节严重的,还有可能承担相应的法律责任。此外,被列入经营异常名录的企业如果在3年内仍然不按照规定履行公示义务,则会被省级或者省级以上的市场监管部门列入严重违法企业名单。被列入严重违法企业名单的企业的法定代表人、负责人,3年内不得担任其他企业的法定代表人、负责人。

(五)企业信用约束制度

企业信用约束制度,是指在政府采购、工程招投标、国有土地出让、授予荣誉称号等工作中,将企业信用信息作为重要考量因素,对被列入经营异常名录或者严重违法企业名单的企业依法予以限制或者禁入的一项制度。

企业信用约束制度可以更加有效发挥经营异常名录和严重违法企业名单的作用,对于被列入经营异常名录的企业或严重违法企业构成一种约束和威慑。企业的信用信息不能只向社会公示,而且要能够在实践中得到有效应用,能够真正对企业起到约束和指引作用。

二、政府部门涉企信息归集的特点[①]

在政府部门涉企信息归集过程中,市场监管部门不能、也不可能"包打天下"。市场监管部门以外的其他部门归集涉企信用信息的范围如何予以明确,直接影响市场主体信用体系建设的完整程度。2016年8月,国务院办公厅发布《政府部门涉企信息统一归集公示工作实施方案》(以下简称《方案》),对其他政府部门归集什么信息、怎么归集、归集信息的应用以及如何保障实施作出了全面界定。

(一)归集的覆盖面广

主要体现在两个方面:一方面,归集部门全覆盖。其他部门涉企信息归集,涵盖了全国各省、自治区、直辖市的除市场监管部门以外的所有政府部门和其管辖的下级政府

---

① 曹朝阳,陆诗秦,袁驰.国家企业信用信息公示系统归集相关部门涉企信用信息的工作考量[J].中国市场监督管理,2017(9).

部门。另一方面，归集途径全覆盖。各地区、各有关部门应当根据本地区、本部门信息化建设实际，通过政务外网、互联网或其他信息传递方式，将本地区、本部门产生或归集的企业信息传递至同级市场监管部门，也可将企业信息通过本系统的信息通道传递至相应层级市场监管部门。

（二）归集的信息量大

这一特点主要体现在企业信息归集的两大路径上：一是横向推送的信息量十分庞大，市场监管部门直接向其他政府部门推送企业信息（包括"双告知"①），以及其他政府部门直接向市场监管部门推送信息（包括"双告知"审批后的返回信息），均应在同一地区同一层级政府部门之间进行不间断的推送，形成了信息归集的"部门流"。二是纵向流转的信息量源源不断，市场监管部门的上下级之间进行纵向流转，其他政府部门上下级之间也进行纵向信息流转，这就解决了跨地域、跨层级以及信息交流层级不对应等问题。

（三）归集的时效性强

《方案》对信息归集的时效性进行了规定，各个政府部门自涉企信息产生之日起7个工作日，要将信息归集到国家企业信用信息公示系统数据交换平台。市场监管部门要负责把归集过来的信息在20个工作日之内记到企业名下，并通过国家企业信用信息公示系统公示。

（四）归集的关联度高

所有信息的归集都归结于企业名下，都与企业自身生产经营行为相关，都应做到"一码关联"。所谓"一码关联"，是指企业信用信息无论经历怎样的政府部门的内部流转和什么层级的横向推送，都要在公示系统中通过企业注册号或统一社会信用代码与企业登记注册基本信息相关联，即记于企业名下。所谓记于企业名下，从技术上是在公示系统中自动实现的，在逻辑上是由企业登记注册地市场监管部门及相关部门共同完成的。

三、政府部门涉企信息归集的路径和方法

第一，政府部门应当将本部门产生的在本地注册登记企业的信息，提供给同级市场

---

① "双告知"是指在办理登记注册时，市场监管部门告知申请人需要申请审批的经营项目和相应的审批部门；在办理登记注册后，市场监管部门将市场主体登记注册信息及时告知相关审批部门或行业主管部门。

监管部门，依托公示系统，以企业基本信息为基准，由市场监管部门按照企业名称、注册号或统一社会信用代码，将信息记于企业名下。

第二，对企业作出相关决定的政府部门与企业不在同一行政区划内的，相关政府部门可直接将信息提供给同级市场监管部门，由市场监管部门经自身信息通道传递至企业登记地市场监管部门；相关政府部门也可通过公示系统信息流转通道，将信息传递至企业登记地的公示系统部门，由该部门将信息提供给同级市场监管部门，并记于企业名下。

第三，对企业作出相关决定的政府部门与企业的登记部门不属同一层级的，由作出相关决定的政府部门通过公示系统信息流转通道，将信息传递至与企业的登记部门属同一层级的公示系统机关，由该机关将信息提供给同级市场监管部门，并记于企业名下。

第四，对企业作出相关决定的政府部门在公示系统内没有与企业的登记部门相同层级机构的，由作出相关决定的政府部门将信息传递至公示系统与企业的登记部门层级最为接近的机关，由该机关将信息提供给同级市场监管部门，由市场监管部门内部流转至企业登记地市场监管部门，并记于企业名下。

第五，已经实现涉企信息集中存储、管理的政府部门，可选择将集中后的企业信息统一提供给同级市场监管部门，按照不同的企业登记地址，由市场监管部门内部流转至企业登记地市场监管部门，并记于企业名下。

第六，地方政府已经或部分实现本行政区域内企业信息的归集，正在有计划地进一步推进相关工作，且按照《方案》更改归集方式成本较高的，可以继续按照现行的归集方式进行归集，并将归集信息传递至相应层级市场监管部门，由市场监管部门内部流转至企业登记地市场监管部门，记于企业名下。

在企业信息归集共享过程中，凡是能通过全国或地方信用信息共享平台交换信息的，应充分利用现有资源，避免重复建设和重复采集。通过上述方式不能实现公示系统功能要求的，要采取有效的信息化手段予以保证。记于企业名下的信息，由市场监管部门及时交换至全国信用信息共享平台和"信用中国"网站并动态更新。个体工商户、农民专业合作社信息归集的内容和方式参照执行。

四、政府部门涉企信息归集内容

各级政府部门要依托现有条件，按照"谁产生、谁提供、谁负责"的原则，将企业信息按照《方案》要求进行归集，并对信息的真实性、准确性、及时性负责；加强公示系统信息化建设，以公示系统建设为契机，提升系统信息化水平，实现企业信息无障碍归集、共享。

政府部门涉企信息是指依法应当公示的企业信息，包括：企业注册登记备案、动产

抵押登记、股权出质登记、知识产权出质登记、商标注册、行政许可、行政处罚、纳入经营异常名录和严重违法失信企业名单（"黑名单"）、抽查检查结果等，以及其他依法应当公示的企业信息（统计抽查检查结果信息、企业统计年报除外）。上述企业信息应当按照《政府部门涉企信息归集资源目录》和《政府部门涉企信息归集格式规范》的要求进行归集。

第五章
守信联合激励与失信联合惩戒机制

守信联合激励和失信联合惩戒是构建以信用为核心的新型市场监管体制的重要内容。党的十八大以来，国家各部门和各地方政府按照党中央、国务院决策部署，紧紧围绕"四个全面"战略布局，牢固树立创新、协调、绿色、开放、共享发展理念，落实加强和创新社会治理要求，加快推进社会信用体系建设，加强信用信息公开共享，充分运用信用激励和约束手段，构建政府、社会共同参与的跨地区、跨部门、跨领域的守信联合激励和失信联合惩戒机制，加大对诚信主体激励和对严重失信主体惩戒力度，让守信者受益、失信者受限，促进了市场主体依法诚信经营，维护了市场正常竞争秩序，营造了诚信良好的社会环境。

第一节　守信联合激励与失信联合惩戒基本政策制度

守信联合激励与失信联合惩戒是信用制度建设的核心，科学合理的运行机制是保证激励与惩戒得以落实的前提。

一、国家总体规划及顶层设计

2014年以来，国务院及相关部委制定出台了一系列守信联合激励和失信联合惩戒的政策文件，为全国各地建立起行政层面的市场主体守信联合激励与失信联合惩戒机制奠定了坚实的政策、制度和法律基础。

（一）推进了相关制度建设

近些年，从国务院到各有关部门，不断推进守信联合激励与失信联合惩戒制度建设。2016年5月，国务院印发《关于建立完善守信联合激励和失信联合惩戒制度—加快推进社会诚信建设的指导意见》，大多数省份制定了相应的实施方案。该指导意见是第一部关于信用联合奖惩的规范性文件，体现了激励与惩戒并重的原则，充分体现了党的十八届三中全会关于"褒扬诚信，惩戒失信"的要求，在加大对严重失信主体惩戒力度的同时，充分运用多种措施对诚实守信主体进行激励。

2017年10月，国家发展改革委和人民银行联合发布《关于加强和规范守信联合激励和失信联合惩戒对象名单管理工作的指导意见》，完善守法诚信褒奖和违法失信惩戒的联动机制。2018年3月，国家发展改革委就贯彻落实《关于加强和规范守信联合激励和失信联合惩戒对象名单管理工作的指导意见》发布通知，要求各地区有关部门单位签署相关领域的守信联合激励和失信联合惩戒合作备忘录，对已出台的备忘录切实落实好，并根据实际工作过程中出现的问题及时调整，同时公布各行业信用红黑名单。2018年7月，国家发展改革委和人民银行联合发布的《关于对失信主体加强信用监管的通知》指出，部分地区、部分领域失信现象比较普遍，需要加强对失信主体的信用监管，提出完善失信联合惩戒制度，全面落实失信联合惩戒措施，并提出了黑名单、重点关注名单主体的退出情形。2018年8月，中央文明委印发《关于集中治理诚信缺失突出问题提升全社会诚信水平的工作方案》，组织整治人民群众普遍关注的诚信缺失问题和经济社会领域的失信突出问题。

（二）加强机构队伍建设

政府部门也不断加强信用监管领域的机构建设。2007年，国务院设立"社会信用体系建设部际联席会议"制度。2014年，国家发展改革委在财政金融司专门设立信用处，会同有关部门统筹协调推进社会信用体系建设工作，承担社会信用体系建设部际联席会议办公室职责，推进社会信用体系建设法律法规、制度规范、统一的信用信息平台等基础设施建设，指导地方和行业社会信用体系建设。2017年9月，中央编办批复设立国家公共信用信息中心。其职责为：负责公共信用信息归集共享和守信联合激励与失信联合惩戒信息共享工作；推动公共信用信息依法向社会机构开放，为有关部门和社会提供信用信息服务；制定公共信用信息归集、共享、公开与服务标准规范，指导各地区、各部门信用信息共享平台与归集系统建设和应用服务。国家公共信用信息中心已经开始正常运作，委托信用中国网站于2018年6月开始发布《新增失信联合惩戒对象公示及公告情况说明》，公示有关黑名单信息，警示公众在工作生活和经营活动中，注意识别失信主体，慎重选择合作对象，切实防范信用风险。2018年，国家市场监督管理总局内设信用监督管理司。其职责为：负责拟定信用监督管理的制度措施；组织指导对市场主体登记注册行为的监督检查工作；组织指导信用分类管理和信息公示工作，管理国家企业信用信息公示系统；建立经营异常名录和"黑名单"，开展有关信息归集共享、联合惩戒的协调联系。

(三)开展重点领域的守信联合激励与失信联合惩戒

《社会信用体系建设规划纲要(2014—2020年)》围绕政务、商务、社会、司法等四大重点领域,明确了与人民群众、经济社会发展高度相关的30多项具体任务。为具体落实该纲要,国务院发布了《关于加强政务诚信建设的指导意见》(国发〔2016〕76号)、《关于加强个人诚信体系建设的指导意见》(国办发〔2016〕98号),商务部发布了《关于深入推进商务信用建设的指导意见》(商秩函〔2018〕762号)。

在守信联合激励与失信联合惩戒的具体实施方面,国家各部门主要是通过签署联合奖惩合作备忘录的形式推进的。截至2018年11月底,60多个部门共签署51个联合奖惩合作备忘录。其中,失信联合惩戒备忘录46个,(见表5-1)守信联合激励备忘录8个(见表5-2),两者都有的3个,即《关于在电子认证服务行业实施守信联合激励和失信联合惩戒的合作备忘录》《关于对出入境检验检疫企业实施守信联合激励和失信联合惩戒的合作备忘录》《关于对慈善捐赠领域相关主体实施守信联合激励和失信联合惩戒的合作备忘录》。①

根据所签署的备忘录,经相关部门认定后,向全国信用信息共享平台推送守信的红名单和失信的黑名单。

表5-1 失信联合惩戒备忘录

序号	名称	文号
1	关于对违法违规建设生产煤矿实施联合惩戒的通知	发改运行〔2015〕1631号
2	关于对失信企业协同监管和联合惩戒合作备忘录	发改财金〔2015〕2045号
3	关于对违法失信上市公司相关责任主体实施联合惩戒的合作备忘录	发改财金〔2015〕3062号
4	关于印发对失信被执行人实施联合惩戒的合作备忘录	发改财金〔2016〕141号
5	关于在招标投标活动中对失信被执行人实施联合惩戒的通知	法〔2016〕285号
6	关于对安全生产领域失信经营单位及其有关人员开展联合惩戒的合作备忘录	发改财金〔2016〕1001号
7	关于对环境保护领域失信生产经营单位及其有关人员开展联合惩戒的合作备忘录	发改财金〔2016〕1580号

---

① 根据信用中国网站整理,https://www.creditchina.gov.cn/,访问时间2021年6月2日。

续表

序号	名称	文号
8	关于对食品药品生产经营严重失信者开展联合惩戒的合作备忘录	发改财金〔2016〕1962号
9	关于对严重质量违法失信行为当事人实施联合惩戒的合作备忘录	发改财金〔2016〕2202号
10	关于对电子商务及分享经济领域炒信行为相关失信主体实施联合惩戒的行动计划	发改财金〔2016〕2370号
11	关于对财政性资金管理使用领域相关失信责任主体实施联合惩戒的合作备忘录	发改财金〔2016〕2641号
12	关于对统计领域严重失信企业及其有关人员开展联合惩戒的合作备忘录	发改财金〔2016〕2796号
13	关于对重大税收违法案件当事人实施联合惩戒措施的合作备忘录	发改财金〔2016〕2798号
14	关于对严重违法失信超限超载领域运输车辆相关责任主体实施联合惩戒的合作备忘录	发改财金〔2017〕274号
15	关于对农资领域严重失信生产经营单位及其有关人员开展联合惩戒的合作备忘录	发改财金〔2017〕346号
16	关于对涉金融严重失信人实施联合惩戒的合作备忘录	发改财金〔2017〕454号
17	关于对海关失信企业实施联合惩戒的合作备忘录	发改财金〔2017〕427号
18	关于在电子认证服务行业实施守信联合激励和失信联合惩戒的合作备忘录	发改财金〔2017〕844号
19	关于对电力行业严重违法失信市场主体及其有关人员实施联合惩戒的合作备忘录	发改运行〔2017〕946号
20	关于对盐行业生产经营严重失信者开展联合惩戒的合作备忘录	发改经体〔2017〕1164号
21	关于对房地产领域相关失信责任主体实施联合惩戒的合作备忘录	发改财金〔2017〕1206号
22	关于对石油天然气行业严重违法失信主体实施联合惩戒的合作备忘录	发改运行〔2017〕1455号
23	关于对保险领域违法失信相关责任主体实施联合惩戒的合作备忘录	发改财金〔2017〕1579号

续表

序号	名称	文号
24	关于加强和规范守信联合激励和失信联合惩戒对象名单管理工作的指导意见	发改财金规〔2017〕1798号
25	关于对对外经济合作领域严重失信主体开展联合惩戒的合作备忘录	发改外资〔2017〕1894号
26	关于对国内贸易流通领域严重违法失信主体开展联合惩戒的合作备忘录	发改财金〔2017〕1943号
27	关于对严重拖欠农民工工资用人单位及其有关人员开展联合惩戒的合作备忘录	发改财金〔2017〕2058号
28	关于对出入境检验检疫企业实施守信联合激励和失信联合惩戒的合作备忘录	发改财金〔2018〕176号
29	关于对家政服务领域相关失信责任主体实施联合惩戒的合作备忘录	发改财金〔2018〕277号
30	关于对慈善捐赠领域相关主体实施守信联合激励和失信联合惩戒的合作备忘录	发改财金〔2018〕331号
31	关于加强和规范涉电力领域失信联合惩戒对象名单管理工作的实施意见	发改运行规〔2018〕233号
32	关于对婚姻登记领域严重失信当事人开展联合惩戒的合作备忘录	发改财金〔2018〕342号
33	关于对失信被执行人实施限制不动产交易惩戒措施的通知	发改财金〔2018〕370号
34	关于在一定期限内适当限制特定严重失信人乘坐火车推动社会信用体系建设的意见	发改财金〔2018〕384号
35	关于在一定期限内适当限制特定严重失信人乘坐民用航空器推动社会信用体系建设的意见	发改财金〔2018〕385号
36	关于对运输物流行业严重违法失信市场主体及其有关人员实施联合惩戒的合作备忘录	发改运行〔2017〕1553号
37	关于对公共资源交易领域严重失信主体开展联合惩戒的合作备忘录	发改法规〔2018〕457号
38	关于对旅游领域严重失信相关责任主体实施联合惩戒的合作备忘录	发改财金〔2018〕737号

续表

序号	名称	文号
39	关于对严重危害正常医疗秩序的失信行为责任人实施联合惩戒的合作备忘录	发改财金〔2018〕1399号
40	关于对科研领域相关失信责任主体实施联合惩戒的合作备忘录	发改财金〔2018〕1600号
41	关于对社会保险领域严重失信企业及其有关人员实施联合惩戒的合作备忘录	发改财金〔2018〕1704号
42	关于对政府采购领域严重违法失信主体开展联合惩戒的合作备忘录	发改财金〔2018〕1614号
43	关于对知识产权（专利）领域严重失信主体开展联合惩戒的合作备忘录	发改财金〔2018〕1702号
44	关于对会计领域违法失信相关责任主体实施联合惩戒的合作备忘录	发改财金〔2018〕1777号
45	关于对文化市场领域严重违法失信市场主体及有关人员开展联合惩戒的合作备忘录	发改财金〔2018〕1933号
46	关于对失信被执行人实施限制不动产交易惩戒措施的通知	发改财金〔2018〕370号

表 5-2 守信联合激励备忘录

序号	名称	文号
1	关于对纳税信用A级纳税人实施联合激励措施的合作备忘录	发改财金〔2016〕1467号
2	关于实施优秀青年志愿者守信联合激励加快推进青年信用体系建设的行动计划	发改财金〔2016〕2012号
3	关于对海关高级认证企业实施联合激励的合作备忘录	发改财金〔2016〕2190号
4	关于在电子认证服务行业实施守信联合激励和失信联合惩戒的合作备忘录	发改财金〔2017〕844号
5	关于对安全生产领域守信生产经营单位及其有关人员开展联合激励的合作备忘录	发改财金〔2017〕2219号

续表

序号	名称	文号
6	关于对出入境检验检疫企业实施守信联合激励和失信联合惩戒的合作备忘录	发改财金〔2018〕176号
7	关于对慈善捐赠领域相关主体实施守信联合激励和失信联合惩戒的合作备忘录	发改财金〔2018〕331号
8	关于对交通运输工程建设领域守信典型企业实施联合激励的合作备忘录	发改财金〔2018〕377号

二、信用奖惩机制的六大要素

社会信用体系建设顶层设计所指的守信激励和失信惩戒机制，主要是指行政层面的奖惩，包括行业、商务、社会三个层面的内容。这些奖惩都包含六大要素。①

（一）实施主体

行政性奖惩的实施主体，是各级行政机关以及具有管理公共事务职能的其他组织机构。商务性奖惩的实施主体，是经济活动的交易当事人。广义的社会性奖惩的实施主体，除了行政性奖惩和商务性奖惩的实施主体外，还包括社会活动中的所有参与者，主要是公共利益的相关者和维护者。如对食品造假的失信企业，将受到大众消费者的一致抵制、新闻媒体的广泛揭露、银行的贷款限制、行政管理机关的处罚。狭义的社会性奖惩主体，不包括行政性和商务性奖惩的实施主体。行业性奖惩主体为各行业协会、商会。

（二）适用对象

行政性信用奖惩的对象，就是行政管理的相对人，包括特定自然人、法人和非法人组织。其中特定自然人是指行政管理行为的指向者，包括企业法定代表人、企业主要经营管理者、个体工商户、具有专业执业资格的实际从业人员，以及行为活动属于各级有关机关和组织机构管理或在其服务范围的其他公民、境外人员和外籍人员。行业性、商务性、社会性奖惩的适用对象为失信主体，包括失信的具有完全民事行为能力的自然人、法人和非法人组织。

---

① 张善云．守信激励与失信惩戒运行机制研究［J］．发展研究，2016（5）．

（三）适用范围

信用奖惩机制应当在地域和行业两个维度发挥作用。在国家主权范围内，在一个地区内的守信者或失信者，在其他地区应当同时受到激励或给予惩戒；一个行业的失信者，应当在其他行业受到联动惩戒。行政性、商务性和社会性奖惩，都是如此。

（四）实施依据

行政性信用奖惩的依据，是管理相对人在工商登记、税费缴纳、工程建设、债务偿还、合同履约、食品与药品安全、产品质量、工程质量、安全生产、劳动工资、环境保护、交通安全、社会保障、信贷融资、知识产权保护、公用事业、投保索赔、慈善公益、表彰奖励、行政处罚、生效法律文书履行等各项经济社会活动中的信用状况，且必须表现为法律文书的记录形式才能作为实施信用奖惩的最终依据。行业性、商务性和社会性信用奖惩依据，除了行政性信用奖惩的依据外，还包括未形成法律文书的信用状况记录。

（五）适用程序

按照依法行政的要求，行政性奖惩必须明确并履行法定的程序，须经过守信或失信记录信息的核查、认定和信用奖惩的实施三个步骤。行业性、商务性和社会性奖惩，也必须坚持以事实为依据，但对程序层面的要求不及行政性奖惩严格。

（六）实施内容

社会信用体系建设的目标是营造守信光荣、失信可耻的社会氛围。为鼓励守信、打击失信，激励或惩戒的内容应该与信用状况挂钩，但重点应放在对失信的惩戒上，且惩戒力度要随失信程度提升而增强，重复失信也要加重惩戒。

在行政性奖惩中，对被认定为守信的管理相对人，相关监管机构在行政管理或公共服务中，从本机构的职能出发实施激励措施，主要措施有：免除日常检查或减少检查频次，优先给予行政许可权或列为优先办理的对象，优先获得公共资源出让或国有企业产权转让权，优先获得财政性资金等选择性政策的支持等。在进行失信惩戒时，可以将失信区分为一般失信与重大失信。对一般失信者，在行政许可管理中延迟授予许可权，在实行限额管理许可事项的申请排序中安排在后列位置；对重大失信者，则提高惩戒层级，如在行政许可管理中限制授予许可权，在实行限额管理许可事项的申请中取消失信者的申请资格。

在商务性奖惩中，激励内容主要包括交易方给予守信交易对方以相应宽限条件，降低对方的交易成本；惩戒内容主要包括对失信者及信用程度低者增设保障条件，提高对方的交易成本。

在社会性奖惩中，激励内容主要是消费者和宣传媒体等公共利益的相关者和维护者，对守信行业及守信者的信赖和赞扬；惩戒内容主要是对失信行为及失信者的批评与谴责，降低依赖度或进行一致抵制。

从时效性看，行政性信用奖惩必须在守信或失信行为通过书面方式确认后才能实施；行业性、商务性和社会性信用奖惩，可以在守信或失信事实发生时就实施。因此，一般而言，行政性信用奖惩滞后于其他信用奖惩。但由于商务性信用奖惩是在发生交易活动时实施，与交易行为发生的时间同步，其时效性既可能比行政性奖惩早，也可能迟。

三、守信联合激励措施

激励是通过激发行为主体内在动力，推动主体行为迈向特定目标的导向方式。守信激励是对履行契约、遵守法规制度和践行诚信道德义务的守信主体给予特定便利的制度安排。目前，全国已初步形成"三优"守信激励格局。①

（一）优先

给予守信主体优先的方便，是信用激励的主要措施。第一，优先提供公共服务。主要是在教育、就业、养老、医疗、住房等公共服务事项中同等条件下给予守信主体优先便利，如对符合申请条件的诚信个人优先纳入公租房保障范围。第二，优先行政管理安排。主要是通过"绿色通道"优先或加快办理行政审批、资质审核、备案等手续，实施快捷行政管理服务；减少行政检查过程中各类检查比例、频次。第三，优先取得支持服务资格。主要是在实施财政性资金项目安排、政府购买服务、公共资源交易、认证服务、评优评先、考核录用等政治经济社会活动中优先向守信主体提供政策支持、接受市场服务、授予荣誉等。如《关于对海关高级认证企业实施联合激励的合作备忘录》规定，在实施财政性资金项目安排时，将海关高级认证企业的信用状况作为参考条件，同等条件下优先考虑海关高级认证企业。这里的优先并不等于特权，而是在标准不降的情况下优先获得合法权利。

（二）优惠

作为守信激励措施的优惠，是指在经济社会活动中向守信主体施予的特定费率的降低或特定费用的减免。按照激励对象的不同，信用优惠分为对守信企业的优惠和对守信

---

① 周荣华，李鑫.守信激励的发展趋势及规范路径［J］.中国信用，2019（12）.

个人的优惠。我国对守信企业的优惠主要集中在税收、金融和社会保障等领域。在税收领域，各级税务部门和银保监部门合作开发"税易贷""税融通"等银税产品，给予A级纳税人授信额度倾斜和利率优惠；在金融领域，创新"信易贷"惠企产品，给予守信企业降低银行信贷业务保证金比例和贷款利率折扣；在社会保障领域，给予守信企业保险支缴率低于行业基准费率的优惠。对守信个人的优惠主要通过信用分搭载市民卡形式，在交通出行、公共服务、商业购物、医疗服务、场馆参观等领域对信用分值达到一定量的个人给予票价打折、免票、免押金等优惠便利。

（三）优待

信用优待是政府对守信主体施行的政治、经济或物质特权，这一特权有两方面的含义。第一，针对不同的守信主体实行不同的优待制度；第二，针对同一类守信主体的不同信用等级，实行有差别的优待制度。主要表现为：对守信企业，在行政审批中降低门槛、减少环节、容缺受理，在行政监管中实行免检查、免稽核、适用较低的查验标准，在政府投资补助、项目招标中给予加分，在会展、论坛、银企对接经济活动中重点推介等；对守信个人，在公派出国、职业培训、就业服务、教育入托、城市落户、社会救助等方面给予加分或其他优待便利。2019年6月，国家发展改革委公布的《关于对模范践行诚实守信个人实施联合激励加快推进个人诚信体系建设的指导意见（征求意见稿）》明确规定，模范践行诚信规范的守信个人享受城市落户加分、公立养老机构入住和公立教育机构入托等优待特权。

四、失信惩戒措施

（一）失信惩戒措施概述

信用惩戒制度是由信用市场各授信主体共同参与，以企业和个人征信数据库记录为依据，通过信用记录和信用信息的公开，降低市场交易中信息不对称程度，约束社会各经济主体信用行为的社会机制，是信用管理体系中的重要组成部分。在我国各类文件中常被直接称作"失信惩戒"。信用惩戒作为一个制度性专有名词是从一系列文件中逐渐发展、固定下来的。"信用惩戒"一词在文件中较早出现是在2001年12月的联合推进"青年文明号信用建设示范行动"中，将"实施信用惩戒"作为"示范行动"的重点内容。

2004年3月，温家宝总理在《政府工作报告》中强调要加快社会信用体系建设，建立企业和个人"失信惩戒制度"。2005年，中央政法委提出建立"国家执行威慑机制"和

"信息联动机制"[①]。这一阶段,虽然建设社会信用体系的目标已经确立,但是还没有形成关于"信用惩戒"的固定用法,只是随意搭配、任意使用的状态。

2006年3月,全国人民代表大会通过的《国民经济和社会发展第十一个五年规划纲要(草案)》提出要健全"失信惩戒制度"和"守信激励制度",随后的"两会词解"对"失信惩戒"一词作出专门解释。自此以后,"失信惩戒"成为一个固定词组被各文件和报道沿用。

2007年3月,国务院办公厅发布规章,提出建设国家信用体系,推进行业信用建设,形成失信行为"联合惩戒"机制[②]。2014年3月,《"构建诚信惩戒失信"合作备忘录》出台,发布了对失信被执行人实施禁止部分高消费行为、限制在金融机构办理贷款和信用卡、禁止担任相关企业职务等三大类失信惩戒措施。2014年6月,国务院提出建立多部门、跨地区"信用联合奖惩机制"[③]。经过一系列文件的反复运用,尤其是在《"构建诚信惩戒失信"合作备忘录》出台且确立三类联合惩戒措施后,"联合惩戒""失信联合惩戒""信用联合惩戒"成为固定搭配,"信用惩戒"也成为一个制度性专有名词,在此后的中央、部委、地方文件中被反复使用。

失信惩戒主要包括三大功能:惩罚功能、震慑功能和引导功能。失信惩戒机制具有对任何经济主体的失信行为进行惩罚的功能,还对潜在失信者产生震慑、警示作用,将失信动机消灭在萌芽状态中,对失信行为产生事先约束。同时,失信惩戒机制还具备引导功能,通过奖励守信者,使守信者切实得到实惠和便利,形成正面的激励导向,引导人们诚实守信,推动社会向诚信的方向发展。

信用惩戒是一项融合多种惩戒工具、包含多项惩戒措施的监管方式。因此,对其所包含的具体措施进行科学分类是研究其法律性质和法律救济的前提。

(二)失信惩戒措施分类

1. 按实施惩戒措施主体划分

根据实施惩戒措施的主体不同,可以把失信惩戒措施分为以下几类[④]:

(1)市场性惩戒

市场性惩戒由金融、商业和社会服务机构做出,通过查询公共信用信息和购买社会

---

① 《中央政法委关于切实解决人民法院执行难问题的通知》(政法〔2005〕52号)。
② 《国务院办公厅关于社会信用体系建设的若干意见》(国办发〔2007〕17号)(2007年3月23日)。
③ 《国务院关于印发社会信用体系建设规划纲要(2014—2020年)的通知》(国发〔2014〕21号)(2014年6月14日)。
④ 史玉琼.关于建立失信惩戒机制的研究[J].征信,2018(9).

化征信机构的信用报告，对信用记录好的企业和个人，给予优惠和便利；对信用记录不好的企业和个人，给予发展空间的严格限制，增加企业或个人的交易成本，甚至使其失去发展机会。

从传统的征信法律制度来看，交易相对方可以根据信用主体的相关信用信息记录，了解信用主体的信用状况，从而采取相应的防御措施（如提高交易条件、贷款利率、保险费率等），或者拒绝与其进行交易，从而确保交易安全。这类惩戒措施是基于市场声誉机制，由平等交易主体作出的理性选择。本质上，这是一种市场组织形式，原则上应由民商法、征信法等法律予以调整。对于这类惩戒措施的规制，国家的主要功能和作用是提供相应的法律及市场化、社会化的信用机制，形成社会层面的信用法律机制。① 实践中，如果交易一方（如金融机构等）有较为优势的市场交易地位乃至有市场支配地位，或者属于垄断性的公共事业单位，则其行为还必须符合反垄断法、反不正当竞争法以及公用事业法的有关规定。这方面的现行法律规定较多。比如，我国《反垄断法》第13条规定，禁止具有竞争关系的经营者通过垄断协议，实施联合抵制交易等行为；第17条规定，禁止具有市场支配地位的经营者从事滥用市场支配地位的行为。又如，《湖北省社会信用信息管理条例》第26条第2款规定，未经依法确认的公共事业及物业管理欠费信息不得作为实施联合惩戒的依据。

（2）行政性惩戒

行政性惩戒，一般是指由政府综合管理部门或专业监管部门在日常行政监管工作中，依据所掌握的市场主体公共信用信息，按照相关行政处罚法和政府的规章制度，对企业或个人的失信违规行为，采取的行政性、监管性或者法律性惩戒。包括实行行政处罚、加强监管检查、取消政策优惠、限制政府采购、限制市场准入和任职资格、公布"黑名单"、吊销营业执照等。原国家工商行政管理总局、国家发展改革委员会、最高人民法院等38个部门签署的《失信企业协同监管和联合惩戒合作备忘录》，对失信主体在享受部分高消费服务，出任相关行业、企业高级职务的资格等方面作出限制，实行联合惩戒。

行政性惩戒是行政机关基于行政管理关系而实施的信用惩戒。行政机关可以查询或者公开信用主体的相关信息，了解信用主体当前或过往的守法、履约情况，进而采取相应的信用惩戒措施。与平等主体之间的惩戒不同，行政性惩戒是借助于公权力实施的行政管理、行政处罚、行政强制等行为。

（3）行业性惩戒

行业性惩戒是指行业协会制定行业自律规则约束其会员，并对会员的违规失信行为，

---

① 王伟.市场监管的法治逻辑与制度机理——以商事制度改革为背景的分析［M］.北京法律出版社，2016：140.

根据情节轻重实行警告、行业内通报批评、公开谴责、取消会员资格等惩戒措施。行业协会依托行业会员的信用记录，对从业机构和从业人员进行信用评价。根据信用评价结果，发布行业"红名单"，树立诚信企业典型；公示行业"黑名单"，加强失信企业曝光，并对其采用市场退出和行业进入限制措施。如我国《资产评估法》第36条规定，评估行业协会应建立会员信用档案，将会员遵守法律、行政法规以及评估准则的情况记录在案并向社会公开。据此，行业协会可对其会员实施信用惩戒。

在现代市场经济运行中，社会组织（行业协会、商会等）对其会员有相应的行业自律和监督管理责任，依据的是会员之间签订的自律规章。关于行业协会惩戒权的性质，有学者主张是一种社会权利，即一定的社会主体凭借对所拥有社会资源的控制，使其他社会主体服从其意志的支配力。① 这种惩戒权明显不同于国家权力。行业组织对其违法失信的会员采取公布失信信息、公开谴责、处以违约金等措施，在性质上是基于自治规章的惩戒权。例如，根据中国电力企业联合会发布的《信用电力自律公约（试行）》第6条及其他相关制度，公约成员单位违反诚信责任等自律条款的，其名单要向全体成员单位公布，并在信用评价中予以体现，必要时向社会公布。又如，对列入"黑名单"的企业，可以采取取消行业性评比评优资格等措施。②

（4）司法性惩戒

司法性惩戒主要针对违反法律的失信行为，由司法机关根据相应的法律法规作出司法判决和处罚，依法追究严重失信者的民事或刑事责任，包括强制惩罚、财产查控、行为限制等。中共中央办公厅、国务院办公厅发布的《关于加快推进失信被执行人信用监督、警示和惩戒机制建设的意见》、国家发展改革委和最高人民法院等单位联合签署的《关于对失信被执行人实施联合惩戒的合作备忘录》、最高人民法院发布的《关于公布失信被执行人名单信息的若干规定》是实施司法性惩戒的相关依据。最高人民法院还通过裁判文书公开、失信被执行人信息公开等措施，进一步构建对失信行为的司法惩戒机制。

司法性惩戒的权源是司法权力。因为司法权的行使有较高位阶的《民事诉讼法》作为法律根据，所以目前对该类惩戒措施的社会质疑较少。

（5）社会性惩戒

社会性惩戒是指将违法失信行为信息向全社会公开披露，通过社会舆论的道德谴责，形成社会震慑力，以约束市场各主体的失信行为。随着政府信息公开工作的逐步深入，许多政府部门通过网站和媒体，向社会公开披露市场主体的违法失信行为，比如税务部

---

① 谭九生.论职业协会惩戒权的公法规制［D］.武汉：武汉大学，2010.
② 张建华，王伟主编.中国企业信用建设报告（2017—2018年）［M］.北京：中国法制出版社，2018：107—108.

门的重大税务违法行为公示、法院的失信执行人信息公示、市场监管部门的企业经营异常名单公示等。社会性惩戒与市场性惩戒一样，都是平等主体之间实施的惩戒，因而二者有相同的法律基础。

2. 按效力划分

按效力的不同，信用惩戒措施主要可以分为两类[①]：

（1）法定强制性措施

即依法必须联合执行的惩戒措施。如对重大税收违法案件当事人实施的限制担任相关职务的措施，是市场监管等部门依据《公司法》第146条第1款第（2）项和《企业法人法定代表人登记管理规定》第4条第（4）项对执行期满未逾5年的当事人所作出的惩戒行为。

（2）推荐性参考措施

即由参与各方推荐实施，符合惩戒失信行为政策导向，各地区、各部门可根据实际情况自行实施的措施。这一类措施不具有强制性，是有关单位将特定部门推送的违法失信信息作为其部分决策行为的参考。如享受优惠性政策认定参考、金融机构授信参考、评优评先晋级参考等。

3. 按实施目的划分

这里的"目的"意指各部门在进行惩戒措施设置之时所意图达到的效果，而不是惩戒措施最后实际达到的效果。按照实施目的的不同，信用惩戒措施可以分为警示危险类、惩戒类、兼具警示和惩戒类。

（1）警示危险类

是指惩戒措施设置的目的是警告公众注意危险，即使该类措施会对惩戒对象造成损害，也只是一种附随结果[②]，而不是设置机关的根本目的。这类措施主要表现为对违法失信行为的公示，如有毒有害产品信息的发布，根本目的是警告公众注意危险产品，防止造成或扩大对生命财产的损害。

（2）惩戒类

是指惩戒措施的设置目的是惩戒违法失信行为人，促使其尽快履行法律义务，预防行为人发生进一步的违法失信行为。这类措施通过对惩戒对象名誉、财产或能为其产生利益的资格的剥夺或限制达到惩戒目的。如限制失信被执行人高消费，不仅能通过限制其消费防止损失进一步扩大，还能让失信被执行人因行为受限而履行司法判决。

（3）兼具警示和惩戒类

是指惩戒措施的设置兼具了警示和惩戒两种目的。大多数违法失信信息公示兼具警

---

① 马骁萌. 信用惩戒的法律性质与法律救济[D]. 武汉：中南民族大学，2018.
② 朱春华. 公共警告制度研究[M]. 北京：中国社会科学出版社，2013：26.

示和惩戒的目的，只是各部门在设置之初有不同的侧重。例如将违法失信企业在企业信用信息公示系统中公示，既是对交易相对人交易行为的警示，又是对违法失信企业名誉上的惩戒。

4. 按具体内容划分

按具体内容不同，信用惩戒措施可以分为以下几种：①

（1）信誉罚

信誉罚实质上是对个人过去失信行为的信息公开，并借此实现对其未来履约能力的预估，主要包括以下三种方式：

第一，失信登记并公示。将失信行为进行登记并向社会公布，是对失信人最基本的信誉惩罚，能为社会中的信用活动提供风险预估和参考。目前，国内对个人信用评分的查询和公示主要借助"信用中国"网络平台，该平台除中国人民银行征信中心外，还集合了多家信用服务机构。此外，司法机关将拒不履行判决的债务人列入"全国法院失信被执行人名单"进行公示，也属于信誉罚的范畴。

第二，降低个人信用评分。信用评分是根据特定的评分标准，对个人的信用行为与信用信息进行数据分析，得出信用分值，分值越高代表个人的守信行为和履约次数越多，违约风险更低。有学者研究表明："借款人信用评分为贷款方提供了未来借款人违约倾向的客观指标，较高的评分表明未来违约风险较低。"② 可见，个人的失信行为在降低其信用评分的同时，也增加了金融机构评估其违约风险较高的可能性。对自然人的失信行为进行登记是降低其信用评分的主要依据。

第三，个人破产。个人破产不仅是对失信人信誉上的惩罚，而且伴随着对个人的限制行为罚。由于个人破产是对失信人某些特定行为进行限制的必要前提，前者是因后者为果，因此将个人破产归为信誉罚的范畴。我国自2006年通过《企业破产法》以来，企业法人的破产程序、适用主体等较为清晰，但至今未设立自然人破产制度。

为了规范个人破产程序，合理调整债务人、债权人以及其他利害关系人的权利义务关系，促进诚信债务人经济再生，完善社会主义市场经济体制，根据法律、行政法规的基本原则，2020年8月26日，深圳市第六届人大常委会第四十四次会议通过《深圳经济特区个人破产条例》，自2021年3月1日起施行。这是我国首部个人破产法规。

《深圳经济特区个人破产条例》明确规定，在深圳经济特区居住，且参加深圳社会保险连续满3年的自然人，因生产经营、生活消费导致丧失清偿债务能力或者资产不足以

---

① 张晓冉. 我国个人失信惩罚的规范研究：类型、适用及其限制[J]. 电子政务，2019（2）.
② Agarwal S, Ambrose B W, Liu C. Credit lines and credit utilization [J]. Journal of Money, Credit and Banking, 2006, 38（01）: 7.

清偿全部债务的，可以申请破产清算、重整或者和解。该条规定主要考虑的是申请破产的自然人已经在深圳形成稳定的工作、生活和财产关系，与其相关的财产登记、社会保障等信息已基本完善。同时规定，单独或者共同对债务人持有50万元以上到期债权的债权人，也可以向人民法院申请对债务人进行破产清算。即债务人和债权人均可以向人民法院申请破产清算。

《深圳经济特区个人破产条例》规定个人破产程序分为破产清算、重整、和解三种：一是破产清算，即债务人通过破产清算程序，除依法保留的豁免财产以外，将全部财产分配给债权人用于清偿债务。经过考察期，遵守行为限制、没有破产欺诈的"诚实且不幸"的债务人，可以依法免除未清偿债务。二是重整，即债务人有未来可预期收入的，提出合理合法的重整计划方案，经人民法院批准后由债务人执行，以实现债务清理和经济重生。三是和解，即债务人通过庭外和解或者庭内和解，与债权人自愿就债务减免和清偿达成和解协议，法院依照法定程序对和解协议进行实质和形式的合法性审查后，对和解协议的效力予以认可，实现债务清理。

对进入破产程序的债务人进行相关行为限制，是国际通行的惯例，即债务人通过个人破产获得债务免责的同时，也将受到消费、职业资格、收入分配等相关行为的限制。《深圳经济特区个人破产条例》主要从三个方面限制债务人行为：一是限制消费行为，主要参考《最高人民法院关于限制被执行人高消费及有关消费的若干规定》；二是限制职业资格，自人民法院宣告债务人破产之日起至免除债务人未清偿债务之日止，债务人不得担任上市公司、非上市公众公司和金融机构的董事、监事和高级管理人员职务；三是限制借贷额度，进入破产程序后，债务人借款1 000元以上或者申请等额信用额度时，应当向出借人或者授信人声明本人破产状况。

豁免财产是为保障债务人及其所扶养人的基本生活及权利而为其保留的财产。《深圳经济特区个人破产条例》在对债务人行为进行限制的同时，参照美国、英国等通行做法，采取了规定财产类别加封顶数额的模式。《深圳经济特区个人破产条例》第36条列出了7种豁免财产类别，其中前两类的具体分项和各分项具体价值上限标准由市中级人民法院另行制定。同时规定，除勋章或者其他表彰荣誉的物品、专属于债务人的人身损害赔偿金、社会保险金以及最低生活保障金外，豁免财产累计总价值不得超过20万元，以保障债务人及其家庭在无房产情况下的一段时间内基本生活需要，包括租房费用、基本生活费用和基本生活资料。

自人民法院宣告债务人破产之日起至依照条例免除债务人未清偿债务之日止，为免除债务人未清偿债务的考察期限，即考察期。《深圳经济特区个人破产条例》规定，考察期为3年，考察期间，债务人应当继续履行人民法院作出的限制行为决定规定的义务，并履行条例规定的债务人其他义务，如果违反规定，人民法院可以决定延长考察期，但延长期限不超过 2 年。同时,《深圳经济特区个人破产条例》第 97 条列举了 8 种不得免除的债务,第 98 条列举了 6 种不得免除未清偿债务的情形。此外,该条例建立了鼓励提前清偿债务制度,第 100 条规定了 3 种视为考察期届满的情形。

(2)限制行为罚

限制行为罚的惩罚力度通常高于信誉罚,既是信誉罚达到较为严重程度时的进一步惩罚措施,也能够针对部分性质恶劣的失信行为同信誉罚一起实施。

第一,限制个人与金融相关的行为。主要包括三大方面:

限制高额消费。通常针对无力偿还债务或有能力但拒不履行债务的失信人,该种限制主要出于保护债权人的目的,通过禁止债务人的高额消费,迫使其将更多的资金用于偿还债务。最高人民法院于 2015 年 7 月颁布实施的《关于限制被执行人高消费及有关消费的若干规定》明确指出:"纳入失信被执行人名单的被执行人,人民法院应当对其采取限制消费措施。"可见,我国限制失信人高消费及相关消费已经具有类似于法律惩罚的强制力,在住宿星级宾馆、旅游度假、购买不动产、子女就读高收费私立学校等涉及高消费场所和事项,对失信被执行人进行限制。

限制信贷。对失信个人限制信贷又可分为三个层次:降低信贷额度。主要体现为小额的消费信贷,以个人信用卡为主要借贷模式。提高其信贷利率。个人信贷利率本质上也是消费信贷,但此处的信贷利率特指个人涉及房贷、车贷、个人经营贷款等相对大额的信贷利率。对严重的失信行为人禁止信贷。行为人有通过信贷获取未来利润和预期收益的可能,通过限制失信人信用卡消费、抵押贷款、购房贷款、购车贷款等一系列信贷行为,限制其预期盈利。

限制投资理财等预期获利行为。通过限制失信人投资理财等行为,降低失信人的预期收益,作为对其失信行为的惩罚和可能实施的失信行为的威慑。该种惩罚措施主要针对拒不执行判决的债务人,以及其他明文规定适用的失信行为。

第二,限制与个人生活便利相关的行为。主要包括三大方面:

限制个人资产的处置。国内目前主要针对失信人的不动产作出了限制性规定,最高人民法院与国家发展改革委、国土资源部于 2018 年联合下发《关于对失信被执行人实施限制不动产交易惩戒措施的通知》(发改财金〔2018〕370 号),限制失信被执行人参与司法房屋拍卖或取得政府供应土地,并要求国内信用信息平台之间实现信息共享,包括失信被执行人的不动产信息及其办理转移、抵押、变更等涉及不动产产权变化的不动产登记信息。

限制使用公共交通和共享交通工具。高铁、飞机等公共交通是现代社会的产物,随着信用经济的发展,还出现了"共享汽车""共享单车"等与个人信用密切相关的交通工具。通过限制失信人乘坐高铁、飞机,或者由于信用分低而不能使用共享交通工具,都

将大大降低其正常生活的便利度，以此作为对失信人的约束。

限制出境。我国对拒不履行债务的失信人限制出境，避免其出境后逃避履行债务，既保护债权人的权益，也对债务人形成一定的威慑，促使其及时偿还债务。

（3）限制授予荣誉和获得任职资格

限制授予失信被执行人荣誉称号或限制其工作升迁是我国对失信惩罚措施做出的延伸，这种限制既不影响他人对失信被执行人的信心，也不降低失信被执行人生活效率和便利。但从对失信人的威慑力度来看，可能高于信誉罚和限制行为罚的影响力，能够起到一定的预防失信作用，也能促使失信被执行人尽快履行债务。

第一，限制授予荣誉。限制授予荣誉的惩罚与个人的品德相关，其惩罚逻辑在于失信人的不诚信行为是个人品德问题，不得对有品德问题的个人授予荣誉。目前国内已针对"医闹"行为规定了剥夺荣誉的惩罚，规定不得授予"道德模范""劳动模范"等荣誉。该种惩罚多适用于失信较为严重的自然人，或实施了法律法规、规章等明令禁止行为的个人，通常不单独执行，而是伴随其他信誉或限制行为罚的惩罚措施一并进行"联合惩戒"。

第二，限制申请或获得任职资格。限制失信人申请或获得任职资格，也是从个人品德存有瑕疵的角度进行从业限制。值得注意的是，该种较为严厉的失信惩罚措施不是永久性的，必须辅以相应的个人信用恢复机制，一旦失信人积极履行债务，应当及时对其取消限制。目前，我国已有对失信被执行人不得担任金融机构高管、事业单位法定代表人、国企高管等管理岗位的限制，以及限制入伍和招录为公务员等职业方面的限制。一旦失信被执行人积极履行债务，被移出失信人名单，应当立即取消该种从业限制，形成惩罚措施从执行到成效后的"闭环"。

可见，个人失信的信誉惩罚常伴随着相应的限制行为惩罚，限制个人行为的惩罚是信誉罚的保障，通常以信誉罚为前提。因此，现实生活中不影响个人信誉或与个人信用无关的行为，是否可以直接被执行限制个人行为的失信惩罚，是需要厘清的问题。我国的失信惩罚机制需基于声誉罚和限制行为罚两大类型实施，超出这两大类型的其他惩罚不应盲目纳入失信惩罚的范畴；这两大类型中我国尚未实施的惩罚方式，应根据我国信用体系建设的阶段和完善程度，适时纳入失信惩罚体系。

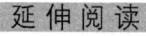

延伸阅读

江西省上饶市信州区人民政府发布通报

第二节　失信联合惩戒行政"黑名单"制度

很多国家和地区在涉及重大社会公共利益的领域，将"黑名单"制度作为一项重要的管理和惩戒措施。

美国在涉及政府供应商的交易、国家安全等领域，比较重视采用黑名单制度，如美国入境黑名单、政府采购供应商黑名单、外国资产管理办公室（OFAC）黑名单、食品药品监督管理局（FDA）黑名单、律师执业黑名单等。以美国政府采购供应商黑名单制度为例，其"取消资格"制度就非常有特色。根据美国《政府采购法》的有关规定，有两大类事由可能导致供应商被取消参加政府采购的资格。一类是采购事由，包括与采购相关的刑事犯罪或民事判决表明供应商缺乏商业诚信；供应商严重违反合同条款，故意违约或者履约失败等。另一类是法定事由，主要包括违反平等雇佣条款、违反劳动法以及违反环境保护法律法规的行为。一旦供应商被政府机关决定列入政府采购黑名单，那么该决定将对所有政府机构的政府采购产生约束。此外，在政府采购领域失信，还可能导致其在获得政府利益的其他场合受到限制。[1]

其他国家或地区的立法中，也存在类似黑名单制度的条文，如：日本《食品安全法》规定，公布会导致健康受损的健康食品产品名录；韩国主要涉及交易所纳斯达克市场的黑名单制度；我国台湾地区"药事法"规定将违规药物广告的负责人及药品名登报公告，"银行法"规定对违反法令有碍健全经营的金融机构公开处理等。

失信联合惩罚机制的一项主要内容是制作失信企业和个人的黑名单，并以合法的形式向合法的用户传播其不良信用记录。黑名单制度是信用体系建设的一部分，由于其形式简明、威力巨大，成为行政机关社会治理的一大利器，目前已被广泛运用在安全生产、环保、工商、劳动、卫生、房地产、交通运输、食药、外贸、建设、金融、娱乐服务等领域。但从理论层面而言，黑名单制度尚未形成系统、完善的法律制度。

一、"黑名单"的概念界定

黑名单制度作为一项信用监管手段，作用于我国公共事务的多个领域。但是，由于我国尚未对黑名单作出确切的法律概念界定，所以在现行的法律文本表述中，黑名单的称谓并不统一，有着不同的表现形态，例如不良信用记录、严重违法失信企业名单、企

---

[1] 王伟.论失信黑名单制度法治化[N].中国市场监管报，2019-01-15.

业失信行为联合惩戒等。一项制度的长足发展离不开法律的保驾护航，而"法律的首要目的之一是将人类行动与行为置于某些规范标准的支配之下，不对某一特定标准所旨在适用于的行为种类加以划分就无法确定规范标准"。① 换言之，在对某一法律概念作出明确的界定之前，不能清晰地厘定法规范的调整范围，而这一基础性问题的解决不当，将在很大程度上限制法规范在理顺社会关系中的作用发挥。② 因此，若要将黑名单制度打造成我国一项常态化的法律制度，首先需要对黑名单作出明确的概念界定。

（一）"黑名单"的内涵

"黑名单"一词最初出现在英国的大学中，当时的一位教授把行为不端学生的名字记在一个黑色硬皮本子上，并在学校公示栏公布，以制约学生们的不良行为。后来，这种黑色本子流传于商人之间，以至于顾客都不敢有赊账行为。我国的法律规定中还未出现过"黑名单"此类表述，但在国务院各部委及地方制定的规章和地方性法规中有所使用，如原国家食品药品监督管理局印发的《药品安全"黑名单"管理规定（试行）》。除了"黑名单"一词外，法律文件还使用"不良记录""不良信用记录""失信行为""严重失信""失信惩戒"等表述。可见，实践中有关黑名单制度的表述并未统一，甚至对其是属于法律术语还是经济学概念，都还存在争议。

学界对"黑名单"的定义不同。有的认为是一种"舶来品"；③ 有的认为只是一种"俗称"。④ 有的学者认为，"黑名单"是指"特定机构依据相关职权或者授权，对具有危害公共利益或者他人利益的违法、违规行为的企业、个人或者组织，通过向社会进行公示或者设立不良记录等方式，对其进行行为限制或者不良信用揭示的一种管理行为"。⑤ 有的学者认为，黑名单制度是指国家通过法律设定的，将一些特定的违法犯罪人，或者对社会有危害可能的人，通过一定的法律程序入册登记，在一定的期限内由有关部门依法约束其行为和权利的法律制度；⑥ 也有学者认为，黑名单是政府对经营者的严重违法、违约等

---

① [美] E.博登海默.法理学：法律哲学与法律方法 [M].邓正来，译.北京：中国政法大学出版社，2004：465.
② 朱智毅.由良法到善治：行政审批改革与《行政许可法》的对接及发展 [J].载姜明安.行政法论丛（第16卷）[M].北京：法律出版社，2014：32.
③ 刘文丽.对黑名单制度实体法律问题的几点思考——以地方黑名单立法规定为依据分析 [J].公民与法（法学版），2016（10）.
④⑤ 刘平，史莉莉.行政"黑名单"的法律问题探讨 [J].上海政法学院学报，2006（2）.
⑥ 胡建淼.对现实中三种管理事例的法治思考 [J].行政管理改革，2015（12）.

不良行为予以记录,通过公开曝光,限制、剥夺其权利等措施进行惩戒的规制方式。①

从上述的定义可以看出,虽然不同学者对"黑名单"概念的表述不一,但他们在黑名单的基本特征方面还是形成了一定程度的共识,这些共识主要包括②:(1)黑名单是行政主体基于行政职权或法律授权作出的行政行为,它的实施会产生一定的法律效果,即对被规制对象构成行为上的限制或信用上的贬损。(2)黑名单所针对的对象在外部表现上是一种违法违规行为,在内在特征上是一种危害社会公共利益或他人合法权益的行为。(3)黑名单的具体实施包含行为记录存档、违法事实公布、限权措施执行三个环节。在上述学者观点中,除了最后一种观点对于黑名单的适用主体作出了明确具体的表述外(即将其限定于市场经营者范畴之内),其他两种观点对于黑名单的适用主体都只进行了抽象的概括表述。

《现代汉语词典》对"黑名单"的定义为:"指有关部门对不合格产品或违反规约的企业、个人等开列的名单,通过一定渠道向社会公布"③。《布莱克法律词典》对黑名单的解释是,把(一个人的)名字列在这样一个名单上:被列入名单的人是令人讨厌的,他们因此将被回避或惩罚。④ 上述定义具有一定的借鉴意义。

目前我国实施黑名单制度的主体主要包括法院、政府部门、行业自律主体,如法院公布失信被执行人名单,政府环境保护部门公布超标排放企业黑名单,航空公司设立乘客黑名单。行政黑名单制度区别于法院、行业自律主体建立的黑名单制度。有学者认为,"行政黑名单制度"是指行政主体根据职权或者授权,对相对人的公共信用信息进行记录、归集、使用,按照一定标准进行评定、分级、分类,将严重危害公共利益、他人利益的违法违规失信个人、企业、组织列入名单,并通过一定方式予以公布和给予制裁的法律制度。⑤

(二)行政"黑名单"制度的内容

探究行政黑名单制度必定绕不过行政黑名单制度的内容。可以将行政黑名单制度的内容分为六个方面:列入机制、公示机制、惩戒机制、救济机制、退出机制和问责机制。⑥

---

① 张家宇.经济法语境下黑名单制度滥用的法律规制——基于案例的整理与研究[J].中南大学学报(社会科学版),2016(4).
② 马佳悦.信用监管视角下的黑名单制度研究[D].苏州:苏州大学,2017.
③ 中国社会科学院语言研究所词典编辑室.现代汉语词典(第7版)[M].北京:商务印书馆,2016:533.
④ Bryan A. Garner. Black's Law Dictionary. (Tenth Edition) [M]. St Paul: Thomson Reuters, 2014: 203.
⑤ 张敏.关于行政黑名单制度的法律思考[J].法制与经济,2019(3).
⑥ 许莉莉.行政黑名单制度研究[D].保定:河北大学,2020.

1. 列入机制

列入机制是行政黑名单制度的入口,也是启动后续公示机制、惩戒机制的前提。它能够决定哪些行为被列入行政黑名单并接受该制度的调整。失信信息的收集是为作出列入决定服务的,应当属于列入机制。除此之外,列入主体、列入标准、拟列入前告知被列入者以及被列入者享有陈述、申辩等权利也应属于列入机制。

2. 公示机制

公示机制是指将通过列入机制筛选之后,确定要列入行政黑名单的失信主体的信息向社会公众披露的过程。公示机制应该包括四方面内容:一是公示信息的范围,即失信主体的哪些信息应当被公示,哪些信息不能公示;二是公示期限,即失信主体被公示的时间长短;三是公示载体,即失信主体的信息通过哪些渠道公示,以方便失信主体和社会公众查阅;四是公示频次,即行政机关多久向社会公众公示一次失信信息。

3. 惩戒机制

惩戒机制主要规定对失信主体的惩戒措施。惩戒措施不可笼统设置,应当遵循比例原则,根据失信主体失信行为的严重程度和次数对惩戒措施进行细化规定,使失信行为与处罚相适应。

4. 救济机制

有处罚就应当有救济。当被列入者认为行政机关的列入行为、公示行为、惩戒行为损害了自己的合法利益时,可以通过救济机制维护自己的合法权益。因此,救济机制应当明确规定被列入者可以采用的法律救济途径,一般有三种,即行政诉讼、行政复议和行政申诉。被列入者可以根据自身情况选择救济途径。

5. 退出机制

社会主体的信用状况是动态的,会随着社会主体的行为变化而变化。被列入行政黑名单只是对失信主体之前行为和信用状况的评价,不应让社会主体因为一次失信行为而永久"锁"在行政黑名单上。因此,行政黑名单应当有退出机制。退出机制主要规定失信主体在何种情况下可以从行政黑名单中退出。退出机制应当包括但不限于以下几种情况:(1)异议成立退出。被列入行政黑名单后,失信主体经行政机关异议处理,发现行政黑名单认定有误,可退出。(2)惩戒期限届满退出。在失信主体被列入行政黑名单满一定期限,且在此期间没有再发生失信行为时,可以退出行政黑名单。(3)失信主体被列入行政黑名单的事实依据或法律依据被撤销后,应当让失信主体退出行政黑名单。(4)失信主体进行信用修复,纠正失信行为、消除不良社会影响,并取得成效的,可退出。

6. 问责机制

绝对的权力会导致绝对的腐败。为了保证行政黑名单的实施主体能够依法行政,应当在行政黑名单制度中加入问责机制。如果在行政黑名单制度的实施过程中,因行政机关及其工作人员的滥用职权等行为造成行政相对人的权利被侵害，有关负责人应当承担法律责任。

（三）行政"黑名单"制度的中国立法实践

现有资料表明，我国最早提出黑名单制度的法律文件是 2001 年由交通部印发的《关于整顿和规范公路建设市场秩序的若干意见》。2014 年，国务院《政府工作报告》提出："对违背市场竞争原则和侵害消费者权益的企业建立黑名单制度，让失信者寸步难行，让守信者一路畅通。"同年，《社会信用体系建设规划纲要（2014—2020年）》（国发〔2014〕21号）提出："健全失信惩戒制度，建立各行业黑名单制度。"

我国尚未出台有关黑名单制度的专门立法，现行的法律中也鲜有关于黑名单的直接规定，只有一些间接规范，具体规定如表 5-3 所示。

表 5-3

法律	相关条文
《商标法》	第 68 条第 2 款：商标代理机构有前款规定行为的，由工商行政管理部门记入信用档案；情节严重的，商标局、商标评审委员会并可以决定停止受理其办理商标代理业务，予以公告。
《广告法》	第 66 条：有本法规定的违法行为的，由工商行政管理部门记入信用档案，并依照有关法律、行政法规规定予以公示。
《旅游法》	第 108 条：对违反本法规定的旅游经营者及其从业人员，旅游主管部门和有关部门应当记入信用档案，向社会公布。
《食品安全法》	第 113 条：县级以上人民政府食品药品监督管理部门应当建立食品生产经营者食品安全信用档案，记录许可颁发、日常监督检查结果、违法行为查处等情况，依法向社会公布并实时更新；对有不良信用记录的食品生产经营者增加监督检查频次，对违法行为情节严重的食品生产经营者，可以通报投资主管部门、证券监督管理机构和有关的金融机构。
《消费者权益保护法》	第 56 条第 2 款：经营者有前款规定情形的，除依照法律、法规规定予以处罚外，处罚机关应当记入信用档案，向社会公布。
《政府采购法》	第 77 条：供应商有下列情形之一的，处以采购金额千分之五以上千分之十以下的罚款，列入不良行为记录名单，在一至三年内禁止参加政府采购活动，有违法所得的，并处没收违法所得，情节严重的，由工商行政管理机关吊销营业执照；构成犯罪的，依法追究刑事责任。

续表

法律	相关条文
《安全生产法》	第75条：负有安全生产监督管理职责的部门应当建立安全生产违法行为信息库，如实记录生产经营单位的安全生产违法行为信息；对违法行为情节严重的生产经营单位，应当向社会公告，并通报行业主管部门、投资主管部门、国土资源主管部门、证券监督管理机构以及有关金融机构。
《产品质量法》	第17条：依照本法规定进行监督抽查的产品质量不合格的，由实施监督抽查的市场监督管理部门责令其生产者、销售者限期改正。逾期不改正的，由省级以上人民政府市场监督管理部门予以公告；公告后经复查仍不合格的，责令停业，限期整顿；整顿期满后经复查产品质量仍不合格的，吊销营业执照。
《环境保护法》	第54条第3款：县级以上地方人民政府环境保护主管部门和其他负有环境保护监督管理职责的部门，应当将企业事业单位和其他生产经营者的环境违法信息记入社会诚信档案，及时向社会公布违法者名单。
《药品管理法》	第105条：药品监督管理部门建立药品上市许可持有人、药品生产企业、药品经营企业、药物非临床安全性评价研究机构、药物临床试验机构和医疗机构药品安全信用档案，记录许可颁发、日常监督检查结果、违法行为查处等情况，依法向社会公布并及时更新；对有不良信用记录的，增加监督检查频次，并可以按照国家规定实施联合惩戒。

除了法律层面对行政"黑名单"的间接规范外，《政府信息公开条例》《食品安全法实施条例》《药品管理法实施条例》等行政法规，以及《产品质量监督抽查管理办法》《餐饮服务食品安全监督管理办法》《餐饮服务单位食品安全监管信用信息管理办法》等行政规章也有相关的规定。

许多部门还专门就黑名单相关事项出台了具体的管理办法，例如原国家食品药品监督管理局制定的《药品安全"黑名单"管理规定（试行）》、国务院安委会办公室印发的《生产经营单位安全生产不良记录"黑名单"管理暂行规定》（现已失效）、原文化部颁布的《文化市场黑名单管理办法（试行）》、原国家工商行政管理总局发布的《严重违法失信企业名单管理暂行办法》等。地方政府层面的黑名单制度建设探索要早于全国性的制度构建，全国多数省级行政区域基本上都已制定或正在制定黑名单制度的相关规范。

二、行政"黑名单"的法律性质

关于黑名单制度的法律性质，有的认为，惩罚性行政黑名单，在法律性质上可归为处罚类具体行政行为；警示性行政黑名单，在法律性质上最接近行政指导行为；备案类行政黑名单，属于一种特殊的内部行政行为；普法类行政黑名单，不应认定为具有法律效力的行政行为。① 有的认为，行政机关公布黑名单的行为具有行政处罚、行政强制执行、行政指导、行政许可监管以及行政信息公开等性质，具有多重法律属性。② 有的认为，黑名单就是一种单纯的行政处罚行为，并不具有其他具体行政行为的法律性质。③ 还有的认为，（药品）黑名单制度属于未被类型化的具体行政行为，不属于行政处罚，而属于新型行政管理方式，同时具有信息公开的特质。④

本书认为，根据行政"黑名单"的具体内容，行政"黑名单"分别具有行政处罚性、行政指导性、行政许可性和行政检查性。

（一）行政处罚性

惩罚是黑名单最基本的功能。行政处罚是指特定的行政主体依法对违反行政法律规范而尚未构成犯罪的个人、组织给予惩戒和制裁的具体行政行为。行政处罚行为在学理上可以分为以下几类：（1）申诫罚，也可以称为声誉罚，是指行政主体对行政违法行为实施者提出警告或者谴责，申明其有违法行为，通过对其名誉、荣誉、信誉等施加影响，引起其精神上的警惕，使其不再违法的处罚形式。（2）财产罚，是指行政主体剥夺行政违法者一定财产权的处罚方式。（3）行为罚，是指行政处罚主体剥夺或者限制行政相对人的某些行为能力和资格，使其不能从事某种活动的处罚形式。（4）人身罚，是指行政处罚主体剥夺或者限制被处罚者在一定时期内的人身自由的处罚形式。行政机关发布"黑名单"是对行政相对人的名誉产生负面的影响，因此，更符合声誉罚的形式。

虽然《行政处罚法》直接规定了"警告；通报批评；罚款；没收违法所得；没收非法财物；暂扣许可证件；降低资质等级；吊销许可证件；限制开展生产经营活动；责令停产停业；责令关闭；限制从业；行政拘留；"13 项行政处罚种类，但"黑名单"应属于"法律、行政法规规定的其他行政处罚"。学界普遍认为，根据《行政处罚法》第 9 条的规定，除法律、行政法规外，其他行政处罚不得由规范性文件规定，而目前尚无相应的法律、行政法规对失信惩戒制度作出明确的规定。但也有学者认为，认定"其他行政处罚"有两种标准，即形式标准和实质标准。形式标准是指寻找其他法律、行政法规的

---

① 刘平，史莉莉.行政"黑名单"的法律问题探讨[J].法治论丛，2006（2）.
② 秦珊珊.行政"黑名单"制度研究[D].南京：南京大学，2013.
③ 马佳悦.信用监管视角下的黑名单制度研究[D].苏州：苏州大学，2017.
④ 孙永杰.论我国的药品"黑名单"制度[D].北京：中国社会科学院研究生院，2013.

规定，如果将该行为规定为其他行政处罚行为，则该行为就符合第9条第（6）项的规定；实质标准是指先归纳出行政处罚的实质"特质"，再将该行为与之对比，做出其是否属于行政处罚行为的判断。① 将行政"黑名单"制度与行政处罚的特征对比，部分行政机关发布"黑名单"的行为属于行政处罚，符合实质标准。

（二）行政指导性

根据国家辅助性原则，市场或社会能够自行调节的事项，政府不应当过多干预。② 但是，政府仍可采取引导、劝告、建议等行政指导方式灵活地、柔和地实现行政任务。③ 为了塑造诚实守信的经济秩序，行政主体往往在实践中鼓励、建议市场主体在市场经济活动中对失信者采取相应的惩戒措施。例如，原环保部与原银监会等部门联合印发的《关于对环境保护领域失信生产经营单位及其有关人员开展联合惩戒的合作备忘录》（发改财金〔2016〕1580号）规定，引导、推动各金融机构将失信生产经营单位的失信情况作为融资授信的参考。又如，《深圳市公共信用信息管理办法》第32条第2款规定，支持商业银行、证券期货经营机构、保险公司等金融机构按照风险定价原则，对严重失信主体提高贷款利率和财产保险费率，或者限制向其提供贷款、保荐、承销、保险等服务。

行政指导，是指国家行政机关在其所管辖事务的范围内，对于特定的行政相对人运用非强制手段，获得相对人的同意或协助，指导相对人采取或不采取某种行为，以实现一定行政目的的行为。学术界对行政指导行为的法律性质有很大争议，有的学者认为行政指导应为事实行为④，而有的学者认为行政指导属于法律行为，能产生法律上的效果⑤。有一些行政"黑名单"的作用除了惩罚被公布者外，另一个重要的作用就是向社会公众发出预警信号，提醒公众某一产品或某一行为可能对社会产生的不利影响，以此进行风险控制，维护社会的公共安全、健康。具有警示作用的行政"黑名单"是向不特定的社会公众公布的，内容是警示公众一些具有风险的活动和行为，这样的"黑名单"并不具有强制的功能，只是对公众提出警示、引导。对于"黑名单"的受众而言，可以接受这一警示所揭示的风险信息，不去从事相关的活动；也可以不接受该提示，自愿承担该潜

---

① 胡建淼."其他行政处罚"若干问题研究［J］.法学研究，2005（1）.
② 毕洪海.国家与社会的限度：基于辅助原则的视角［J］.中国法律评论，2014（1）.
③ ［日］盐野宏.行政法总论［M］.杨建顺，译.北京：北京大学出版，2008：133.
④ 王冬，张馨元.浅议失信惩戒——从"黑店告示牌"案谈起［J］.今日湖北，2013（6）（下）.
⑤ 姜明安主编.行政法与行政诉讼法（第3版）［M］.北京：北京大学出版社，高等教育出版社，2007：366.

在风险所造成的损失。① 从这一方面来说，具有警示作用的行政"黑名单"与行政指导的行为模式、作用效果是相同的。

（三）行政许可性

行政许可是指行政机关根据自然人、法人或者非法人组织的申请，经依法审查，准予其从事特定活动的行为。根据《行政许可法》第78条和第79条的规定，行政机关对有不良记录的许可申请人建立内部诚信档案，主要在行政机关之间信息共享，起备案待查的作用。那么，行政机关必然要对上述规定中的行政许可申请人建立内部"黑名单"，进行备案并在行政机关之间信息共享，以便申请人在法定时限内再次提出申请时进行审查，并作出拒绝许可的决定。

（四）行政检查性

作为行政检查的失信惩戒措施是指将行政相对人的信用状况融入行政检查之中，依据不同的信用状况采取不同密度的检查，对失信者提高检查密度。比如，《浙江省公共信用信息管理条例》第23条规定，行政机关可对失信者采取"在日常监督检查中，列为重点监督检查对象，加强现场检查"的措施。《湖北省社会信用信息管理条例》第28条规定，行政机关可在行政监管中将失信主体列为重点核查对象。

长期以来，在繁重的执法负荷与稀缺的执法资源双重约束的背景下，行政监管已然捉襟见肘。加之，为了保证针对特殊时期、重大事件的特殊监管力量，势必导致监管资源向特殊监管倾斜，从而造成日常监管资源更加稀缺。根据行政相对人的信用状况安排不同密度的检查，正是一种重要的行政监管创新。例如，长期以来，申请人提供虚假材料冒领、骗取各项公共福利（包括最低生活保障、社会保险基金、社会救助金、保障性住房及其他资金补贴等）的情况不在少数，在申请数量巨大且行政资源稀缺的背景下，此类欺诈乱象难以得到有效治理。对此，行政机关可依据申请人以往的信用状况安排不同的审查密度，对失信者加强审查，根据需要对其进行现场走访，不限于书面材料的审查。这能够提高行政监管效率，提升筛除造假的实效性。

延伸阅读

黑店告示牌

---

① 林沈节. 解析行政机关的风险警示活动 [J]. 社会科学战线，2011（7）.

三、加强和规范行政"黑名单"制度

虽然行政"黑名单"制度在行政机关管理社会的过程中起着十分重要的作用,目前行政机关对其的运用也相当广泛,但是,正是由于我国对行政"黑名单"制度的法律规定的极度不完善和行政机关在行政执法过程中的恣意妄为,造成行政机关在公布"黑名单"时存在侵害行政相对人的隐私等公民权利或者企业的合法利益等情况,致使行政"黑名单"制度饱受社会争议。因此,有必要对该制度加以规范和完善,特别是被纳入失信联合惩戒的行政"黑名单"。

(一)明确"黑名单"认定标准

2017年10月,国家发展改革委、人民银行公布《关于加强和规范守信联合激励和失信联合惩戒对象名单管理工作的指导意见》,提出"依法依规,审慎认定"的法治原则,要求按照"谁认定、谁负责"的原则,根据相关主体行为的诚信度和发起联合奖惩的必要性,研究制定各领域红黑名单统一认定标准,依法审慎认定红黑名单。

该指导意见提出:各领域的红黑名单认定原则上实行全国统一标准,标准由社会信用体系建设部际联席会议成员单位或者国家其他行业主管部门按照市场监管、社会治理和公共服务职责研究制定。各省级有关部门可根据需要制定地方标准,经上级主管部门和省级人民政府审定后实施。认定联合奖惩对象名单的依据主要包括:(1)公共管理和服务中反映相关主体基本情况的登记类信息;(2)刑事处罚、行政许可、行政处罚、行政强制、行政确认、行政检查、行政征收、行政奖励、行政给付等反映主体诚信状况的信息;(3)拒不履行生效司法裁决的信息;(4)党政机关、群团组织、社会组织、行业协会商会在履行职责过程中产生或者掌握的相关主体受表彰奖励等信息;(5)根据法律法规规章或规范性文件可作为红黑名单认定依据的其他信息。

应对失信行为进行相应的等级分类,按照失信行为的严重程度,将失信行为分为一般失信行为、较重失信行为和严重失信行为。联合惩戒的适用对象应当限于严重失信者。

(二)严格"黑名单"认定程序

1. 认定名单的部门(单位)

县级以上国家机关、法律法规授权具有管理公共事务职能的组织可按照统一标准认定相关领域红黑名单,国家有关部门可根据需要授权全国性行业协会商会和信用服务机构按照统一标准认定红黑名单。鼓励行业协会商会、大数据企业、金融机构、新闻媒体、社会组织等各类单位和公民个人向认定部门(单位)提供相关主体的守信行为和失信行为信息，探索研究将其作为红黑名单认定的重要参考。

2. 失信联合惩戒对象的认定程序

认定部门（单位）依据认定标准生成失信联合惩戒对象的初步名单，可根据需要履行告知或公示程序。有异议的，由认定部门（单位）核实。自然人被认定为失信联合惩戒对象的，应实行事前告知。法律法规已有相关规定的，从其规定。"黑名单"形成后，应与全国信用信息共享平台各领域"红名单"进行交叉比对，如"黑名单"主体之前已被列入"红名单"，应将其从相关"红名单"中删除。

（三）规范名单信息的共享和发布

1. 规范名单信息内容

名单信息主要内容包括：（1）相关主体的基本信息，包括法人和非法人组织名称（或自然人姓名）、统一社会信用代码、全球法人机构识别编码（LEI码）（或公民身份号码、港澳台居民的公民社会信用代码、外国籍人身份号码）、法定代表人（或单位负责人）姓名及其身份证件类型和号码等；（2）列入名单的事由，包括认定诚实守信或违法失信行为的事实、认定部门（单位）、认定依据、认定日期、有效期等；（3）相关主体受到联合奖惩、信用修复、退出名单的相关情况。

2. 共享名单信息

各级社会信用体系建设牵头单位要建立名单信息共享目录，严格按照目录归集共享相关信息。认定部门（单位）应将认定的名单及相关信息逐级报送上级主管部门和同级社会信用体系建设牵头单位，并自认定之日起10个工作日内报送至全国信用信息共享平台，实施动态管理。依托全国信用信息共享平台建立全国联合奖惩对象名单数据库，供各级国家机关、法律法规授权具有管理公共事务职能的组织共享使用。

3. 发布名单信息

按照依法公开、从严把关、保护权益原则，由认定部门（单位）通过其门户网站、地方政府信用网站、"信用中国"网站向社会公众发布红黑名单。涉及企业、社会组织、政府部门的名单信息，应按照有关规定在国家企业信用信息公示系统、中国社会组织网、中国机构编制网等渠道发布。名单信息的发布，应当客观、准确、公正，保证发布信息的合法性、真实性、准确性。对于涉及企业商业秘密和个人隐私的信息，发布前应进行必要的技术处理。名单信息的发布时限与名单的有效期保持一致。对依法不能公开的名单信息，可通报当事人所在单位或其相关主管部门依法依纪处理。鼓励行业协会商会、信用服务机构收集各有关部门（单位）认定的红黑名单，经核实后与本单位履职和服务过程中形成的有关名单进行整合并向社会发布。

第五章 守信联合激励与失信联合惩戒机制

第三节 失信被执行人惩戒制度

长期以来,"执行难"始终困扰着我国各地法院。债务人通过多种招数,逃避法律责任,拒不履行生效法律文书、肆意挑战社会信用体系的底线。各地法院不断探索改革执行制度,失信被执行人名单制度应运而生,尝试以信用惩戒的方式威慑被执行人。[①]失信被执行人名单制度又称失信被执行人惩戒制度,其建立是基于人民法院推进执行工作、解决执行问题的需要,并充分考量了社会诚信状况,重在实现惩戒、威慑、引导三大功能。

一、失信被执行人名单制度的形成与发展

失信被执行人名单制度是民事执行措施的一种,即在民事强制执行过程中,法院依职权或者依申请执行人的申请,通过执行案件信息管理系统和媒体方式向社会公众公开失信被执行人不履行法律文书确定义务的信息。

(一)失信被执行人名单制度的形成

我国的失信被执行人名单制度走的是一条实践先于立法的道路。2002年12月12日,广东省高级人民法院公布了《关于在网站上公布未履行债务者名单的通知》,创新性地采用公布失信被执行人名单的方式,对严重失信人员进行网络曝光和信用惩戒。随后,该举措在多省市、多层级的法院系统中推广开来,在司法实践中取得了良好的效果,成为打击、惩治"老赖"等不诚信人员的重要武器。[②]2004年,最高人民法院提出通过建立执行威慑机制对不诚信的被执行人进行信用制裁。2007年修正的《民事诉讼法》初步确立了失信被执行人名单制度,赋予人民法院公开失信被执行人信息的权力,[③]但只是赋予各地法院公布失信名单的权力,并没有规定具体明确的操作方式、使用标准、适用范围等。这势必会导致各地法院公布的失信人信息范围不一致、操作和公布方式不统一、失信人

---

① 梁子琦. "老赖"的"被遗忘权"——失信被执行人名单信息制度的改革思路[J]. 濮阳职业技术学院学报, 2018(6).
② 殷宇琪. 失信被执行人名单制度研究[J]. 上海:上海师范大学, 2020.
③ 2007年修正的《民事诉讼法》第231条规定:"被执行人不履行法律文书确定的义务的,人民法院可以对其采取或者通知有关单位协助采取限制出境,在征信系统记录、通过媒体公布不履行义务信息以及法律规定的其他措施。"

权利救济的渠道不畅通，造成各地惩戒程度不一和不公平现象。但这一规定为日后失信被执行人名单制度的逐步完善奠定了立法基础，在我国民事诉讼立法史上具有重大意义。由此，我国以立法形式确立了失信被执行人名单制度。2008年《最高人民法院关于适用〈中华人民共和国民事诉讼法〉执行程序若干问题的解释》第39条规定，执行法院可以依职权或者依申请执行人的申请，将被执行人不履行法律文书确定义务的信息，通过报纸、广播、电视、互联网等媒体公布，对公布失信被执行人名单制度做了进一步的细化。2009年，最高人民法院建立了全国法院被执行人信息查询平台。2010年7月，最高人民法院与其他18个中央部门联合会签了《关于建立和完善执行联动机制若干问题的意见》，对人民法院执行信息与各部门信息直接的互联共享作出规定。同月，最高人民法院和中国人民银行发布《关于人民法院查询和人民银行协助查询被执行人人民币银行结算账户开户银行名称的联合通知》，规范了法院查询和人民银行协助查询被执行人人民币银行结算账户开户银行名称工作，实现了法院和人民银行集中、电子化查询。2011年，中共中央、国务院印发的《关于加强和创新社会管理的意见》（中发〔2011〕11号）提出建立健全社会诚信制度并制定社会信用管理法律法规的要求。2012年修正后的《民事诉讼法》第255条与2007年《民事诉讼法》第231条相比，关于失信被执行人名单制度在法律条文上没做任何文字性修改。但2012年《民事诉讼法》第13条首次在民事诉讼中确立了诚实信用原则作为民事诉讼法的基本原则之一。2013年，发布了《最高人民法院关于公布失信被执行人名单信息的若干规定》（以下简称《若干规定》），标志着执行威慑机制上升为全国性的、具有操作性的制度规范。① 同年，最高人民法院建立全国法院失信被执行人名单信息公布与查询平台，失信被执行人名单制度正式建立。

（二）失信被执行人名单制度的发展

2014年，中央文明办和最高人民法院等8部门联合签署了《"构建诚信 惩戒失信"合作备忘录》（文明办〔2014〕4号）；同年，最高人民法院执行局与人民网联合推出失信被执行人排行榜。2015年，《最高人民法院关于适用〈中华人民共和国民事诉讼法〉的解释》第518条规定，被执行人不履行法律文书确定的义务的，人民法院除对被执行人予以处罚外，还可以根据情节将其纳入失信被执行人名单，将被执行人不履行或者不完全履行义务的信息向其所在单位、征信机构以及其他相关机构通报。2016年，由国家发展改革委和最高人民法院牵头，人民银行、最高人民检察院等44家单位联合签署了《关于对失信被执行人实施联合惩戒的合作备忘录》（以下简称《备忘录》），对失信被执行人从事民商事行为、担任重要职务等进行全面限制，实施惩戒单位和措施之多前所未有，

---

① 王杏飞. 失信被执行人制度的完善［N］. 人民法院报，2016-07-27.

被称为史上最严的信用惩戒制度。2017年通过的《关于修改〈最高人民法院关于公布失信被执行人名单信息的若干规定〉的决定》(以下简称《若干规定（修正）》)，对《若干规定》进行了修正和完善。《若干规定（修正）》与《最高人民法院关于限制被执行人高消费及有关消费的若干规定》《失信企业协同监管和联合惩戒合作备忘录》等规范性文件相配合，形成包含法律、司法解释、部门规章等相互衔接的失信被执行人信用惩戒制度体系。为全面推进依法治国，进一步深化司法体制改革，努力实现"切实解决执行难"的目标，2019年6月3日发布的《最高人民法院关于深化执行改革健全解决执行难长效机制的意见——人民法院执行工作纲要（2019—2023年）》对发展和完善中国特色社会主义现代化执行制度提出更高要求，全国各级法院执行工作要以保障胜诉当事人权益及时实现为目标，全面推进执行信息化、规范化建设，深入推进失信被执行人联合惩戒工作，努力破解执行难的工作格局，构建解决执行难长效制度体系和社会诚信体系。

（三）失信被执行人名单制度实施效果

失信被执行人名单制度确定以来，信用惩戒逐渐步入大众视野。2013年，最高人民法院在中国执行信息公开网以及全国法院切实解决执行难信息网等官方网站专门开设"失信被执行人公布"栏目和"被执行人信息查询平台"，实时更新、滚动播放失信被执行人信息，包括自然人、法人以及非法人组织的姓名、名称、证件号等，充分保障人民群众能够及时获取执行案件信息，发挥执行案件信息对社会的服务作用。自最高人民法院与国家各职能部门、相关单位签署《备忘录》之后，各部门单位之间不断加强失信被执行人惩戒联动机制的建设。最高人民法院在建立失信行为联合惩戒系统的基础上，与银行、铁路、民航、公安、工商、支付宝等进行信息共享，在投标、购房、投资、税收以及出行消费等领域对失信被执行人进行限制惩戒，不断挤压失信被执行人的生存空间。近年来，各地法院还对严重失信的被执行人依法启动了刑事追责或司法拘留，很多赖账多年的被执行人非常害怕，一部分失信被执行人听闻消息，积极主动地还清了所欠的债务。[①]

这些措施取得了明显成效：

第一，案件执结率大幅上升。法院案件执结率的上升是联合惩戒失信被执行人实施效果的直接证明。《最高人民法院工作报告》显示：2017年，全国法院累计公开失信被执行人信息996.1万人次，221.5万人慑于信用惩戒主动履行义务；2018年，全国法院累计发布失信被执行人名单1 277万人次，366万人迫于压力自动履行义务。2013至2017年期间，各级法院受理执行案件2 224.6万件，执结2 100万件，同比分别上升82.4%和

---

① 赵芮.失信被执行人联合惩戒机制研究［D］.内蒙古：内蒙古大学，2020.

74.4%；2016 年至 2018 年 3 年时间，共受理执行案件 2 043.5 万件，执结 1 936.1 万件，同比增长 98.5% 和 105.1%。①2019 年，全国法院共受理执行案件 1 041.4 万件，执结 954.7 万件，执行到位金额 1.7 万亿元，同比分别上升 17.4%、22.4% 和 10.8%。②从近些年逐渐增长的主动履行执行义务的数量来看，对失信被执行人实施联合信用惩戒已经逐渐发挥作用，对法院案件顺利执结提供了有力的帮助。

第二，严厉打击失信行为。对失信被执行人实施联合惩戒措施是我国征信体系构建中的重要一环，联合惩戒机制通过对失信行为人人身自由以及经济活动的一定限制，从而打击市场经济活动中的失信行为，驱逐恶意失信行为人，维护市场交易秩序。2016 年至 2018 年 3 年时间，全国法院以拒不执行判决裁定罪判处罪犯 1.3 万人，拘留失信被执行人 50.6 万人次，限制出境 3.4 万人次，同比上升 416.3%、135.4%、54.6%。③

第三，有效助力社会诚信体系的建设。联合惩戒机制是社会诚信体系建设的重要组成部分，惩戒失信，激励守信，有益于增强社会成员诚信意识，助力诚信社会体系的构建。

二、失信被执行人名单制度的具体程序设计

2017 年修正的《最高人民法院关于公布失信被执行人名单信息的若干规定》（以下简称《若干规定（修正）》）对失信被执行人名单制度进行了详细的规定。

（一）失信被执行人名单纳入的对象、标准和内容

各级法院在将被执行人纳入失信被执行人名单时，首先应明确名单对象以及名单内容。

1. 纳入对象

执行机关在将被执行人信息正式纳入名单之前，需要明确清楚失信被执行人名单所针对的对象。依照法律的具体规定，被纳入失信被执行人名单的对象只能是不依法履行生效法律文书所确认义务的被执行人，其中包含自然人、法人和非法人组织。

2. 纳入标准

失信被执行人名单是经过仔细审核确认才予以纳入的，并非所有不履行义务的被执

---

① 施明月. 失信被执行人联合惩戒机制研究［D］. 安徽：安徽大学，2020.
② 参见周强于 2020 年 5 月 25 日在第十三届全国人民代表大会第三次会议上所作《最高人民法院工作报告》。
③ 参见周强于 2019 年 3 月 12 日在第十三届全国人民代表大会第二次会议上所作《最高人民法院工作报告》。

行人都符合纳入标准。失信被执行人名单的纳入标准，指的是具备履行义务的能力却不履行的被执行人，根据《若干规定（修正）》第1条，具体包括6种情况：（1）有履行能力而拒不履行生效法律文书确定义务的；（2）以伪造证据、暴力、威胁等方法妨碍、抗拒执行的；（3）以虚假诉讼、虚假仲裁或者以隐匿、转移财产等方法规避执行的；（4）违反财产报告制度的；（5）违反限制消费令的；（6）无正当理由拒不履行执行和解协议的。执行机关经过审查确认，对于符合这6种情况的被执行人依法将其列入失信被执行人名单中，进行信用惩戒。根据《若干规定（修正）》第3条，对于提供了充分有效担保的，已被采取查封、扣押、冻结等措施的财产足以清偿生效法律文书确定债务的，被执行人履行顺序在后，对其依法不应强制执行的，其他不属于有履行能力而拒不履行生效法律文书确定义务的情形，不得纳入失信被执行人名单。纳入失信被执行人名单的期限为2年。被执行人以暴力、威胁方法妨碍、抗拒执行情节严重或具有多项失信行为的，可以延长1至3年。

3. 纳入内容

失信被执行人名单中纳入的内容与向社会公布的信息内容一致，主要包括三个方面：（1）被执行人的个人身份信息，即作为被执行人的法人或者其他组织的名称、统一社会信用代码（或组织机构代码）、法定代表人或者负责人姓名；作为被执行人的自然人的姓名、性别、年龄、身份证号码。（2）执行案件的具体履行情况，即生效法律文书确定的义务和被执行人的履行情况，被执行人失信行为的具体情形。（3）执行案件的基本信息，即执行依据的制作单位和文号、执行案号、立案时间、执行法院。

（二）失信被执行人名单的纳入程序

执行机关在将被执行人正式纳入失信名单之前，必须依照法律规定，经过告知、启动、认定、生效，这四个步骤缺一不可。

第一，在告知环节上，执行程序一经开始，法院首先要向被执行人出具《执行通知书》，其中需明确告知被执行人应及时履行义务，否则有被纳入失信被执行人名单的风险。

第二，在启动主体上，无论是申请执行人还是法院都有权启动，没有顺序上的差别。申请执行人有证据证明被执行人有条件执行而拒不执行的，可向法院申请启动；法院查明被执行人有法律规定的失信行为的，可直接依职权启动。

第三，在认定形式上，法院采取的是决定的形式。即法院认为被执行人确有失信行为应被纳入失信被执行人名单的，应当立即制作决定书并依法送达给诉讼当事人。

第四，在生效时间上，《若干规定（修正）》第5条中明确规定，决定书由院长签发，自作出之日起生效。

（三）失信被执行人名单信息的公布、删除和救济

《若干规定（修正）》第7条明确规定，将失信被执行人名单向社会公布的方式有三种。其一，将各地失信被执行人的名单信息统一录入最高人民法院失信被执行人名单库，通过该名单库统一向社会公布；其二，各级人民法院根据其自身实际情况，通过报纸、广播电视、网络、法院公告栏等方式将失信被执行人名单予以公布；其三，各级人民法院通过新闻发布会或者其他方式对本院及辖区法院实施失信被执行人名单制度的情况定期向社会公布。

《若干规定（修正）》中明确规定满足以下几种情形之一的，人民法院应当在3个工作日内删除失信信息：被执行人已履行生效法律文书确定的义务或人民法院已执行完毕的；当事人达成执行和解协议且已履行完毕的；申请执行人书面申请删除失信信息，人民法院审查同意的；终结本次执行程序后，通过网络执行查控系统查询被执行人财产两次以上，未发现有可供执行财产，且申请执行人或者其他人未提供有效财产线索的；因审判监督或破产程序，人民法院依法裁定对失信被执行人中止执行的；人民法院依法裁定不予执行的；人民法院依法裁定终结执行的。

权利和救济是密切联系着的，当失信被执行人名单制度赋予申请执行人权利的同时，也在一定程度上给予被执行人以相应的救济。当被执行人有确切理由认为将其纳入失信被执行人名单不符合法律规定时，可依照法定程序向人民法院提出申请，及时纠正错误，把损害降到最低。在下列情形下，当事人可以申请纠正：不应将其纳入失信被执行人名单的；记载和公布的失信信息不准确的；失信信息应予删除的。执行法院应当自收到书面纠正申请之日起15日内审查，理由成立的，应当在3个工作日内纠正；理由不成立的，决定驳回。对驳回决定不服的，可以自决定书送达之日起10日内向上一级人民法院申请复议。上一级人民法院应当自收到复议申请之日起15日内作出决定。复议期间，不停止原决定的执行。

三、失信被执行人的信用惩戒

失信被执行人名单制度若仅局限于信息的公开与共享是不够的，还需要配以相应的惩罚机制。专门对失信被执行人进行惩戒的有关政策性文件主要有：2015年7月修正后的《最高人民法院关于限制被执行人高消费及有关消费的若干规定》、2016年2月23日国家发展改革委等部门联合发布的《关于印发对失信被执行人实施联合惩戒的合作备忘录的通知》、2016年8月30日最高人民法院等部门联合发布的《关于在招标投标活动中对失信被执行人实施联合惩戒的通知》、2016年9月25日中共中央办公厅和国务院办公厅印发的《关于加快推进失信被执行人信用监督、警示和惩戒机制建设的意见》、国家发展改革委等部门发布的《关于对失信被执行人实施限制不动产交易惩戒措施的通知》。其

中,《关于加快推进失信被执行人信用监督、警示和惩戒机制建设的意见》是对失信被执行人实施联合惩戒涵盖领域最广、惩戒措施最全的文件,规定了 11 类 37 项惩戒措施。

(一)从事特定行业或项目限制

1. 设立金融类公司限制

将失信被执行人相关信息作为设立银行业金融机构及其分支机构,以及参股、收购银行业金融机构审批的审慎性参考,作为设立证券公司、基金管理公司、期货公司审批,私募投资基金管理人登记的审慎性参考。限制失信被执行人设立融资性担保公司、保险公司。

2. 发行债券限制

对失信被执行人在银行间市场发行债券从严审核,限制失信被执行人公开发行公司债券。

3. 合格投资者额度限制

在合格境外机构投资者、合格境内机构投资者额度审批和管理中,将失信状况作为审慎性参考依据。

4. 股权激励限制

失信被执行人为境内国有控股上市公司的,协助中止其股权激励计划;对失信被执行人为境内国有控股上市公司股权激励对象的,协助终止其行权资格。

5. 股票发行或挂牌转让限制

将失信被执行人信息作为股票发行和在全国中小企业股份转让系统挂牌公开转让股票审核的参考。

6. 设立社会组织限制

将失信被执行人信息作为发起设立社会组织审批登记的参考,限制失信被执行人发起设立社会组织。

7. 参与政府投资项目或主要使用财政性资金项目限制

协助人民法院查询政府采购项目信息;依法限制失信被执行人作为供应商参加政府采购活动;依法限制失信被执行人参与政府投资项目或主要使用财政性资金项目。

(二)政府支持或补贴限制

1. 获取政府补贴限制

限制失信被执行人申请政府补贴资金和社会保障资金支持。

2. 获得政策支持限制

在审批投资、进出口、科技等政策支持的申请时,查询相关机构及其法定代表人、实际控制人、董事、监事、高级管理人员是否为失信被执行人,作为其享受该政策的审慎性参考。

（三）任职资格限制

1. 担任国企高管限制

失信被执行人为个人的，限制其担任国有独资公司、国有资本控股公司董事、监事、高级管理人员，以及国有资本参股公司国有股权方派出或推荐的董事、监事、高级管理人员；已担任相关职务的，按照有关程序依法免去其职务。

2. 担任事业单位法定代表人限制

失信被执行人为个人的，限制其登记为事业单位法定代表人。

3. 担任金融机构高管限制

限制失信被执行人担任银行业金融机构、证券公司、基金管理公司、期货公司、保险公司、融资性担保公司的董事、监事、高级管理人员。

4. 担任社会组织负责人限制

失信被执行人为个人的，限制其登记或备案为社会组织负责人。

5. 招录（聘）为公务人员限制

限制招录（聘）失信被执行人为公务员或事业单位工作人员，在职公务员或事业单位工作人员被确定为失信被执行人的，失信情况应作为其评先、评优、晋职晋级的参考。

6. 入党或党员的特别限制

将严格遵守法律、履行生效法律文书确定的义务情况，作为申请加入中国共产党、预备党员转为正式党员以及党员评先、评优、晋职晋级的重要参考。

7. 担任党代表、人大代表和政协委员限制

失信被执行人为个人的，不作为组织推荐的各级党代会代表、各级人大代表和政协委员候选人。

8. 入伍服役限制

失信被执行人为个人的，将其失信情况作为入伍服役和现役、预备役军官评先、评优、晋职晋级的重要参考。

（四）准入资格限制

1. 海关认证限制

限制失信被执行人成为海关认证企业；在失信被执行人办理通关业务时，实施严密监管，加强单证审核或布控查验。

2. 从事药品、食品等行业限制

对失信被执行人从事药品、食品安全行业从严审批；限制失信被执行人从事危险化学品生产经营储存、烟花爆竹生产经营、矿山生产和安全评价、认证、检测、检验等行

第五章 守信联合激励与失信联合惩戒机制

业；限制失信被执行人担任上述行业单位主要负责人及董事、监事、高级管理人员，已担任相关职务的，按规定程序要求予以变更。

3. 房地产、建筑企业资质限制

将房地产、建筑企业不依法履行生效法律文书确定的义务情况，记入房地产和建筑市场信用档案，向社会披露有关信息，对其企业资质作出限制。

（五）荣誉和授信限制

1. 授予文明城市、文明村镇、文明单位、文明家庭、道德模范、慈善类奖项限制

将履行人民法院生效裁判情况作为评选文明村镇、文明单位、文明家庭的前置条件，作为文明城市测评的指标内容。有关机构及其法定代表人、实际控制人、董事、监事、高级管理人员为失信被执行人的，不得参加文明单位、慈善类奖项评选，列入失信被执行人后取得的文明单位荣誉称号、慈善类奖项予以撤销。失信被执行人为个人的，不得参加道德模范、慈善类奖项评选，列入失信被执行人后获得的道德模范荣誉称号、慈善类奖项予以撤销。

2. 律师和律师事务所荣誉限制

协助人民法院查询失信被执行人的律师身份信息、律师事务所登记信息；失信被执行人为律师、律师事务所的，在一定期限内限制其参与评先、评优。

3. 授信限制

银行业金融机构在融资授信时要查询拟授信对象及其法定代表人、主要负责人、实际控制人、董事、监事、高级管理人员是否为失信被执行人，对拟授信对象为失信被执行人的，要从严审核。

（六）特殊市场交易限制

1. 从事不动产交易、国有资产交易限制

协助人民法院查询不动产登记情况，限制失信被执行人及失信被执行人的法定代表人、主要负责人、实际控制人、影响债务履行的直接责任人员购买或取得房产、土地使用权等不动产；限制失信被执行人从事土地、矿产等不动产资源开发利用，参与国有企业资产、国家资产等国有产权交易。

2. 使用国有林地限制

限制失信被执行人申报使用国有林地项目；限制其申报重点林业建设项目。

3. 使用草原限制

限制失信被执行人申报草原征占用项目；限制其申报承担国家草原保护建设项目。

4. 其他国有自然资源利用限制

限制失信被执行人申报水流、海域、无居民海岛、山岭、荒地、滩涂等国有自然资源利用项目以及重点自然资源保护建设项目。

（七）限制高消费及有关消费

1. 乘坐火车、飞机限制

限制失信被执行人及失信被执行人的法定代表人、主要负责人、实际控制人、影响债务履行的直接责任人员乘坐列车软卧、G字头动车组列车全部座位、其他动车组列车一等以上座位、民航飞机等非生活和工作必需的消费行为。

2. 住宿宾馆饭店限制

限制失信被执行人及失信被执行人的法定代表人、主要负责人、实际控制人、影响债务履行的直接责任人员住宿星级以上宾馆饭店、国家一级以上酒店及其他高消费住宿场所；限制其在夜总会、高尔夫球场等高消费场所消费。

3. 高消费旅游限制

限制失信被执行人及失信被执行人的法定代表人、主要负责人、实际控制人、影响债务履行的直接责任人员参加旅行社组织的团队出境旅游，以及享受旅行社提供的与出境旅游相关的其他服务；对失信被执行人在获得旅游等级评定的度假区内或旅游企业内消费实行限额控制。

4. 子女就读高收费学校限制

限制失信被执行人及失信被执行人的法定代表人、主要负责人、实际控制人、影响债务履行的直接责任人员以其财产支付子女入学就读高收费私立学校。

5. 购买具有现金价值保险限制

限制失信被执行人及失信被执行人的法定代表人、主要负责人、实际控制人、影响债务履行的直接责任人员支付高额保费购买具有现金价值的保险产品。

6. 新建、扩建、高档装修房屋等限制

限制失信被执行人及失信被执行人的法定代表人、主要负责人、实际控制人、影响债务履行的直接责任人员新建、扩建、高档装修房屋，购买非经营必需车辆等非生活和工作必需的消费行为。

四、限制高消费与失信被执行人惩戒制度的区别

限制高消费（以下简称"限高"）和失信被执行人惩戒（以下简称"失信"）是两种不同的惩治手段，在执行过程中往往会交叉使用。

（一）含义不同

人民法院在执行案件的过程中，可以依法采取限制高消费和纳入失信被执行人名单措施。限制高消费，即限制有关人员高消费及非生活或者经营必需的有关消费。纳入失信被执行人名单，指法院将有关人员认定为失信被执行人，将其信息录入最高人民法院失信被执行人名单库，通过该名单库统一向社会公布，并进行不良信用记录，对被执行人予以信用惩戒。

（二）门槛不同

"限高"的适用条件是：被执行人未按执行通知书指定的期间履行生效法律文书确定的给付义务。"失信"的适用条件是，被执行人未履行生效法律文书确定的义务，并具有六种情形之一：（1）有履行能力而拒不履行生效法律文书确定义务的；（2）以伪造证据、暴力、威胁等方法妨碍、抗拒执行的；（3）以虚假诉讼、虚假仲裁或者以隐匿、转移财产等方法规避执行的；（4）违反财产报告制度的；（5）违反限制消费令的；（6）无正当理由拒不履行执行和解协议的。

概括而言，"限高"主要针对"客观不能"，"失信"主要针对"主观不愿"。根据法律规定，"失信"必然要"限高"，但"限高"未必会"失信"。因此可以说，"限高"的门槛低于"失信"。

（三）对象不同

"限高"的对象包括被执行人本人，被执行人为单位的，还包括其法定代表人、主要负责人、影响债务履行的直接责任人员、实际控制人。但"失信"只能针对被执行人。也就是说，"限高"的适用对象要比"失信"的范围广。

（四）内容不同

"限高"是指以下九种高消费及非生活或经营必需的消费行为：（1）乘坐交通工具时，选择飞机、列车软卧、轮船二等以上舱位；（2）在星级以上宾馆、酒店、夜总会、高尔夫球场等场所进行高消费；（3）购买不动产或者新建、扩建、高档装修房屋；（4）租赁高档写字楼、宾馆、公寓等场所办公；（5）购买非经营必需车辆；（6）旅游、度假；（7）子女就读高收费私立学校；（8）支付高额保费购买保险理财产品；（9）乘坐 G 字头动车组列车全部座位、其他动车组列车一等以上座位等其他非生活和工作必需的消费行为。

"失信"则是将被执行人的相关信息公之于众，对其予以信用惩戒，主要内容包括：人民法院应当将失信被执行人名单信息，向政府相关部门、金融监管机构、金融机构、承担行政职能的事业单位及行业协会等通报，供相关单位依照法律、法规和有关规定，在政府采购、招标投标、行政审批、政府扶持、融资信贷、市场准入、资质认定等方面，对失信被执行人予以信用惩戒。

（五）期限不同

"限高"原则上要一直限制到被执行人的义务履行完毕为止。而纳入失信被执行人名单的期限通常为 2 年；被执行人以暴力、威胁方法妨碍、抗拒执行情节严重或具有多项失信行为的，可以延长 1 至 3 年。

（六）解除条件不同

限制高消费期间，被执行人提供确实有效的担保或者经申请执行人同意的，人民法院可以解除限制高消费令；被执行人履行完毕生效法律文书确定的义务的，人民法院应当及时以通知或者公告解除限制高消费令。

失信被执行人具有下列情形之一的，人民法院应当在 3 个工作日内删除失信信息：（1）被执行人已履行生效法律文书确定的义务或人民法院已执行完毕的；（2）当事人达成执行和解协议且已履行完毕的；（3）申请执行人书面申请删除失信信息，人民法院审查同意的；（4）终结本次执行程序后，通过网络执行查控系统查询被执行人财产两次以上，未发现有可供执行财产，且申请执行人或者其他人未提供有效财产线索的；（5）因审判监督或破产程序，人民法院依法裁定对失信被执行人中止执行的；（6）人民法院依法裁定不予执行的；（7）人民法院依法裁定终结执行的。有纳入期限的，不适用上述规定。纳入期限届满后 3 个工作日内，人民法院应当删除失信信息。

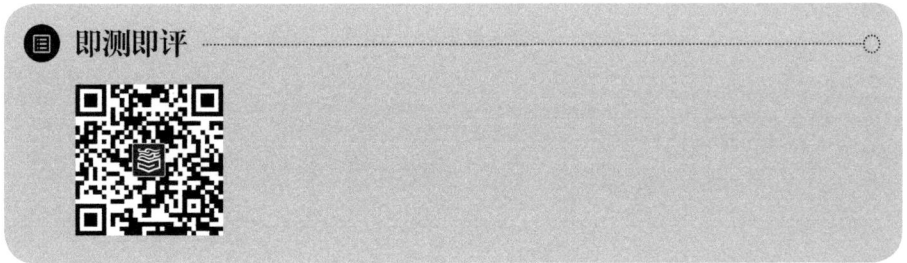
即测即评

第六章
信用修复法律制度

信用修复机制是一种允许失信主体实行自我纠错、主动自新的社会鼓励与关爱机制，这一机制的实施有利于鼓励和引导失信主体主动改正违法失信行为、消除社会不良影响和提升信用水平，对营造诚实守信的社会环境起到积极作用。

第一节 信用修复制度的基本内涵

截至 2020 年，美国与个人征信有关的法律共 16 部，其中与个人信用修复有关的主要有 4 部，即《公平信用报告法》《公平债务催收作业法》《公平与准确信用交易法》《信用修复机构法》。这 4 部中，《信用修复机构法》是规范美国信用修复法律制度的核心。上述法律明确了个人对不良信用信息的知情权、异议权、修复权以及联邦贸易委员会（FTC）等执法机构对征信机构的监督权，既为消费者保护个人隐私提供了重要保障，也为联邦贸易委员会监管征信机构提供了重要工具。

而我国信用修复机制的立法尚处于"先行先试，逐步推广"阶段。信用修复的立法以地方立法为主，立法渊源主要是地方性法规、地方性规章、地方性规范文件等，呈现立法位阶过低的现实状况。

一、我国信用修复制度的历史发展

任何事物的发展演变过程自有其依据、理由、标志和规律。我国信用修复法律制度的发展演变过程主要受社会经济发展需求、信用体系建设的影响和制约。自出现信用修复问题以来，我国曾发生过几个标志性事件，能大致反映我国信用修复法律制度的发展演变历程。

（一）"信用修复"概念的引入

最初提出信用修复是为了平衡最高人民法院与原国家工商行政管理总局之间的冲突。

2003年6月,原北京市工商局出台了《北京市工商局关于深化企业监管方式改革的若干意见》,其中重要一项是对信用缺失企业实施信用修复。① 为了解决最高人民法院提出的"吊销并不等于法人资格消灭"的问题,原北京市工商局在文件中提出:企业吊销后要按要求清理债权债务,才可以申请解除黑名单的锁定,恢复信用后再以注销的方式退出市场。这是 2004 年《行政许可法》实施前,从我国工商行政管理角度,企业退出市场通常可行的两条途径之一。"为了给这些失信企业,特别是年检成批吊销企业一个悔过自新的机会,原北京市工商局引入了国外'信用修复'概念,并赋予其新的内容,即通过整改,清理完债权债务,履行完相关法律和信用程序,确实悔过自新后,恢复其信用。"② 因此,在我国范围内,是原北京市工商局于 2003 年 6 月真正从国外引入"信用修复"概念并率先做了一些企业信用修复工作。③

(二)"信用修复"内容的零星出现

随着时间推移,以上工作已明显不符合社会发展形势和实际需要,影响到我国市场经济发展进程,引起了许多消费者的质疑。为有效规范和促进我国征信行业发展,我国首部征信业法规即《征信业管理条例》于 2013 年 3 月 15 日正式开始实施。《征信业管理条例》第 16 条第 1 款规定:"不良信息的保存期限,即自不良行为或者事件终止之日起为 5 年;超过 5 年的,应当予以删除。"此外还特别设置专章对信息主体权益保护进行规定,赋予了企业知情权、异议权和记录更正消除权,引导和鼓励企业积极向善、改过自新。《征信业管理条例》主要对错误信息的修正作出了规定,但对于其他形式的信用修复则欠缺规定。2014 年开始施行的《企业信息公示暂行条例》及相关配套规定主要规定了列入经营异常名录企业在整改后的移出机制,以及被列入严重违法失信企业名单的企业自被列入名单之日起满 5 年未再发生逾期未公示年报信息或其他信息等情形的移出该名单,对于其他情形的信用修复则欠缺规定。我国虽然还未从国家层面正式提出"信用修复"这一专业术语,但"信用修复"的相关内容已零散出现于《征信业管理条例》④《企业信息公示暂行条例》。2015 年,杭州联合南京、宁波、无锡开展了信用修复机制的研究,对公共信用修复的基本概念、认定、流程设计、监管体系和完善公共信用修复机制进行了分析。"杭州、南京、宁波、无锡四城市信息中心联合课题组(2016)"认为公共信用修复的首要问题在于厘清政府部门能够主导哪些信用修复。"杭州市发展改革委课题组

---

①② 唐鑫,陈燕敏.信用修复工作市场化趋势的思考[J].工商行政管理,2005(9).
③④ 陈其忠.我国企业信用修复法律制度研究[D].北京:中国社会科学院研究生院,2018.

（2017）"提出，"一标准、四要素、三规范"是推动公共信用修复机制有效落地的关键。① 所谓"一标准"，从定性角度看，是指失信行为是否可修复，应当取决于信用主体的主观修复意愿、行为本身的社会危害程度、行为发生的客观原因以及对失信行为的认知程度四个方面的评判标准。所谓"四要素"主要包括公共信用修复的参与主体、制度体系、实施路径、监督机制四个层面。所谓"三规范"，是就操作流程而言的，具体指规范信用主体的申请"入口"、规范实施主体的操作"过程"、规范信用修复的"结果"确认。

（三）"信用修复"制度的正式提出

《征信业管理条例》虽规定不良信息的保存期限不能超过5年，但未能有效解决失信企业的信用弥补和重建问题。随着市场经济的繁荣和发展，全社会对信用修复的呼声越来越高。在社会各界的提议和要求下，《国务院关于建立完善守信联合激励和失信联合惩戒制度　加快推进社会诚信建设的指导意见》（国发〔2016〕33号，以下简称《指导意见》）正式出台。在《指导意见》"四、构建守信联合激励和失信联合惩戒协同机制"部分中，提出信用修复和异议处理都是信用联合奖惩机制不可或缺的重要环节和必要补充，对建立完善"信用修复制度"和"信用信息异议机制"作出了具体要求，明确提出要建立健全信用修复机制，要求联合惩戒措施的发起部门和实施部门应按照法律法规和政策规定明确各类失信行为的联合惩戒期限。在规定期限内纠正失信行为、消除不良影响的，不再作为联合惩戒对象。因此，信用修复的实质应该是联合惩戒措施的解除。② 在这一文件的影响和带动下，国家税务总局于2016年4月16日发布《关于修订重大税收违法案件信息公布办法（试行）的公告》（2016年第24号），增加了信用修复机制相关内容，规定符合条件的偷税和逃避追缴欠税违法案件企业能主动及时缴清税款、滞纳金和罚款的，经实施检查税务机关认定，就可依法从"黑名单"中撤出，并将情况推送给参与联合惩戒的相关部门，依法依规解除惩戒措施。随后，2016年6月，《江苏省社会法人信用基础数据库信用修复办法（试行）》出台。该《办法》共15条，明确了信用修复的条件、程序、法律责任等。

国家发展改革委、人民银行发布的《关于加强和规范守信联合激励和失信联合惩戒对象名单管理工作的指导意见》（发改财金规〔2017〕1798号）要求，在完善相关法律法规的同时，畅通异议申诉等救济渠道，建立完善信用修复制度，纠正违法、失信行为，鼓励守法诚信。为落实这一文件精神，2018年9月起，《江西省失信行为主体信用修复办法（试行）》《河南省公共信用信息修复管理办法（试行）》《浙江省公共信用修复管理暂

---

① 杭州市发改委课题组.发挥公共信用修复的权益保护功能［J］.浙江经济，2017（6）.
② 陈哲.失信惩戒与信用修复［J］.浙江经济，2017（8）.

行办法》《吉林省公共信用修复管理暂行办法》《陕西省公共信用修复管理暂行办法》等地方政府规章相继颁布。此外，安徽省、湖南省等地出台了专门的信用修复地方政府规范性文件。

《国家发展和改革委员会办公厅、中国人民银行办公厅关于对失信主体加强信用监管的通知》（发改办财金〔2018〕893号）也强调，要完善信用修复制度。《最高人民法院关于公布失信被执行人名单信息的若干规定》（法释〔2017〕7号），就失信被执行人履行生效法律文书规定的义务后删除失信信息以及失信被执行人名单公示期限等作出了规定。

2019年7月，国务院办公厅印发《关于加快推进社会信用体系建设 构建以信用为基础的新型监管机制的指导意见》，提出要探索建立信用修复机制。失信市场主体在规定期限内纠正失信行为、消除不良影响的，可通过作出信用承诺、完成信用整改、通过信用核查、接受专题培训、提交信用报告、参加公益慈善活动等方式开展信用修复。修复完成后，各地区各部门要按程序及时停止公示其失信记录，终止实施联合惩戒措施。2019年6月，国家发展改革委等13个部门联合发布《加快完善市场主体退出制度改革方案》（发改财金〔2019〕1104号），提出："完善重整企业信用修复机制。进一步健全和完善相关制度，使重整成功的企业不再被纳入金融、税务、市场监管、司法等系统的黑名单，实现企业信用重建……结合自然人破产制度建设，建立健全自然人破产信用记录及信用修复制度，形成以信用为核心的自然人市场行为正向激励约束机制。"此外，相关部门及地方发布的信用建设立法和政策，也在积极构建信用修复机制。如国家能源局发布了《能源行业市场主体信用修复管理办法（试行）》（国能发资质〔2019〕22号）。

二、信用修复的概念界定

信用修复在英文中对应"credit repair"。美国《信用修复机构法》并没有对信用修复一词进行专门的定义，而是针对受该法监管的信用修复机构（credit repair organization）给出以下定义：通过各种方式向客户提供（或表明可以提供）服务或咨询，帮助客户改善信用记录、信用历史或评分，并由此获取经济回报的机构（不包括能提供免税证明的非营利机构、信贷机构、储蓄机构和信用合作社）。从这个定义可以看出，信用修复不限于狭义的修补受损信用，而是泛指所有改善信用记录、提升信用评分的做法，而以营利为目的提供这类服务的机构都要受《信用修复机构法》的监管。[①]

我国社会信用制度的建设暂无一部国家层面的立法，对信用修复的定义和内涵也尚无定论，但就信用修复的内涵而言，各方最大的差异在于信用修复是否包括信用信息异议。

---

① 杨渊，宋春春.美国信用修复市场发展和监管争议［J］.中国征信，2015（9）.

(一)学术界对信用修复的界定

对于信用修复的理解,目前有两种主流观点:一种是狭义的理解,认为信用修复是对信用行为的修复,是对过往信用状况的改善。① 并且认为,信用修复不是删除或掩盖已发生的信用记录,而是按照政府有关规定或社会上共同认可的方式,纠正自己的失信行为,提高自己的履约践诺能力,获得社会的信任和谅解,从而增加自己的信用值,信用修复的结果将会标注在原失信记录上。另一种是广义的理解,认为信用修复是信用行为和信用信息相结合的修复。"杭州、南京、宁波、无锡四城市信息中心联合课题组"认为:广义的信用修复包括信用信息修复和信用行为修复两个方面。② 其中,信用信息修复是指信用主体通过信息更正、信息补全和信息标识等方式,提升信用信息的准确性、完整性,达到维护自身信用评价基础的过程;信用行为修复是指信用主体通过改正失信行为、获得被侵害对象谅解、做出信用承诺等方式赢得社会信赖、被公众接纳,以达到改善自身信用状况的过程。还有人认为,广义的信用修复包括狭义的信用修复、对错误信用信息的更正和过期信用信息的更新。③

(二)相关"信用标准"对信用修复的界定

《信用基本术语》(GB/T22117—2008)4.12中对信用修复是如此定义的:依法改善对受信方的负面记录和评价,允许受信方对其失信行为的客观原因进行解释的技术手段。另注:广义的信用修复是指失信主体纠正其失信行为的过程。《信用基本术语》对信用修复的定义中有一个关键词——进行解释。有学者曾对"进行解释"予以深入阐述,认为可以将其理解为一种维权手段或纠错机制,当主体对记录的不良信用信息有异议,经过一定程序后,由信息记录单位在所记录的不良信用信息上做出注释或标注,这在法理和实践上均不存在障碍。④ 根据该学者的解释,狭义的信用修复只是对信用信息进行注释或标注,并不涉及对错误、遗漏的信用信息进行更正。

2018年,深圳市宝安区信用促进会牵头发布全国第一个团体标准——《基于公共活动中的信用修复规范》,其对信用修复的界定与主流的学术观点一致:信用修复包括广义和狭义两种解释,广义的信用修复包括失信行为修复和失信记录修复,狭义的信用修复特指失信行为修复。另注:信用异议属于失信记录修复。

---

① 陈其忠.我国企业信用修复法律制度研究[D].北京:中国社会科学院研究生院,2018.
② 杭州、南京、宁波、无锡四城市信息中心联合课题组.建立健全公共信用信息修复机制[J].浙江经济,2016(21).
③ 童岚冉.信用修复机制研究[D].杭州:浙江大学,2019.
④ 王宁江.信用修复之理解[J].浙江经济,2016(8).

（三）中央政策性文件、行业部门和地方立法对信用修复的界定

1. 国务院及其部门文件对信用修复内涵的界定

中央层面的政策性文件对信用修复内涵的界定经历了从广义到狭义的过程。

《国务院办公厅关于加强个人诚信体系建设的指导意见》（国办发〔2016〕98号）之"四、完善个人信息安全、隐私保护与信用修复机制"中"（三）建立信用修复机制"指出：建立个人公共信用信息纠错、修复机制，制定异议处理、行政复议等管理制度及操作细则。该指导意见把公共信用信息纠错、修复机制统一放在"建立信用修复机制"中，说明其采用了广义的信用修复界定，认为公共信用信息纠错是信用修复的一种。

《国务院关于建立完善守信联合激励和失信联合惩戒制度加快推进社会诚信建设的指导意见》（国发〔2016〕33号）之"四、构建守信联合激励和失信联合惩戒协同机制"中"（二十一）建立健全信用修复机制"指出：联合惩戒措施的发起部门和实施部门应按照法律法规和政策规定明确各类失信行为的联合惩戒期限。在规定期限内纠正失信行为、消除不良影响的，不再作为联合惩戒对象。"（二十二）建立健全信用主体权益保护机制"指出：建立健全信用信息异议、投诉制度。有关部门和单位在执行失信联合惩戒措施时主动发现、经市场主体提出异议申请或投诉发现信息不实的，应及时告知信息提供单位核实，信息提供单位应尽快核实并反馈。

《国务院关于加强政务诚信建设的指导意见》（国发〔2016〕76号）之"四、建立健全政务信用管理信息"中"（四）健全信用权益保护和信用修复机制"规定：建立健全信用信息异议、投诉制度，探索扩展公务员失信记录信用修复渠道和方式。建立自我纠错、主动自新的关爱机制，公务员在政务失信行为发生后主动挽回损失、消除不良影响或者有效阻止危害结果发生的，可从轻或免于实施失信惩戒措施。

《国务院办公厅关于加快推进社会信用体系建设　构建以信用为基础的新型监管机制的指导意见》（国办发〔2019〕35号）之"四、完善事后环节信用监管"中"（十三）探索建立信用修复机制"指出：失信市场主体在规定期限内纠正失信行为、消除不良影响的，可通过作出信用承诺、完成信用整改、通过信用核查、接受专题培训、提交信用报告、参加公益慈善活动等方式开展信用修复。"五、强化信用监管支撑保障"中"（十七）切实加大信用信息安全和市场主体权益保护力度"指出：建立健全信用信息异议投诉制度，对市场主体提出异议的信息，信息提供和采集单位要尽快核实并反馈结果，经核实有误的信息要及时予以更正或撤销。

《国家发展改革委办公厅关于进一步完善行政许可和行政处罚等信用信息公示工作的指导意见》（发改办财金〔2018〕424号）之"六、完善'双公示'信息主体权益保护机制"中"（十五）建立'双公示'信息的异议处理机制"指出：行政相对人认为"双公示"

信息存在错误、遗漏、超期公示等情况的，可依法依规向公示网站提出异议申请。该指导意见之（十六）规定要"健全行政处罚信息公示信用修复机制"，并列出以做出信用承诺为核心的信用修复的程序。

《国务院关于加强政务诚信建设的指导意见》虽然没有明确"信用信息异议"和"信用修复"是不同的制度，看似采用了广义的界定，但根据其条目名称来看，"建立健全信用信息异议、投诉制度"应属于信用信息权益保护的内容，而"探索扩展公务员失信记录信用修复渠道和方式"应属信用修复的内容。从规范性文件的体系解释来看，该指导意见采用了狭义的信用修复的界定。从《国家发展改革委办公厅关于进一步完善行政许可和行政处罚等信用信息公示工作的指导意见》《国务院关于建立完善守信联合激励和失信联合惩戒制度加快推进社会诚信建设的指导意见》《国务院办公厅关于加快推进社会信用体系建设构建以信用为基础的新型监管机制的指导意见》这三个文件的内容来看，虽然均未对信用修复的具体内涵予以定义，但都分别把"信用信息异议"和"信用修复"作为两个类项进行规定，且都要求"纠正失信行为"才能称为信用修复。可见，上述文件都认为"信用信息异议"和"信用修复"是不同的制度，"信用修复"并不包含"信用信息异议"，两者都是信用联合奖惩机制不可或缺的重要环节和必要补充。

2. 行业部门和地方立法对信用修复内涵的界定

相关行业部门和绝大多数地方政府关于信用修复的专门规章，采取了狭义的信用修复的界定。如《能源行业市场主体信用修复管理办法（试行）》第3条规定：信用修复，是指能源行业市场主体在失信信息披露期限内，纠正失信行为且消除不良影响后，向国家能源局及其派出能源监管机构提出修复申请，并经审核确认后，通过能源行业信用信息平台对其失信信息进行相应调整的过程。《江苏省社会法人信用基础数据库信用修复办法（试行）》第2条规定：信用修复是指社会法人在一定期限内主动纠正其因非主观故意因素导致的失信行为，按照一定条件，经规定程序，获准停用或缩短失信行为记录使用期限，重建信用的过程。《浙江省公共信用修复管理暂行办法》第2条规定：信用修复是指不良信息主体为积极改善自身信用状况，按照规定的条件和程序，向作出不良信息认定的公共信用信息提供单位提出申请并被确认的一种行为过程。但湖南省在《关于切实做好信用修复工作的通知》之"二、信用修复的界定"中采取了不同的立场。该通知规定，信用修复是指信用主体按照既定规则、制度和流程，通过一系列活动维护和改善自身信用状况的过程。它包括信用信息修复和信用行为修复两方面：前者是指通过信用主体信息更正、补全和信息标识等方式，提升信用信息的准确性、完整性，达到维护和改善自身信用状况的过程；后者是指信用主体通过改正失信行为、做出信用承诺等方式赢得社会信赖，达到和改善自身信用状况的过程。

将上述文件予以对比可以看出：就信用修复范围的对象而言，《浙江省公共信用修复管理暂行办法》对信用修复范围的界定明显更加宽泛，其表述为"不良信息主体"；而《江苏省社会法人信用基础数据库信用修复办法（试行）》规定需要信用修复的对象是"做出失信行为"者。就信用修复对象的主观状态而言，《江苏省社会法人信用基础数据库信用修复办法（试行）》的定义强调非主观故意，显然未能涵盖部分因主观因素失信的群体，但从社会信用制度建设的宗旨来看，反而这部分因主观因素失信的群体有更强烈的信用修复需要。[①] 因此，本书认为：第一，信用修复的对象应该限制在"做出失信行为导致信用状况不佳"范围内，而不应泛化地规定凡信息状况不良均可进行信用修复；第二，信用修复可以不考虑主观因素，无论是否基于主观故意做出失信行为，失信行为带来的不良影响是客观存在的，并不因主观故意或主观不知情增减；第三，对信用信息的更新、删减、标注可以统称为对信用信息的异议，并无"修整使恢复原样"的含义，不属于信用修复的范畴。

（四）信用修复的应然界定

《信用基本术语》中对信用修复的定义与目前主流观点不一致。主流观点认为信用修复是指信用行为的修复，广义的信用修复包括信用信息的修复。而《信用基本术语》恰恰相反，它认为信用修复只是一种进行解释的技术手段，在广义上包括信用行为的修复。现行有效的中央政策性文件和地方立法对信用信息异议和信用修复之间的关系存在不同的认识，在信用修复内涵的界定上也存在不同规定。

本书认为，提起信用信息异议仅仅是一种救济手段，是信用主体在认为自己并没有失信的前提下寻求改正自己信用信息的途径，并不是像失信者那样通过信用修复的行为向内反省自身以改变自己的信用行为、改善自己信用状况。市场主体在认为信用信息存在错误、遗漏、超期公示等情况时，可以提出异议申请，要求相关机构进行更正，即对错误信用信息的更正和过期信用信息的更新。

也就是说，信用信息（此处特指失信信息）修复是指，失信记录认定者按照特定程序对失信记录进行修改、删减，以便失信记录更加准确地描述和反映失信行为。而信用修复是市场主体客观上因失信行为受到负面评价，然后开始反省自我的过程的证明机制，同时，信用修复的成果也是一种退出联合惩戒的机制。信用修复是失信主体在特定期限内对自己的失信行为自动修正，对产生的失信损失主动补偿，对造成的失信影响主动弥补，以期信用状况调整到失信前状态的行为。所以，信用修复是通过信用行为的修复，

---

① 徐志明，熊光明. 对完善我国信用修复制度的思考［J］. 征信，2019（3）.

给信用主体以重塑形象、重获社会信任的机会。信用信息的异议则倾向于围绕信用信息本身的争议，核实其是否存在谬误，确保信用联合惩戒的基础真实可靠，消除因信用信息错误而导致的不应有惩戒。[①] 因此，信用信息异议后的信息更正或补充，只是恢复信用信息的客观情形，信用主体真实的信用状况并无变化。相较于广义的信用修复，狭义的信用修复更加能体现信用修复的本质。

由此可以得出结论，信用修复不分广义与狭义，它与信用信息异议是不同的制度，有着不同的功能。信用信息异议要解决的是是否构成失信行为以及依此实施信用联合惩戒的问题；信用修复要解决的是弥补失信行为对社会造成的损害、终止实施联合惩戒措施的问题。所以，信用修复是指失信主体为改善自身信用状况，按照规定的条件和程序，向作出不良信息认定的单位提出申请并被确认，重建信用，退出信用联合惩戒的过程。

三、信用修复的类型

从不同的角度，以不同的标准，信用修复可分为不同的类型。

（一）个人的信用修复和企业的信用修复[②]

这是从信用主体角度对信用修复进行分类。

个人信用的修复可以分为普通个人的信用修复以及涉诉个人的信用修复。普通个人的信用修复是指，当信用评价机构告知相关自然人其信用报告出现不良信息时，相关主体可以申请修复其不良信息的修复活动。涉诉个人的信用修复，是指进入司法程序的案件当事人，判决后作为被执行人基于主客观等不同原因进行降低或消除负面信用信息的修复活动。

企业信用的修复可以分为普通企业的信用修复和破产企业的信用修复，前者与普通个人的信用修复相类似，可以理解为当企业因自身问题导致信用评价降低时，依照一定的条件和程序申请企业信用恢复的活动。从现有司法实践来看，破产企业重整主要面临的信用修复问题既包括银行不良信贷信息修复，也包括一般不良信用信息修复，在现实中，不良信贷信息修复是破产重整企业在信用修复中更加关注的问题。由于债权人较多难以统一意见，且没有明确的立法可以遵循，破产企业的信用修复可否单独启动，在制度上还是空白。同时，破产企业的信用修复问题的特殊性还在于，破产重整企业已经资

---

① 王超，傅家桢.信用修复和异议处理［J］.浙江经济，2016（20）.
② 刘瑛.信用修复的法理依据及类型化实施研究［J］.中国信用，2019（12）.

不抵债，丧失清偿能力，如果企业希望通过重整以实现再生，就必须要求司法机关为修复企业的信用行为进行背书。①

（二）一般失信的信用修复和严重失信的信用修复

不良信用的评价是信用修复的前置程序，基于这一评价结果的不同，以失信程度划分，信用修复相应地可以分为一般失信的信用修复和严重失信的信用修复。

一般失信的信用修复，是指针对被评价为"一般"程度的不良信息，失信主体在采取补救措施后，在一定时间内经过一定程序向相关主体申请信用修复。② 严重失信的信用修复，是指针对诸如强制执行记录、行政处罚记录、职业资格吊销信息等严重不良信息申请的信用修复。

（三）自动修复与申请修复

这是从修复方式角度对信用修复进行的划分。

有学者认为，信用修复的方式主要包括自动修复、自主修复、委托修复、更正修复、公益修复等。自动修复主要是指失信信息有效期限届满后，失信主体自动不再受到惩戒；更正修复主要是指信用信息错误的更正；公益修复主要是指通过公益捐赠、志愿服务等方式进行信用修复。此外，信用修复方式从修复主体方面划分为自主修复和委托修复两种。③ 也有学者认为，信用修复的方式分为以下两种：一是自动修复。比如，公示期限届满的，无须企业提交申请，系统自动更新，不再公示，不再出现在企业信用信息查询报告中，也不再受到联合惩戒。二是主动修复，由失信主体主动提出申请。④

从信用修复的内涵来讲，更正修复不是信用修复的方式，而属于信用信息异议。虽然《国务院办公厅关于加快推进社会信用体系建设 构建以信用为基础的新型监管机制的指导意见》（国办发〔2019〕35号）提出，失信主体可以通过参加公益慈善活动等方式开展信用修复，但公益修复方式还有待进一步探讨。比如《公益事业捐赠法》第2条、第4条明确规定，捐赠是自愿无偿的，将捐赠作为信用修复的方式，有变相倒逼捐赠的嫌疑，也有可能造成失信主体通过捐赠变相购买信用的不守信行为的发生。⑤ 即使允许

---

① 徐昭，姜弘毅.破产重整企业信用修复的实践与思考［J］.征信，2018（6）.
② 覃珺.不良信用修复机制的设计［J］.中国金融，2014（14）.
③ 吴春燕.浅析信用修复制度设计及应用若干问题［N］.中国市场监管报，2019-03-05.
④ 北京中企信办信息管理中心.信用修复的内涵、范围、方式和条件［N］.中国工商报，2019-02-12.
⑤ 徐明轩.自然人信用修复制度研究［D］.保定：河北大学，2018.

公益修复，也需在失信主体申请后进行。而所谓委托修复，其实也是自主修复，只是找了代理人代办相关程序手续而已。如《陕西省公共信用修复管理暂行办法》第9条规定，申请信用修复时，应向信用修复认定单位提交委托代理书原件、经办人身份证复印件。也就是说，可以委托他人代办相关程序。

地方立法把信用修复的方式分为自然修复和依申请修复两种。如《浙江省公共信用修复管理暂行办法》第2条规定：信用修复包括自然修复和依申请修复。自然修复是指不良信息自认定之日起满5年后从所在主体信用档案中删除。依申请修复是指不良信息主体为积极改善自身信用状况，按照规定的条件和程序，向作出不良信息认定的公共信用信息提供单位提出申请并被确认的行为过程。《吉林省公共信用修复管理暂行办法》第3条也作出了类似的规定。从前述法条可以看出，自然修复即自动修复，依申请修复即自主修复。

第二节　信用修复法律制度的主要内容

随着社会信用体系建设的深入推进，以及守信联合激励与失信联合惩戒大格局的逐渐形成，信用修复的社会需求越来越迫切。信用修复不是简单的"洗白记录"，也不是简单的"退出惩戒"，而是有前提、有程序、有限度的失信整改过程。

一、信用修复的条件

开展信用联合惩戒的目的是加大违法失信成本，提高社会震慑力。如果信用修复是无条件的，那就达不到上述目的。因此，信用修复应该是有条件的，不是失信行为发生后任何人任何时候都可以进行修复。不同失信行为的修复差异性决定了信用修复机制不能对所有失信行为的修复条件作出统一规定，但一般把信用修复条件分为可以修复条件和不能修复条件。

信用修复有两个前提，一是失信主体彻底纠正失信行为并履行和承担相应法律责任，二是接受诚信教育主动做出守信承诺并按规定履行社会责任。各地地方性立法相对统一的可以修复条件为：已对失信行为进行了纠正，并取得明显成效，该失信行为的不良社会影响已基本消除。不能修复条件相对一致的是：第一，企业进入破产程序的；第二，接到信用提醒后无故不纠正相关失信行为或者无故不参加约谈、约谈事项不落实，经督促后仍不履行的。

其他条件虽然各地具体规定不一，但大致可以分为三种，即时间限制、数量限制、范围限制。

（一）时间限制

时间限制是指自失信行为被认定之日起，多长时间允许修复。这里包含两层含义：一是一种失信行为发生并被认定后，多久允许修复；二是一种失信行为信用修复后，多久可以允许同一种或另一种失信行为开展修复。《国家发展改革委办公厅关于进一步完善行政许可和行政处罚等信用信息公示工作的指导意见》（发改办财金〔2018〕424号）规定，行政处罚信息在公示网站公示期限为1年的，行政相对人可在最短公示期3个月后向公示网站申请信用修复。《关于进一步完善"信用中国"网站及地方信用门户网站行政处罚信息信用修复机制的通知》进一步明确规定，涉及一般失信行为的行政处罚信息自行政处罚决定之日起，在信用网站最短公示期限为3个月，最长公示期限为1年。涉及严重失信行为的行政处罚信息自行政处罚决定之日起，在信用网站最短公示期限为6个月，最长公示期限为3年。《吉林省公共信用修复管理暂行办法》对于行政处罚信息，不分严重程度，一律规定为3个月后申请信用修复。《浙江省公共信用修复管理暂行办法》规定，各省级公共信用信息提供单位可结合本行业实际制定不良信息修复期限，但原则上自不良信息认定之日起修复期限应满1年及以上。《江西省失信行为主体信用修复办法（试行）》也是如此规定。《江苏省社会法人信用基础数据库信用修复办法（试行）》第7条第（3）项规定，距离上一次信用修复时间不到1年的，不得修复。即一种失信行为信用修复1年后，才允许另行开展信用修复。

能源行业和陕西省区分不同程度的失信行为，对信用修复规定了不同的时间限制。《能源行业市场主体信用修复管理办法（试行）》规定：按照《能源行业市场主体信用行为清单（2018版）》界定的轻微失信信息、较重失信信息和严重失信信息类型，除规定不予修复外，在符合规定条件的基础上，属于轻微失信的，自失信信息认定之日即可提出申请并予以修复；属于较重失信的，自失信信息认定之日起满6个月后可提出申请并予以修复；属于严重失信的，自失信信息认定之日起满1年后可提出申请并予以修复。《陕西省公共信用修复管理暂行办法》规定：对涉及一般失信行为的行政处罚信息，可在该信息披露3个月后进行信用修复；对涉及严重失信行为的行政处罚信息，可在该信息披露6个月后进行信用修复。对各行业领域的失信"黑名单"信息，自失信主体履行法定义务、改正违法失信行为后12个月内再未发生失信行为的，需满足以下条件并经信用修复认定单位确认后申请信用修复：（1）失信主体主要负责人参加信用建设主管部门举办的信用修复网络在线学习或者实地培训活动，并通过信用法规知识在线测评；（2）主动接受符合要求的信用服务机构对其进行第三方信用监督和信用修复辅导；（3）提交由具备条件的信用服务机构出具的信用报告；（4）主动参加志愿服务和社会公益事业；（5）作出信用修复承诺。

（二）数量限制

数量限制也包含两层含义：一是同一种失信行为在一定时间内发生几次，在信用修复时不允许修复；二是一次能修复几种失信行为。《江苏省社会法人信用基础数据库信用修复办法（试行）》第7条第（1）项规定，1年内有严重失信行为的，或1年内有3次及以上较重失信行为的，不得予以信用修复；第（4）项、第（5）项规定，5年内信用修复累计满2次的，5年内同一类失信行为已修复1次的，不得予以信用修复，即一次只能修复2种失信行为。《吉林省公共信用修复管理暂行办法》规定，同一类不良信息2年内已申请信用修复1次的、3年内信用修复累计满2次的，不予信用修复。《江西省失信行为主体信用修复办法（试行）》规定，同一类不良信息1年内已申请信用修复1次的、2年内信用修复累计满2次的，不予信用修复。

（三）范围限制

针对违法行为进行信用修复，重点在于该违法行为是否具有可修复性。从目前的实践看，需要重点考量四个条件。第一，信用主体主观上是否具有信用修复的意愿，即信用修复程序应当基于信用主体的申请而启动。第二，失信行为的危害程度。轻微违法行为和一般违法行为才可以纳入信用修复范围，重大违法行为不具有可修复性。第三，失信行为发生的客观原因。非因信用主体的原因而引发的失信行为，原则上应当予以修复。第四，对失信行为的主观认知。即信用主体是否真正认识到其行为的违法性，并通过相应的信用承诺和实际行动纠正违法行为，改善其诚信状况。① 目前，从国家以及江苏、山东、河南等已开展信用修复实践的省份来看，关于信用修复范围的规定主要有三种：一是根据违法程度和由此带来的社会影响决定是否允许修复；二是根据失信行为发生时失信主体是否有主观故意因素决定是否允许修复；三是根据失信程度来决定是否允许修复，将失信程度划分为一般失信、较重失信和严重失信三类，对于严重失信的不允许修复。但是，违法失信程度划分、带来的社会影响和是否具有主观故意等难以准确判断，而将失信程度进行划分，标准难于统一且不易操作。因此，为保障信用修复的可操作性、公正性，用于明确信用修复范围的标准最好具有统一性、易判定性。

科学判定和区分失信程度是启动信用修复程序的重要条件。信用修复是有限度的，主要是针对一般或较重失信行为，涉及特定严重的违法失信行为不能退出"黑名单"，不能解除失信联合惩戒，均按最长公示期限予以公示，公示期间不予修复。从违法程度的层面考量，特定严重违法失信行为不具有修复性，体现了对法治底线的坚守。当失信主体实施的失信行为是特定严重违法行为，严重破坏了法律秩序，甚至可能从根本上触碰

---

① 王伟. 信用修复实践与法治路径分析［N］. 中国工商报，2019-02-27.

法治底线，公权力机关应当将其纳入不可修复的范围。如果将特定严重违法行为纳入可修复范围，那么公权力机关进行信用规制的公信力容易被质疑，可能树立错误的导向。对于一般或较重失信行为，在彻底纠正失信行为并满足信用修复前提的条件下，才可以按程序申请退出"黑名单"，并解除失信联合惩戒。

国家发展改革委办公厅印发《关于进一步完善"信用中国"网站及地方信用门户网站行政处罚信息信用修复机制的通知》（发改办财金〔2019〕527号），明确将行政处罚信息划分为涉及一般失信行为的行政处罚信息、涉及严重失信行为的行政处罚信息和涉及特定严重失信行为的行政处罚信息三类。

涉及一般失信行为的行政处罚信息主要是指对性质较轻、情节轻微、社会危害程度较小的违法失信行为的行政处罚信息。

涉及严重失信行为的行政处罚信息主要是指对性质恶劣、情节严重、社会危害程度较大的违法失信行为的行政处罚信息。主要包括：（1）因严重损害自然人身体健康和生命安全的行为被处以行政处罚的信息；因严重破坏市场公平竞争秩序和社会正常秩序的行为被处以行政处罚的信息；在司法机关、行政机关作出裁判或者决定后，因有履行能力但拒不履行、逃避执行且情节严重的行为被处以行政处罚的信息；因拒不履行国防义务、危害国防利益、破坏国防设施的行为被处以行政处罚的信息。（2）法律、法规、规章明确规定构成情节严重的行政处罚信息。（3）经行政处罚决定部门认定的涉及严重失信行为的行政处罚信息。

涉及特定严重失信行为的行政处罚信息主要是指：在食品药品、生态环境、工程质量、安全生产、消防安全、强制性产品认证等领域被处以责令停产停业，或吊销许可证、吊销执照的行政处罚信息；因贿赂、逃税骗税、恶意逃废债务、恶意拖欠货款或服务费、恶意欠薪、非法集资、合同欺诈、传销、无证照经营、制售假冒伪劣产品和故意侵犯知识产权、出借和借用资质投标、围标串标、虚假广告、侵害消费者或证券期货投资者合法权益、严重破坏网络空间传播秩序、聚众扰乱社会秩序等行为被处以责令停产停业，或吊销许可证、吊销执照的行政处罚信息；以及法律、法规、规章另有规定不可修复的行政处罚信息。上述信息均按最长公示期限予以公示，公示期内不予修复。

目前，除能源行业、陕西省、海南省儋州市的"信用修复办法"外，一般都没有区分一般失信、严重失信和特定严重失信行为分类设定信用修复的条件。《陕西省公共信用修复管理暂行办法》规定，对下列特定严重失信行为信息不予信用修复：（1）在食品药品、生态环境、工程质量、安全生产、消防安全、强制性产品认证等领域被处以责令停产停业，或吊销许可证、吊销执照的；（2）因贿赂、逃税骗税、恶意逃废债务、恶意拖欠货款或服务费、恶意欠薪、非法集资、合同欺诈、传销、无证照经营、制售假冒伪劣产品和故意侵犯知识产权、出借和借用资质投标、围标串标、虚假广告、侵害消费者或证券期货投资者合法权益、严重破坏网络空间传播秩序、聚众扰乱社会秩序等行为被处以责令停产停业,或吊销许可证、吊销执照的;(3)法律、法规、规章规定的其他不可修复的严重失信行为。

二、信用修复中的信用行为

简单来说,信用修复中的信用行为就是失信主体回归守信的各类活动。信用行为的实施是进行信用修复的重要环节,只有失信主体履行相关义务,符合信用修复的行为要件,才能使得信用修复的程序正式启动。

信用修复中的信用行为根据内容不同可以分成三种情况[①]。

(一)自觉纠正失信行为(完成应尽义务)、消除不良影响

剖析现有的规范性文件,几乎所有的规范性文件为了预防和制止失信行为损害结果的持续影响,保护社会公共利益,都要求信用修复的适用对象自行停止失信行为、纠正失信行为并消除由于失信行为造成的不利影响。此类与失信行为直接相关的行为属于基础信用行为的范畴,是所有申请信用修复的对象都必须实施的信用行为。基础信用行为并未对失信主体设定额外的义务,仅仅是要求其遵守配合社会管理的义务,阻止失信损害状态进一步扩大,从而起到维护社会公共秩序的目的。这种情况如未按时纳税的纳税人完成相应补办任务。如《国家税务总局关于纳税信用修复有关事项的公告》(国家税务总局公告 2019 年第 37 号)第 1 条规定,纳入纳税信用管理的企业纳税人,符合下列条件之一的,可在规定期限内向主管税务机关申请纳税信用修复:纳税人发生未按法定期限办理纳税申报、税款缴纳、资料备案等事项且已补办的;未按税务机关处理结论缴纳或者足额缴纳税款、滞纳金和罚款,未构成犯罪,纳税信用级别被直接判为 D 级的纳税人,在税务机关处理结论明确的期限期满后 60 日内足额缴纳、补缴的;纳税人履行相应法律义务并由税务机关依法解除非正常户状态的。

此外,针对失信行为采取消除后果和立即整改等措施亦属此类情况。如《公路水路行业安全生产信用管理办法(试行)》第 20 条规定,生产经营单位或从业人员可针对失信行为采取消除后果和立即整改等措施进行信用修复。

(二)自觉纠正失信行为、消除不良影响 + 额外信用行为

失信行为纠正后,有时还需要完成一些修复行为,即额外信用行为才能进行信用修

---

① 徐萌.论失信惩戒中的信用修复[D].上海:上海师范大学,2019.

复。信用修复是有程序的，失信主体要依法依规向做出行政决定、做出失信惩戒决定的相关职能部门提起修复申请，通过做出守信承诺、完成失信整改、通过信用核查、接受专题培训、提交信用报告等一系列额外信用行为来开展信用修复，相关部门严格按程序予以确认。

《国家发展改革委办公厅、人民银行办公厅关于对失信主体加强信用监管的通知》（发改办财金〔2018〕893号）规定：建立信用修复制度。黑名单、重点关注名单主体在规定期限内纠正失信行为、消除不良影响的，不再作为联合惩戒对象。建立有利于自我纠错、主动自新的社会鼓励与关爱机制，支持黑名单、重点关注名单主体通过公开信用承诺、参加信用修复专题培训、提交信用报告、参与社会公益服务等方式修复信用。《国务院办公厅关于加快推进社会信用体系建设 构建以信用为基础的新型监管机制的指导意见》（国办发〔2019〕35号）指出：失信市场主体在规定期限内纠正失信行为、消除不良影响的，可通过作出信用承诺、完成信用整改、通过信用核查、接受专题培训、提交信用报告、参加公益慈善活动等方式开展信用修复。修复完成后，各地区各部门要按程序及时停止公示其失信记录，终止实施联合惩戒措施。《国家发展改革委办公厅关于进一步完善行政许可和行政处罚等信用信息公示工作的指导意见》（发改办财金〔2018〕424号）、《国家发展改革委办公厅关于进一步完善"信用中国"网站及地方信用门户网站行政处罚信息信用修复机制的通知》（发改办财金〔2019〕527号）、《旅游市场黑名单管理办法（试行）》第15条、《交通运输守信联合激励和失信联合惩戒对象名单管理办法（试行）》第19条、《公路水路行业安全生产信用管理办法（试行）》第20条等也作出了类似的规定。《陕西省公共信用修复管理暂行办法》规定：对涉及一般失信行为的行政处罚信息，除履行法定义务、改正违法失信行为外，失信主体还必须作出信用修复承诺，才能申请信用修复；对涉及严重失信行为的行政处罚信息，必须参加信用修复培训、提交由具备条件的信用服务机构出具的信用报告、作出信用修复承诺，才能申请信用修复。

商务领域、能源行业、旅游领域、交通运输领域等多以公开信用承诺与参加信用修复专题培训作为额外信用修复行为。对于自然人在公开信用承诺之外还特别设定了失信主体参加社会公益服务的方式，如《国家发展改革委办公厅 国家税务总局办公厅关于加强个人所得税纳税信用建设的通知》（发改办财金规〔2019〕860号）规定，自然人在规定期限内纠正失信行为、消除不良影响的，可以通过主动做出信用承诺、参与信用知识学习、税收公益活动或信用体系建设公益活动等方式开展信用修复，对完成信用修复的自然人，税务部门按照规定修复其纳税信用。《国家发展改革委办公厅关于进一步完善"信用中国"网站及地方信用门户网站行政处罚信息信用修复机制的通知》（发改办财金〔2019〕527号）对于行政处罚信息的信用修复则是规定了分级修复的方式，对于一般失信行为主体只需公开作出信用修复承诺,对于严重失信行为主体则需主动参加信用修复专题培训,并需上交信用报告。

(三)自觉纠正失信行为、消除不良影响+期限届满

失信主体积极主动纠正失信行为、消除不良社会影响,且已被列入名单满1年,即属该种情况。《专利领域严重失信联合惩戒对象名单管理办法(试行)》第21条规定,被列入联合惩戒对象名单的主体能够积极主动纠正失信行为、消除不良社会影响,且已被列入名单满1年的,可向作出列入决定的部门书面申请信用修复。

三、信用修复的程序

程序就是由行为的方式、步骤和时间、顺序构成的过程,是时间要素与空间要素的结合体。① 程序的核心价值,一在于控权,防止公权力的滥用;二在于效率,确定程序的时限性。

信用修复的基本流程是提出申请、受理申请、提出意见、公示、数据处理。尽管不同地区的信用修复机制存在差异性,但其在核心程序方面应当具有统一性和明确性。

为支撑"信用中国"网站行政处罚信息信用修复机制有效进行,国家公共信用信息中心专门开发了行政处罚信息协同信用修复系统,提供了"申请→受理→审核→决定→归档"的在线信用修复功能,规范了修复流程,确保信用修复工作严谨有序进行。根据《国家发展改革委办公厅关于进一步完善"信用中国"网站及地方信用门户网站行政处罚信息信用修复机制的通知》要求,涉及一般失信行为的行政处罚信用信息和涉及严重失信行为的行政处罚信息的信用修复程序,可以分为以下几个阶段。

(一)提出申请

失信主体向失信行为认定方提出信用修复申请,须满足五个条件:失信行为已修正,且不再产生新的失信损失;失信行为属于可修复认可范围;已纳入失信惩戒范围,且达到最低惩戒期限;签署信用承诺书或接受信用修复专题培训等;获得失信损失方、失信受影响方的谅解。涉及一般失信行为的行政处罚信息修复申请人须向信用门户网站提供相关身份材料和已履行行政处罚材料,公开作出信用修复承诺,或向行政处罚决定机关提出申请,由行政处罚决定机关通过公共信用信息系统逐级上传相关信息和材料。涉及

---

① 唐清利.社会信用体系建设中的自律异化与合作治理[J].中国法学,2012(5).

严重失信行为的行政处罚信息信用修复申请人，还要增加提供参加信用修复专题培训证明、第三方出具的信用修复报告。失信主体提出申请，启动信用修复的程序，实现了申请权；提交相应的证明材料，实现了书面的陈述权。

信用承诺是指失信主体向社会作出公开的信用修复守信承诺，对自己所提供的信用修复申请材料的完整性、真实性和合法性负责。承诺内容包括依法诚信经营的具体要求、自愿接受社会监督、违背承诺自愿接受联合惩戒等。违反信用承诺的，在一定时间内将不被给予信用修复的机会。[①]信用修复承诺书通过"信用中国"网站向社会公开，记入相关主体信用记录，并作为信用修复的重要条件。

根据《国家发展改革委办公厅关于进一步完善"信用中国"网站及地方信用门户网站行政处罚信息信用修复机制的通知》的规定，各级社会信用体系建设牵头部门可与行政处罚决定部门联合举办信用修复专题培训，也可引入公共信用评价在"优"级以上的综合信用服务机构试点单位和征信机构或经授权的行业协会商会举办信用修复专题培训。

根据《国家发展改革委办公厅、人民银行办公厅关于对失信主体加强信用监管的通知》之"十、广泛开展信用修复专题培训"的规定，培训内容包括宣讲国家社会信用体系建设法规政策、失信联合惩戒措施及其对各类主体的影响、信用修复的方式和程序等，培训不少于3个学时。接受信用修复培训情况记入失信主体信用记录，纳入全国信用信息共享平台。

（二）审核与复审

失信行为认定方接到失信主体的申请后，确认其是否符合修复的条件，并在规定期限内决定是否受理。若不受理，须说明理由。失信行为认定方应明确可获认可的失信行为类型、信用修复方式和内容、失信行为最低惩戒期限等。失信行为认定方根据信用修复内容和指标对失信主体的信用修复行为进行评估，比如失信行为属于严重还是轻微、申请资料是否合规等，同时进行逐级审核与复审，最终确定是否获得修复认可及最后惩戒期限。对于不符合信用修复条件的，不予信用修复，并以书面形式告知理由。

如《浙江省公共信用修复管理暂行办法》规定：公共信用信息提供单位应当受理不

---

① 程友华.建立规范的信用修复程序［J］.中国信用，2019（9）.

良信息主体提交的信用修复申请材料，并对材料的齐备性进行检查。提交的材料不齐备的，公共信用信息提供单位应当在 2 个工作日内一次性告知不良信息主体补全材料。公共信用信息提供单位应当在 15 个工作日内，对不良信息主体提交的完整材料的真实性、准确性予以核对。对于不符合信用修复条件的，不予信用修复，并书面告知理由。

延伸阅读

涉及一般失信行为行政处罚信息信用修复表

（三）信息公示

对于符合信用修复条件的，确认信用修复，并在部门门户网站进行公示。

各地对公示的期限规定有差异。陕西省规定，公示期限与原不良信用信息的披露期限保持一致，即一般失信行为信用修复公示期为 3 个月，严惩失信行为信用修复公示期为 6 个月。江西省规定公示期限为 1 个月，浙江省、江苏省、河南省规定公示期限为 5 个工作日。公示期限过短，会带来民主性不够、开放性不足的弊端；公示期限过长，会给信用改良者的出行、正常生活和工作带来不便。

失信主体对信用修复认定单位不予信用修复有异议的，或利害关系人对信用修复确认有异议的，可以向信用修复认定单位或其上级主管部门提出异议申请。但只有《能源行业市场主体信用修复管理办法（试行）》规定，市场主体对不予信用修复决定存有异议的，可依法申请行政复议或提起行政诉讼。本书认为，信用修复的认可与否，决定着失信主体的重大切身利益，应当赋予失信主体和利害关系人获得司法救济的机会。

延伸阅读

信用修复公示

四、信用修复机构

目前，我国信用修复以政府为主导，采取"谁主管、谁认定、谁负责"的工作机制。政府扮演着信用修复的服务者、管理者、监督者三重角色，[①] 体现在提供信用修复的政策法规，直接参与信用修复工作并进行信用信息公开，对信用市场进行准入和监管等多方面。近年来，随着我国社会信用体系建设的深入推进，国家越来越重视发挥专业信用服务机构的作用。

---

① 王伟，任豪. 政府在信用修复中的角色定位 [J]. 中国信用，2019（10）.

(一)我国信用服务机构

2017年10月,国家发展改革委财政金融司发布《关于引入第三方信用服务机构协同参与多领域及特定领域行业信用建设和信用监管工作的函》,引入第三方信用服务机构协同参与34个行业的信用建设和信用监管工作。2018年3月,为培育发展信用服务机构和信用服务市场,加快推进社会信用体系建设,国家发展改革委办公厅发布了《关于充分发挥信用服务机构作用加快推进社会信用体系建设的通知》,确定了首批26家综合信用服务试点机构。2019年7月,国务院办公厅发布的《关于加快推进社会信用体系建设构建以信用为基础的新型监管机制的指导意见》进一步提出,鼓励符合条件的第三方信用服务机构向失信市场主体提供信用报告、信用管理咨询等服务。上述一系列文件的出台,为信用服务机构参与信用修复工作提供了政策依据。①

2019年7月,为规范"信用中国"网站及地方信用门户网站开展行政处罚信息信用修复工作,经相关综合信用服务试点机构和征信机构自主申报,并作出守信承诺,国家公共信用信息中心在开展公共信用综合评价和严格复核的基础上,确定了第一批可承担信用修复专题培训任务的共13家信用服务机构名单,确定了第一批可为信用修复申请人出具信用报告的共62家信用服务机构名单。②

在我国引入第三方信用修复机构有以下几个方面的考量③:(1)丰富信用修复手段。现有的修复拘泥于"被动"监督,缺乏按照自己意愿主动修复不良信息的渠道,而信用修复机构具有合法资格,在法律允许的范围内能够采取更具经济效益的修复手段。(2)提高信用修复效率。社会朝着专业化发展,信用修复机构正是具有专业修复能力的中介机构,对现阶段我国不熟悉信用修复程序的信用主体来说意义重大。同时,修复机构的批量业务会减低修复成本,进而提高征信机构的修复效率和效益。(3)减少失信损失。失信行为首先对失信人带来巨大的不利影响,法律责任的承担就是其中一项,而信用修复可以让非恶意失信的信用主体尽可能减少损失。同时,对作为受害方的授信人来说,如果能有机会通过信用修复机构的斡旋直接与失信人协商补偿措施,挽回额外损失,对当事双方都利大于弊,甚至能够为以后的交易创造机会。(4)节省惩戒资源。信用修复具有和失信惩戒同样的责任承担理念,这两个机制具有一定程度的互补性。对于愿意改过自新的失信人,适用失信惩戒机制并不合适,而选择信用修复机构修复信用会产生同样的责任承担效果。相较于惩戒手段,信用修复机构可以尽可能地节省资源,进而将这些资源投入到失信惩戒机制的必要环节。

---

① 韩家平.第三方机构在信用修复中的定位和作用[J].中国信用,2019(9).
② 信息来源:信用中国网站,https://www.creditchina.gov.cn,访问日期2021年6月27日。
③ 梁宵,胡于恒.论我国个人信用修复机制研究——以美国实践为参考[J].法论(西南政法大学研究生学报),2016(29).

（二）信用服务机构的业务内容

着眼社会信用体系建设总体目标和发展要求，政府应多措并举、多渠道、多方式推动信用服务机构发挥积极作用。

1. 积极引入信用服务机构参与重点领域信用记录采集

委托信用服务机构参与建立行业市场主体信用记录，定期或不定期开展政府部门指定主体信用记录采集工作，并共享至全国信用信息共享平台，规范信用记录格式和数据标准，拓展信息采集内容和范围，鼓励信用服务机构主动采集重点领域市场主体信用信息，建立全面规范的信用主体信用档案。

2. 根据需要授权信用服务机构参与红黑名单的认定

根据《国家发展改革委、人民银行关于加强和规范守信联合激励和失信联合惩戒对象名单管理工作的指导意见》（发改财金规〔2017〕1798号）的要求，国家有关部门（单位）可根据工作需要授权信用服务机构按照统一标准认定红黑名单。信用服务机构根据行业信用建设的需要收集各有关部门（单位）认定的红黑名单，经核实后与自身服务过程中形成的有关名单进行整合并向社会发布，协助政府做好资质名单、红名单、黑名单、重点关注名单等名单的认定和梳理。

3. 加强与信用服务机构信用信息的共享

鼓励信用服务机构与政府部门以签署共享协议等合作方式，在充分保护市场主体商业秘密、个人隐私的前提下，开展信用信息共建共享，实现公共信用信息与市场信用信息的有益整合。

4. 支持信用服务机构在行业特定领域协助参与备案工作

鼓励有关政府部门根据工作需要委托信用服务机构开展行业市场主体特定领域备案工作，探索开展被监管对象在政府部门、信用服务机构和行业协会注册备案，对行业典型失信主体开展信用调查，协助政府相关职能部门强化事中事后监管，对市场主体进行公示监督与社会告知，提升政府监管能力。

5. 鼓励信用服务机构协同开展联合奖惩与失信专项治理工作

鼓励信用服务机构拓展市场化、社会化信用联合奖惩，探索在商贸、金融、租赁、旅游、环保等领域形成联合奖惩机制的市场化应用。鼓励信用服务机构协同开展对黑名单市场主体的信用修复培训和失信问题专项治理工作，推动失信市场主体向社会作公开信用承诺。

6. 支持信用服务机构定期编制行业信用监测分析报告

鼓励信用服务机构跟踪监测市场主体信用风险状况，做出风险提示。鼓励信用服务机构向政府部门、行业协会等定期提供行业信用分析报告，提供信用信息查询等服务。发挥信用服务机构在信用工作考核评价、行政许可和行政处罚信息"双公示"工作第三方评估等方面的作用。

7. 依托信用服务机构探索信用大数据分析应用

利用大数据探索信用信息资源统筹和大数据分析应用。支持信用服务机构与大数据机构进行合作，选择不同区域、行业、领域进行信用风险的分析、监测和预警，为政府部门加强事中事后监管提供参考依据。

在美国，有以雷克兴顿法律公司（Lexington Law）、天蓝信用公司（Sky Blue Credit）、信用修复公司（Creditrepair.com）等大型机构为代表的1000多家专业信用修复机构为客户提供流程化、专业化个人信用修复服务。根据美国《信用修复机构法》，信用修复机构的主要业务有[①]：针对客户信用报告中存在的错误不良信息，指导消费者向消费者报告机构提出异议申请，修改错误信息；针对客户的不良记录，提出信用咨询服务以及解决方案，帮助消费者提高信用评分；根据消费者信用报告的具体情况，提出个性化和专业化的修复方案，帮助消费者提高信用评分；制订还款计划，安排债务的偿还时间；帮助积累良好信用，如申请消费信用卡、减少信用账户、降低信用额度和建立信用历史；指导消费者进行异议申请。这些都可成为我国的参考。

（三）信用服务机构的监管

美国《信用修复机构法》明确了信用修复机构的禁止事项[②]：一是禁止信用修复机构就消费者的信用价值、信用状况向任何消费者报告机构、债权人和已申请（或准备申请）贷款延期的对象提供关于消费者信用情况的不实或误导性陈述。二是禁止信用修复机构做出或劝告、建议消费者做出任何可能更改消费者身份证明，企图掩盖不良信息，妨碍消费者信用评级、记录、历史的展示。三是禁止信用修复机构就其提供的服务做出虚假或误导性陈述。四是禁止信用修复机构直接或间接参与欺诈、欺骗，或任何可能导致欺诈、欺骗的行为。五是禁止信用修复机构在其承诺服务履行完毕前，向消费者索取金钱或其他报酬。目前美国有两大个人征信监管机构，即美国联邦贸易委员会（FTC）和美国消费者金融保护局（CFPB）。同时，美国还有发达的行业协会。[③] 美国的征信协会主要有全国信用管理协会（NACM）、消费者数据行业协会（CDIA）和美国国际收账协会（ACCP）。

我国目前没有专门对信用服务机构（信用修复机构）进行管理的法律法规，《征信

---

① 陈志.中美两国个人信用修复机制的比较与启示[J].北京金融评论，2019（1）.
② 梁薇薇，陆信宇，黄曦.借鉴美国信用修复经验 建立并规范我国信用修复市场发展[J].征信，2017，35（4）.
③ 陈志.中美两国个人信用修复机制的比较与启示[J].北京金融评论，2019（1）.

业管理条例》只是规范信用信息采集、整理、保存、加工,并向信息使用者提供的活动。《征信机构管理办法》规范的是依法设立、主要经营征信业务的机构,不是信用修复机构,我国对征信业进行管理的机构为中国人民银行。对信用服务机构的监管主要是通过加强信用服务机构自身信用建设进行。具体包括以下四个方面:

(1)建立以诚信为基本内涵的行为准则。要求信用服务机构建立机构及其从业人员的基本行为准则和业务规范,强化自律约束,全面提升诚信经营水平。坚持诚信履职、诚信服务、诚信收费,加强规范管理,提高服务质量,完善约束机制,坚持公正性和独立性,提升公信力。鼓励各类信用服务机构设立首席信用监督官,加强自身信用管理。

(2)率先开展信用承诺并公示。要求信用服务机构率先按照现定格式进行信用承诺,国家发展改革委和有关行业主管部门对信用服务机构信用承诺履行情况进行年度检查、舆情监测并接受举报监督,将承诺及践诺情况在"信用中国"网站公开。

(3)加强信用服务从业人员信用建设。建立信用服务从业人员信用记录。信用服务从业人员要在"信用中国"网站个人诚信自测系统进行认证,主动建立个人诚信档案。加强对信用服务从业人员的诚信教育和职业培训。

(4)建立信用服务领域信用约束机制。建立信用服务机构及其从业人员信用评估机制,委托第三方机构对信用服务机构信用状况进行评估,对有违法违规行为的信用服务机构和从业人员进行曝光,依法依规实施市场禁入,并实施联合惩戒。

第三节 信用修复的效果

如何消除失信主体对于社会的不良影响,如何修复其失信信息、消除惩戒效果,使其顺利回归市场、社会,都是信用修复制度中的重要问题。

一、现行信用修复效果的规定

目前我国有关惩戒效果的消除、修复结果的规定都过于原则化,可操作性较差,惩戒效果无法实际消除,并且对于惩戒效果的消除没有较为统一的规定。

(一)中央规范性文件层面

中央层面在一系列关于信用修复的法律规范中明确了修复结果的规定,如中共中央办公厅、国务院办公厅印发的《关于加快推进失信被执行人信用监督、警示和惩戒机制建设的意见》之"四、完善相关制度机制"中"(二)进一步完善失信被执行人名单制度"

规定:"4. 失信名单退出。失信被执行人全部履行了生效法律文书确定的义务,或与申请执行人达成执行和解协议并经申请执行人确认履行完毕,或案件依法终结执行等,人民法院要3日内屏蔽或撤销其失信名单信息。屏蔽、撤销信息要及时向社会公开并通报给已推送单位。5. 惩戒措施解除。失信名单被依法屏蔽、撤销的,各信用监督、警示和惩戒单位要及时解除对被执行人的惩戒措施。确需继续保留对被执行人信用监督、警示和惩戒的,必须严格按照法律法规的有关规定实施,并明确继续保留的期限。"即在失信被执行人信用修复的有关规范中,规定失信主体完成一系列信用行为后会得到的修复结果分为两部分:失信名单的退出和惩戒措施的解除。

《国务院办公厅关于加快推进社会信用体系建设构建以信用为基础的新型监管机制的指导意见》之"四、完善事后环节信用监管"中"(十三)探索建立信用修复机制"规定:"修复完成后,各地区各部门要按程序及时停止公示其失信记录,终止实施联合惩戒措施。"

《国务院办公厅关于进一步完善失信约束制度构建诚信建设长效机制的指导意见》(国办发〔2020〕49号)之"六、健全和完善信用修复机制"中"(十一)建立健全信用修复配套机制"规定:"符合修复条件的,要按照有关规定及时将其移出严重失信主体名单,终止共享公开相关失信信息,或者对相关失信信息进行标注、屏蔽或删除。"

(二)行业层面

《能源行业市场主体信用修复管理办法(试行)》第10条规定:对确认信用修复的失信信息,运行单位应在3个工作日内作出"已信用修复"的标注,不再作为失信惩戒依据,同时将信用修复信息纳入市场主体信用档案。对于在"信用能源"网站公示的,应撤销公示。第11条规定:对于列入联合惩戒对象名单的,其失信信息完成信用修复后,同步退出名单。即能源行业将失信主体的失信信息予以标注,不再作为失信惩戒依据,退出联合惩戒对象名单,不再将失信信息进行公示,但是标注后的失信信息归入市场主体信用档案。

(三)地方层面

地方层面也在积极探索实践中。《浙江省公共信用信息管理条例》第32条规定,省公共信用工作机构应当根据信用修复决定删除该不良信息或者对修复情况予以标注。但《浙江省公共信用修复管理暂行办法》第13条规定:省或设区市公共信用工作机构收到信用修复确认通知书后,应当在2个工作日内对公共信用信息提供单位确认修复的不良信息予以标注,标注内容为"经×××(公共信用信息提供单位名称)同意修复,不再作为负面信息使用"字样。《湖北省社会信用信息管理条例》第36条规定,在进行了信用修复后应当按照规定停止联合惩戒措施,删除原始失信信息将修复记录归档管理。《陕西省公共信用信息修复管理暂行办法》第10条规定,信用修复完成后,原不良信用信息改为档案保存,不再通过信用信息共享平台和信用门户网站披露。

二、关于信用修复效果的探讨

根据违约或违法行为的性质适用不同类型的信用修复制度,是构建科学的信用修复机制的重要基础。结合目前信用修复相关制度及实操部门具体做法的提炼总结,不同学者通过对信用修复类型的研究对信用修复效果进行了有益的探讨。

(一)时间性修复、注释性修复、异议性修复、删除性修复[①]

时间性修复。失信信息的保存时限可以视为一种时间性修复。当不良信用记录期限届满,相关信息可自动删除而不被记录,不再予以披露。比如,美国消费者失信信息记录的保存时间原则上是7年,破产信息则保存10年。我国《征信业管理条例》规定个人不良信息自不良行为或事件终止之日起保存5年,超过5年应予删除;《企业信息公示暂行条例》规定,自被列入严重违法失信企业名单之日起满5年应予移出,但再次违反年报或企业信息公示义务的情形除外。《国家发展改革委办公厅关于进一步完善"信用中国"网站及地方信用门户网站行政处罚信息信用修复机制的通知》规定,要严格执行行政处罚信息公示期限:涉及一般失信行为的行政处罚信息自行政处罚决定之日起,在信用网站最短公示期限为3个月,最长公示期限为1年。涉及严重失信行为的行政处罚信息自行政处罚决定之日起,在信用网站最短公示期限为6个月,最长公示期限为3年。最长公示期限届满的,信用网站将撤下相关信息,不再对外公示。法律、法规、规章另有规定的从其规定。

注释性修复(标注性修复)。是指失信主体履行修复条件后,信用修复机构不适用删除性修复方式,而是由信息记录单位在失信信息上进行标注且在全国范围内实现数据共享,如"已整改到位,不作为联合惩戒"。

异议性修复。信用主体对于信息记录虚假、错误而提出异议,要求删除或修改的,属于异议性修复。

删除性修复。是指失信主体履行修复条件后,信用修复机构通过删除失信信息来恢复其信用,适用于完成修复条件后的一般失信信息。例如,《最高人民法院关于公布失信被执行人名单信息的若干规定》:被执行人纳入失信被执行人名单的期限原则上为2年;

---

① 王伟.信用修复实践与法治路径分析[N].中国市场监管报,2019-02-17.

被执行人以暴力、威胁方法妨碍、抗拒执行情节严重或具有多项失信行为的，可以延长 1 至 3 年。失信被执行人积极履行生效法律文书确定义务或主动纠正失信行为的，人民法院可以决定提前删除失信信息。

（二）信用行为修复、企业信用期限修复、企业信用认定修复、信用信息纠错[①]

信用行为修复。即通过改正失信行为、作出信用承诺等方式赢得社会信赖，以维护和改善自身信用状况。比如，针对联合征信系统中的拖欠税、费、债的不良行为信息，企业主动缴纳税费、偿还债务的，经相关部门查实并出具证明后，删除系统中的企业欠费信息，出具的企业信用信息查询报告也不再显示相关信息。

企业信用期限修复。指企业不良行为信息在一定期限后不再保存和公示。比如，《工商行政管理行政处罚信息公示暂行规定》明确工商行政管理部门行政处罚信息公示期限为 5 年。

企业信用认定修复。是指失信企业主动纠正自身失信行为，积极消除或减轻违法失信行为的危害后果，并经企业信用管理机关认定后，解除或减轻相关失信行为惩戒措施。比如，针对登记注册系统中"黑牌数据库"的修复，因未开展经营活动被吊销营业执照而被纳入"黑牌数据库"的企业，在其履行了注销登记手续后，其法定代表人信息从"黑牌数据库"中移除，解除其担任法定代表人任职资格限制。

信用信息纠错。比如，原本是被执行人的不良信息被误记于申请执行人名下，申请执行人凭借法院裁定书并填报企业信用信息修复申请表即可修复。

（三）删除式修复、标注式修复、自主解释式修复[②]

删除式修复。是指失信主体履行修复条件后，信用修复机构通过删除失信信息来恢复其信用，适用于完成修复条件后的一般失信信息。

标注式修复。适用于完成修复条件后的以下两类特殊失信信息：一类是失信信息处于行政信息法定公开范围，必须予以公开，不适用删除式修复，而适用标注式修复；另一类是失信信息的修复没有具体的法律规则可适用，为了保障其信用得到客观公正的评价，可暂时适用"标注式修复"以恢复信用，如破产重整企业。

自主解释式修复。是指信用主体可对信用修复处理后的结果进行解释，且在全国范围内数据共享。自主解释式修复借鉴了美国《公平信用报告法》的消费者陈述权和我国

[①] 吴春燕. 浅析信用修复制度设计及应用若干问题［N］. 中国市场监管报，2019-03-05.
[②] 童岚冉. 信用修复机制研究［D］. 杭州：浙江大学，2019.

个人征信体系中的自主解释机制。美国《公平信用报告法》规定，当征信机构和消费者有争议而无法解决的情况下，消费者享有陈述权，可以作出百字内的陈述。我国个人征信报告中设有"机构说明"和"本人声明"信息，金融机构可以上报"机构说明"信息提示征信报告的使用者，信用主体可以通过"本人声明"表明其不同意见。

对于上述三位学者的观点，通过分析，可以得出以下结论：首先，异议性修复、信用信息纠错，不属于信用修复的范畴，前面已经详细分析。其次，第二种观点中的信用行为修复不能与后三种类型并列，信用修复本来就是指信用行为修复问题。最后，企业信用期限修复其实与第一种观点中的时间性修复性质一致，而自主解释式修复的内容也与标注性修复大体相同，可以看作同一种。

三、信用修复的应然效果

对于信用修复的效果，从信用修复的内涵、信用修复的目的以及信用修复带来的影响的角度考量，本书认为，信用修复的效果应为四种：终止失信信息公示、标注、屏蔽和删除，并明确修复后的失信信息不再作为联合惩戒的依据。终止失信信息公示是指失信信息不再对社会公众公示，但仍可实现在政务系统内部的共享。标注是指失信主体符合信用修复条件的情况下将其移出严重失信主体名单，并在其失信信息后附着"失信主体已纠正失信行为、完成信用修复"等内容，以供社会公众查询时参考。屏蔽是指只有作出信用修复决定的部门才能查询，该失信信息不能政务共享，社会公众也不能查询。删除是指不再保存该失信信息，所有机构和社会公众均无法查询到该信息。

不同修复效果会给信用主体的信用报告带来不同内容表达，不同内容表达会带来不同的"预测利益"，给信用主体带来的影响自然不同。删除式修复更有利于信用主体，因为普通大众无法查阅到其历史失信信息，但相对的对公众知情权保障度较低；标注式修复对信用主体人格权保障相对低，但对公众知情权的保障度较高。①

对于轻微及一般违法违约行为，考虑到其对社会损害性较低及对合同相对方的利益侵犯较小，并往往可以完全弥补，若对其采取标注式修复使自然人的失信信息持续公示，其个人信息权始终处于公示的不完全状态，则有违比例原则。所以对此类失信行为，宜采取删除式修复，如未按时缴纳水电费、闯红灯、垃圾不分类等失信行为可以采取删除式修复。对于严重违约行为及严重违法行为但未达不可进行修复条件的，宜采用标注式修复方式。此类行为一般都会对一方主体造成严重损害，对社会公共利益造成了较大的损

---

① 徐明轩.自然人信用修复制度研究[D].保定：河北大学，2020.

害,基于公共利益优先原则,让渡自然人主体的部分权益以保障公众知情权,并且对于部分行为来说,过去的严重失信行为可能会在一定程度上增加对本次及以后行为的不利影响。①

适用于完成修复条件后采取标注式的还有两类特殊失信信息。一类是失信信息处于行政信息法定公开范围,必须予以公开;另一类是失信信息的修复没有具体的法律规则可适用。对于第二类,以进入破产程序的企业为例,破产企业已经通过重整实现了公司管理层面优化,摆脱了债务负累,妥善处理了相关债务、税务、合同履行等问题,事实上已经满足信用修复条件。但因政策和相关法规规定,重整企业必须沿用原企业的外壳和代码,在公共征信系统上仍留存失信记录,这可能导致企业难以重新开展运营和贷款融资,陷入"二次破产"的境地。国家发展改革委等11部门发布的《关于进一步做好"僵尸企业"及去产能企业债务处置工作的通知》(发改财金〔2018〕1756号)提出:"重整计划执行过程中,企业可申请在全国信用信息共享平台、国家企业信用信息公示系统和金融信用信息基础数据库的大事记信息中添加相关信息,以及时反映企业最近生产经营状况。重整计划执行完毕后,企业可申请增设重组完成相关信息,以提示企业的重组情况。"这里所谓的"添加相关信息"和"申请增设重组完成相关信息"就是标注式修复。

延伸阅读

龙游县宏泰食品有限公司恢复企业信用征信案

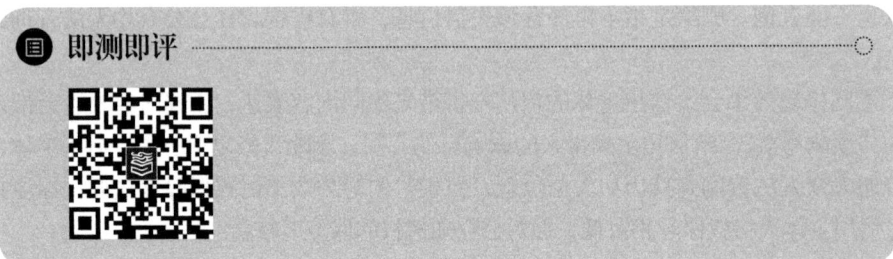

即测即评

---

① Cheryl R. Cooper, Darryl Gener. Consumer Credit Reporting, Credit Bureaus, Credit Scoring, and Related Policy Issues[R], Congressional Research Service, Updated July 26, 2019: 1-19.

郑重声明

高等教育出版社依法对本书享有专有出版权。任何未经许可的复制、销售行为均违反《中华人民共和国著作权法》，其行为人将承担相应的民事责任和行政责任；构成犯罪的，将被依法追究刑事责任。为了维护市场秩序，保护读者的合法权益，避免读者误用盗版书造成不良后果，我社将配合行政执法部门和司法机关对违法犯罪的单位和个人进行严厉打击。社会各界人士如发现上述侵权行为，希望及时举报，我社将奖励举报有功人员。

反盗版举报电话　　（010）58581999　58582371
反盗版举报邮箱　　dd@hep.com.cn
通信地址　　北京市西城区德外大街4号　高等教育出版社法律事务部
邮政编码　　100120